名将
MINGJIANG

U0749947

抗倭援朝的名将

——季金

王英础 [韩]朴现圭 孙连忠 著

浙江工商大学出版社
ZHEJIANG GONGSHANG UNIVERSITY PRESS

图书在版编目（CIP）数据

抗倭援朝的名将——季金/王英础,（韩）朴现圭,
孙连忠著. — 杭州：浙江工商大学出版社, 2020.1
ISBN 978-7-5178-3563-9

Ⅰ.①抗… Ⅱ.①王… ②朴… ③孙… Ⅲ.①季金-
传记 Ⅳ.① K825.2

中国版本图书馆 CIP 数据核字 (2019) 第 244339 号

抗倭援朝的名将——季金

王英础　[韩]朴现圭　孙连忠　著

策划编辑	郑　建
责任编辑	郑　建
封面题字	孙连忠
封面设计	林朦朦
责任印制	包建辉
出版发行	浙江工商大学出版社
	（杭州市教工路 198 号　邮政编码 310012）
	（E-mail: zjgsupress@163.com）
	电话：0571-88904980, 88831806（传真）
印　刷	浙江全能工艺美术印刷有限公司
开　本	787mm×1092mm　1/16
印　张	22.75
字　数	339 千
版 印 次	2020 年 1 月第 1 版　2020 年 1 月第 1 次印刷
书　号	ISBN 978-7-5178-3563-9
定　价	58.00 元

鎮江府總兵金丞遺像

万历二十年壬辰（1592），日本侵略朝鲜，季金两次赴援朝鲜
宗谱图像

白鶴翀霄去

青猿送果來

季金诗文（吴茂云）

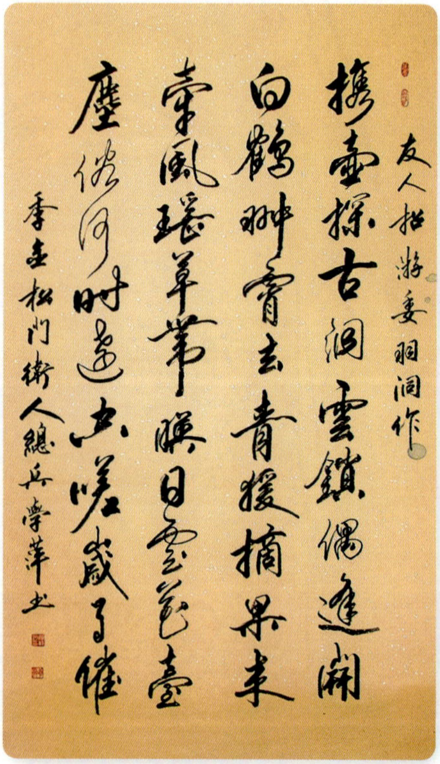

友人招游姜羽洞洞作

攜壺探古洞 雲鎖偶逢開
白鶴翀霄去 青猿摘果來
臺風瑤草蔓 隙日曳芭臺
塵俗何時遣 山嵒歲月催

季金松门衛人總兵學萍书

季金诗文（学萍）

日寇撒野侵海疆中
朝合璧希战场露梁
矢捷显奇勋季问美
名半岛扬

古风诗一首记明朝援朝抗倭
名将季金丁酉季季连忠

有关季金诗文（孙连忠）

黑雾凶尘掩长庚海路开
龙岗鳞显入鳌竖甲俱来
隔暗馨清德馀光到玉台
古因今复继同手进前催

季金将军因缘保宁温岭友好吟壶羽山诗次韵一首
岁在乙未夏节李惠宁先生作
保宁文化院长书

保宁文化院长书法作品

将军神箭定滇澜 不用更重弄一丸
誓扫时中残虏 有志同天下
泰山安

右录自振南松涛集酬季金诗一首
太平项琳冰书

白振南酬季金诗文（项琳冰）

季金诗文（林复初）

朝鲜国王三次接见季金（宣宗实录）
季金驻汉江口，国王接见季金及经理杨镐，
季金要求面见李舜臣会商两军合营之事

季金在倭桥战斗中负伤的消息

露梁海战，季金率浙直水师围歼倭寇，朝鲜国王李昖称赞：『贼之败遁，皆大人之功也。』
（韩国顺天乡大学中文科教授朴现圭提供）

2013年韩国顺天乡大学中文科教授朴现圭访问松门

2009年韩国保宁市文化研究会访问松门，向镇政府赠送季金清德碑拓本

朴现圭与韩国国际协作官张周燮

王英础与韩国国际协作官白哲一合影

首访季金功德碑的孙连忠与韩国国际协作官李钟明

孙连忠与韩国国际协作官李修贞

朴现圭陪同访问牙山李舜臣纪念馆，与李舜臣后裔会见

东亚电视台作专访

东亚电视台新闻节目

作者王英础和朴现圭在顺天乡大学门口合影

访问保宁鳌川水师营地

清德碑前合影

朴现圭参观天后宫

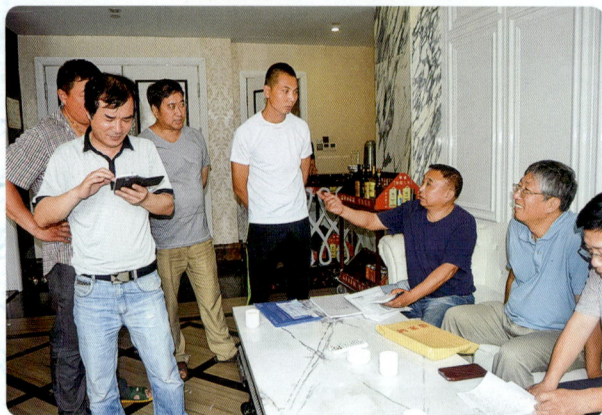

2015 年 9 月，朴现圭二次访问松门

文广新局局长李东飞会见朴现圭

统营市访问松门

上：统营市政府行政科科长朴性讚邀请季氏
　　后裔参加 2015 年 8 月份的闲山大捷节
右：朴性讚接受松门镇通讯报道组的采访

2015 年 8 月季氏后裔再访韩国

左：统营市市长盛情宴请季氏
　　后裔
下：保宁市文化研究会欢迎季
　　金后裔访问

朴现圭陪同季康等访问倭桥

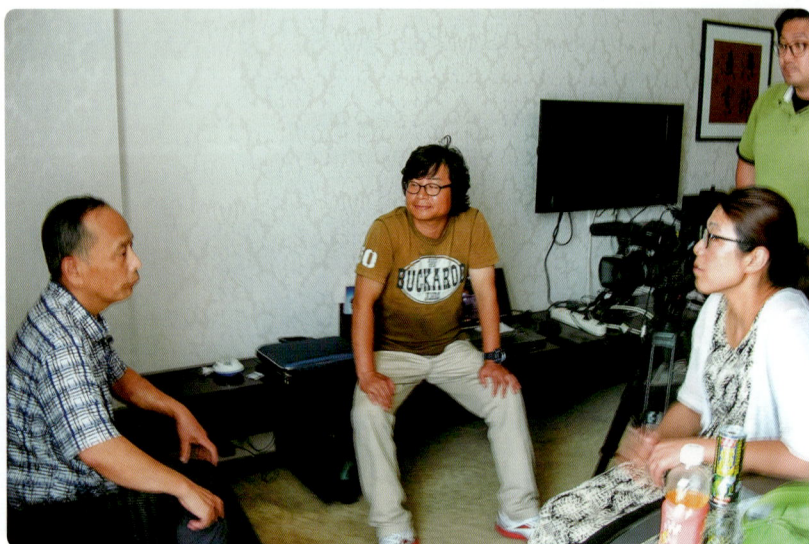

统营市专题调研摄制组到松门拍摄季金专题片

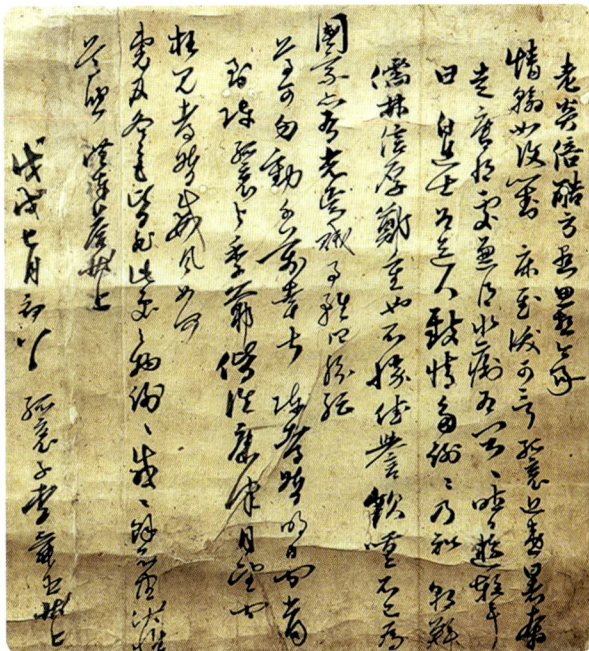

李舜臣唯一完整的信件是记载季金的

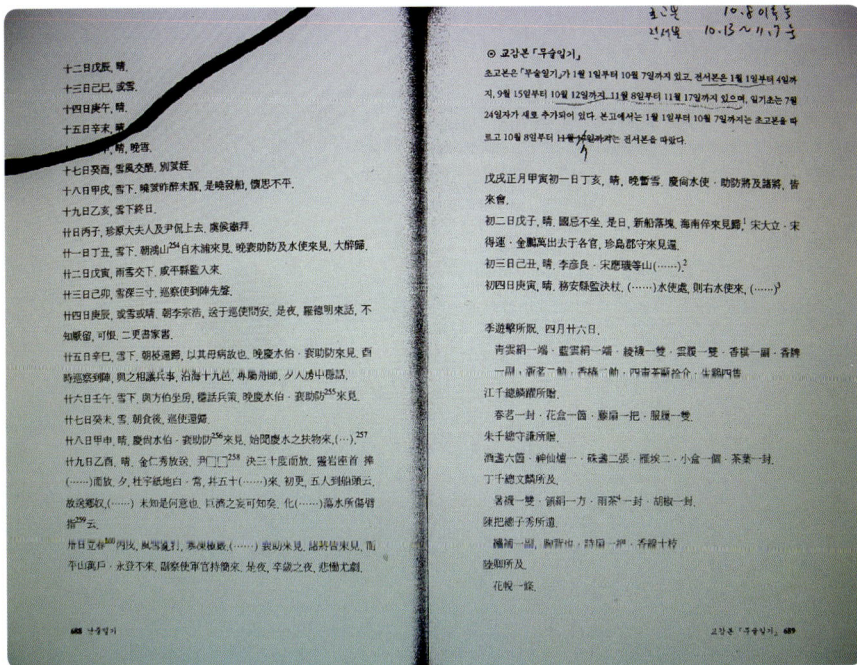

李舜臣的《难中日记》记载季金所送的礼物（朴现圭提供）

露梁海战的海域

战事示意图

序　言

2014 年 7 月 4 日，国家主席习近平在韩国国立首尔大学发表演讲，其中说到："历史上，每当面对危难时，中韩两国人民都相濡以沫、患难相助。400 多年前，朝鲜半岛爆发壬辰倭乱，两国军民同仇敌忾、并肩作战。"演讲中提到的壬辰倭乱，指的就是 1592 年由日本发起的侵朝战争。战争持续七年，中朝联军紧密配合，协同作战，取得了最后的胜利。

温岭市松门镇的季金，即是参加这次援朝战争中的一员猛将，尤其在战争的"压轴大戏"露梁海战中发挥了重要作用，被朝鲜国王李昖赞道："贼之败遁，皆大人之功也。"而季金功德碑至今依然保存在韩国忠清南道保宁市，成为韩国"地方有型文化遗产第 159 号"。

2009 年，韩国保宁市文化研究会访问了季金将军故里松门，探寻季金后裔，隐没于历史烟云中的季金将军开始引起重视。此后，温岭与韩国之间关于季金的访问与交流不断展开，相关研究亦不断深入，出版季金研究专著，时机已慢慢成熟。

季金如一颗熠熠星辰，在抗倭史册上留下了光辉的身影，亦见证和传承了中韩两国人民友谊，作为季金的家乡，有责任去研究宣传。近年来，温岭文化好事不断，各领域文化书籍的出版蔚然成风。此次《抗倭援朝的名将——季金》一书的出版，又为温岭文化结出了一颗硕果。

　　愿温岭文脉绵延永续，愿历史和今天可以和谐对话，愿温岭文化创造新的辉煌。

　　是为序。

温岭市历史文化研究会

目 录

前　言

2014 年 7 月 4 日习近平主席应邀对韩国进行国事访问，在首尔大学发表演讲《共创中韩合作未来，同襄亚洲振兴繁荣》。习近平主席回顾两国交往的历史，重点提到发生于明朝万历二十年（1592）的壬辰倭乱，阐述了中国援助朝鲜抗击日本侵略的历史。习主席说：

> 历史上，每当面对危难时，中韩两国人民都相濡以沫、患难相助。
>
> 400 多年前，朝鲜半岛爆发壬辰倭乱，两国军民同仇敌忾、并肩作战。明朝邓子龙将军和朝鲜王朝李舜臣将军在露梁海战中双双殉职，明军统帅陈璘今天还有后人生活在韩国。

在露梁海战的战场上，还有一位从台州来的奋勇抗击倭寇的水师将领——他就是松门的季金将军。季金于万历二十五年（1597）率三千浙直水师入朝。这一年由于中国与日本持续三年多的议和失败，倭寇再次侵略朝鲜，史称"丁酉再乱"——万历二十五年是农历丁酉年。由于明朝对议和的前景有所警惕，未雨绸缪，进行战争准备，兵部尚书（国防部长）明军经略（前线总指挥）邢玠提出，为保障战争胜利，必须调集水师入朝参战。

习近平主席列举的中朝两国反抗日本侵略的历史，历来被中国和朝鲜两国领导人所重视。20 世纪 50 年代初，在中朝取得抗美援朝胜利时，朝鲜人民民主共和国国家主席金日成，为表达感激之情来到中国，他提到了壬辰倭乱——这场明朝万历年间日本对朝鲜发动的侵略战争，并着重提到万历二十六年（1598）率重庆狼土兵赴朝鲜援战的台州临海的王士琦将军。露梁海战是中朝两国联合对日的一次海战，并取得决定性胜利，王士琦就是力促露梁海战计划实施的监军，朝鲜国王李昖十分感激王士琦。国王还跑到季金的府邸，专门向季金致意，称赞露梁海战的胜利全部是季金的功劳——"贼（倭寇）之败遁，皆大人之功也"。

一、倭乱中的季金

浙直水师入选赴朝

在议论到调集的部队时，朝廷官员几乎都倾向于浙直水师。

朝廷官员谁都知道戚继光训练的新军及他的福船、苍船——没有比浙江水师更加合适的了，他们熟悉倭寇的战术、战法，懂得如何对付倭寇。戚继光自嘉靖三十七年（1558）到台州抗倭，取得了一系列胜利。嘉靖四十年（1561）取得台州大捷，九战九捷——获得全胜。台州大捷的最后一战就在太平长沙——今温岭城南长沙，此战被列入世界海战的著名战例。对于这样一支水师，谁都无法漠视。戚继光于嘉靖三十九年就专门赴浙江义乌自练了四千新军——戚家军，在对倭寇的作战中，水师发挥了重要作用。嘉靖四十年戚继光组织对台州倭寇的全面清剿，其战略目标是端掉倭寇的老巢——宁海团前的两千倭寇。倭寇则突袭台州府城，但危机被戚继光一一化解：首先在台州府城外五里地的花街，戚继光消灭了自桃渚来犯的倭寇；接着又在临海与仙居交界的上峰岭至白水洋，全歼了来自健跳圻头的倭寇。五月初，宁海团前的两千倭寇乘船南窜。在松门附近沿海，倭寇船舶被戚继光部将松门卫水师的统领胡震率船队不断撞沉，倭船停泊太平海湾，登陆被歼。

戚继光到达台州的时候，年龄为三十一岁（生于1528年），而本书的主人公季金已经十九岁（约生于1540年）。季金目睹戚继光在台州抗倭，激起他对军事谋略的强烈兴趣，仅过十年，隆庆二年（1568）季金高中朝廷武科进士第三名。

季金的父亲季堂是明军海门卫水师统领。无疑，季堂也忠实贯彻了戚继光的指示——将倭寇逼上陆地。季堂在外围压迫倭寇船舶，倭船只能沿着海岸南航，倭寇到了松门卫——胡震的防线，由胡震负责赶倭寇上岸，在长沙形成对倭寇的合围。台州有两个卫——海门卫、松门卫，能够方便倭寇上岸的地方，只有隘顽湾、乐清湾。嘉靖四十年（1561），季金已经是二十出头的青年，出身武将世家的他，自然略懂兵法，说不定他还与父亲探讨过戚继光的战术。没有壬子抗倭战争，没有松门卫军事卫所的环境，没有水师将领家庭的熏陶，他能够熟悉军事战略思想吗？

季金两次入朝

明朝朝廷决定派遣水师是前后几任经略的统一认识。早在万历二十一年，宋应昌就提出调浙直水师入朝，并对沿海战备及组织战船作出具体部署。由于明军提督李如松在汉城北碧蹄馆遭遇日军的伏击，损伤惨重，战事无法取得迅速进展。中国与日本进入长期议和停战的局面，第一批作为水师预备队的南兵驻防蓟镇。直至万历二十三年，南兵被诬哗变遭到镇压，南兵撤离蓟镇。季金是带着悲愤的心情领着南兵回南的，毕竟他是南兵的领队游击将军。

万历二十五年，日寇再次侵略朝鲜。作为镇江副总兵的季金（一说金山卫总兵），完全是朝廷心目中合格的水师将领，以现代的眼光，季金的家庭出身、学历、履历均没有问题——堪称完美的人选。论家庭，他出身松门卫的武将世家。论学历他是进士——文武双全，是全国考试的第三名。论履历，他不仅是镇江副总兵，而且所在部队曾经作为入朝参战部队的预备队。季金也愿意入朝参战，他是希望为国家建功立业的，他与朋友一起游黄岩委羽山时，已经赋诗明志。

再次被调入朝，季金是向主帅提出过请求的，这从其任命赋予的权力可以看出——季金对浙直水师有独立的指挥权，他是作为浙直水师三千三百余军士的统帅入朝的。浙直水师是明军入朝的第一支水军部队，1597年7月即停泊辽宁抚顺港口，被紧急调往汉江口金华岛，负责保卫汉城外围，阻击日军从西进攻汉城。其时，朝鲜战局进入最危急的关口，朝鲜水师的三道水军统制使元均率领的朝鲜水师被日军伏击，全军覆没，闲山失守。紧接着，紧邻的南原、全州失守,汉城的南大门洞开,明军将领麻贵甚至主张放弃汉城,退守鸭绿江。在这紧急关头,明军经略邢玠日夜兼程赶赴汉城,并命令浙直水师开赴汉江口驻防,担任汉城外围保卫任务的浙直水师责任重大。

与李舜臣失之交臂

汉城围解。季金积极向明军前线指挥杨镐提出,与朝鲜水师商量合营作战一事。此时,朝鲜国王已重新任命被免职的李舜臣为朝鲜水师的三道统制使,朝鲜水师重建千头万绪,临危受命的李舜臣已经获得国王的特许,准予其临机处置战事。尽管明军经理杨镐多次提出,让朝鲜水师统制使李舜臣北上与季金会见,商量中朝水军的联合作战问题,但李舜臣根本没有理会。以致杨镐不得不多次向朝鲜国王提出,称朝鲜官府的办事效率太低。国王也觉得过意不去,的确人家已经讲过多次了,这毕竟是明军帮助朝鲜的事情,朝鲜军方对友军不理不睬,的确是有问题的。怎么办?国王知道,李舜臣也肯定有自己的苦衷。而国王再也不敢催逼李舜臣了,不久之前,国王听了元均的话,说李舜臣与日军有勾结,迟迟不肯出击。其实李舜臣已经对国王讲清楚了:此时收复釜山将有被敌军伏击消灭的危险。国王不听李舜臣的辩解,把李舜臣撤职了,结果元均葬送了朝鲜的水军。这一创伤犹在,朝鲜的水军还没有重建,这时的国王是十分体贴李舜臣的,他也不想给李舜臣增加压力。为了安慰明军将领,又不得不有所表示,于是国王分别会见了杨镐、季金。

就是在季金不断要求与李舜臣见面的时刻,李舜臣在谋划着朝鲜水军重新组建后的第一仗——鸣梁海战。九月,李舜臣取得鸣梁海战的重大胜利。

十月,李舜臣忙于军务,也无暇顾及与明军的联合。十一月奉邢玠的命令,季金入驻保宁鳌川忠清南道水军营地。季金治军严明,与朝鲜百姓和睦相处。在季金率军撤离保宁时,保宁百姓依依不舍,请安大进撰文立碑,称颂季金将军的功德,此碑至今保存完好。

入驻古今岛与李舜臣合营

万历二十六年（1598）是壬辰倭乱的最后一年，中朝军队开始组织全面反击，日军在朝鲜战场处处遭遇困境。四月，季金的浙直水师入驻古今岛，中朝水师相处得十分和谐，他与李舜臣有着英雄惺惺相惜的感觉。李舜臣的日记《难中日记》记录了季金及其部下赠送的小礼物。李舜臣唯一存世的完整信件讲述了季金与他交往的事情，他不称其官职，而尊称其为季爷——两人相交莫逆。季金与协助自己的朝鲜绅士豪饮赋诗，令白振南钦佩不已。五月中朝水军联合，六七月中朝水师联合作战，八九月开始攻击日军小西行长的倭桥据点。在决策进行露梁海战的关键时刻，李舜臣与明军水师统帅陈璘发生尖锐矛盾，据朝鲜文献，陈璘是反对组织露梁海战的，而王士琦、季金无疑支持李舜臣的围歼倭桥小西行长的军事计划，这在国王与朝鲜领议政李德馨致王士琦的信中可以反映。而李舜臣则直截了当向国王提出：让陈璘去任陆军的西路统帅，把水军交到季金的手中——但这不是朝鲜国王能够指派的。后来，露梁海战实施，陈璘是主帅。大概明军经略邢玠也已经了解到中朝水军的不同意见，同时王士琦作为西路军监军，负责刘綎、陈璘水陆两军的监军，其话语权有决定性作用，邢玠也出面支持露梁海战。

战后总结论功请赏，邢玠向朝廷报告：明军水师的功绩是第一位的，指挥水师取得胜利的是主帅陈璘。而朝鲜方面一直认定是李舜臣领导露梁海战并取得胜利。

其实陈璘是有很大功绩的。露梁海战胜利后，为扫清残寇，陈璘在南海组织了清剿活动，按照明朝朝廷记功方式，自七月起，陈璘组织的清剿战事，共斩获丁百余首级，陈璘还亲自督军剿灭残余的倭寇。《明神宗实录》记载：

> 丙子，先是南海锦山悍倭自二十九日战败之后，愈匿愈深，挑诱不出。各贼虑我兵穷搜，渡遁乙山川盘踞，崖深路险比锦山尤甚。……总兵陈璘亲督所部，于初十日夜领兵潜入包围岩洞，偃旗息鼓。天渐黎明，乃发铳炮，倭奴惊震，拥众冲登后山，以高临下为负隅之势，官兵奋勇仰攻，斩级十颗，贼向深箐潜逃，至了口屯札。官兵分道扼塞，十一日再进奋战良久，贼大败奔北。璘乘胜麾

之，擒斩九十余名颗，复督兵爬搜，无一余孽。计璘自七月至今首功一千一百余颗。

陈璘为人武勇，他以外援军队方面军将领的身份，鄙视朝鲜军队，以傲慢的态度对待朝鲜君臣，所以朝鲜的文献记载明显贬低他，甚至说他接受了日军的贿赂。

海战紧急关头，季金扭转了战场形势。回到文章的开头，习近平主席讲到了露梁海战的战场情况，作为先锋的明朝邓子龙将军与朝鲜的三军统制使李舜臣都牺牲了。有关露梁海战的战场场面，朝鲜宰相柳成龙的《惩毖录》已有详细描述。在战场形势逆转，日军开始突围的危急关头，担任伏军的浙直水师及时赶到，《明史·陈璘传》记载，副将陈蚕、游击将军季金全歼了日水师。在海战的关键时刻，是季金奋不顾身阻止了日军的撤退。1599 年春明军主力已撤离朝鲜，国王赴季金的官邸行酒礼——一种朝鲜的礼节，国王当面赞誉季金将军。《宣祖实录》载：上（国王李昖）幸季游击金馆，行酒礼。上曰：大人于露梁之战，先登力击，贼之败遁，皆大人之功也。

"皆大人之功也"——国王对季金将军的功绩评价极高，国王把露梁海战的功劳完全记在季金的名下，这应是客观的评价——主将跃上敌船，部将士卒谁敢落后！正是季金的奋勇精神，鼓舞了全军将士，才能在两军鏖战的战场上反败为胜。在露梁海战的战场上，中朝水师将士看在眼中，记在心中——国王是在询问很多一线参战将士后，自己得出的结论。战场上的实况，谁也隐瞒不了：在一线奋战并立下大功的主将是季金。

二、国王推荐季金留守朝鲜

七年的壬辰倭乱结束，明朝的财政、经济遭受严重创伤，朝廷急切要求退军，但为了防止日军的死灰复燃，又必须保留部分军队协守朝鲜。明军的主力必须撤离，明朝朝廷向朝鲜方面提出留守部队名单问题，国王毫不犹豫选择了季金作为水师的统帅。

以下分析一下朝鲜国王及大臣选择季金的原因：

一是在露梁海战前，李舜臣就推荐过季金。那时朝鲜水军的三道统制使李舜臣与明朝水军统帅陈璘的关系处理得不好，大家都不愉快，以致李舜臣提出让国王建议明军统帅邢玠调离陈璘，让季金接掌水师。

二是通过露梁海战的实战证明，季金才是水军统帅的合格人选——季金不仅有谋，而且作战勇猛，身先士卒，敢打敢拼——正是朝鲜需要的将领。

三是季金治军严明，这是极其重要的原因。浙直水师与其他明军有着天壤之别，浙直水师不仅不扰民，还以仁义对待民众，得到保宁百姓交口称赞。百姓把他当作西海的神灵，以保佑渔民出海安宁。

第四，季金为人仁厚，对朝鲜官员、绅士、百姓十分友好，他与绅士饮酒赋诗，完全是个儒士的风貌。国王亲眼看到陈璘虐待朝鲜官员，连国王亲自劝说都阻止不了，朝鲜的大臣更是噤口不言（《壬辰录》）。

这样的将军，对于朝鲜君臣来说，到哪里去找，国王不挑季金，还能挑谁？

而在露梁海战之前，李舜臣让国王去推荐季金代替陈璘，这是根本不可能的事情。一是陈璘的地位是朝廷任命的，主帅邢玠也奈何不了；二是季金的官阶低，在副将邓子龙、陈蚕之下，越级指挥是不可想象的；三是国王没有能力去说服邢玠改变水师的领导架构。更何况，李舜臣也是通过与陈璘的抗争，才取得监督军纪的权力。季金是独立的浙直水师游击将军——一支占主力四分之一的部队首长，所以陈璘还能够对其留足面子，在庙堂岛建关羽庙，就由陈璘与季金的浙直水师共同建造。

明朝最终决定的留守军队

兵部尚书邢玠向朝廷推荐留守将领，季金成为水师统帅——从游击将军升任万人水师的统帅。朝廷论功行赏，季金获得提升两级的殊荣，任都督金事，即相当于军区参谋长的职位，他实际的身份是留守朝鲜的明军水师统帅。五月，御倭经略（总司令）邢玠奏请朝廷留守三万余兵马，其中季金统领水师一万，占三成，为主力部队。《明神宗实录》万历二十七年五月戊申朔夏至，邢玠条陈《东征善后事宜十事》，其中留守朝鲜的军队为首条。

一留戍兵，议留副总兵茅国器等步兵一万五千，游击季金等水

兵一万，副总兵解生等马兵五千，而抚臣标下选兵三千及
巡捕杂流等共计合兵三万四千一百人，马三千匹，分戍
朝鲜。

　　留守部队中，水师主力列第二位，排前的是陆军茅国器的一万
五千人。原议水师由季金、李天常留驻。季金因父母去世，要求守
制——为父母守丧，明军经理万世德也予以准许。而国王李昖向明
神宗的推荐，终究起到了作用，朝廷最终决定让季金留在朝鲜。

　　万历二十七年（1599）4月15日明军主力凯旋，朝鲜君臣在
弘济院设宴，饯别邢玠及回国的众将领。《世传书画帖·天朝将士
饯别图》就是根据当时宴会而绘制的，季金也参加了此次宴会。4
月22日，国王从汉阳巡幸季金的官邸，赐予了酒礼。第二天，季
金回礼。国王为什么要亲赴季金官邸行酒礼，当面致谢季金？

　　一是在公开的宴会场合，国王无法表达他对季金的感激之情。
而国王必须有所表达，所以选择赴季金官邸行酒礼以表达感激之
情。在宴会上公开赞颂季金的功绩，这将打击明军统帅的威严，于
留守统帅万世德脸上也不好看。国王还得长期与万世德协调，毕竟
万是明军主帅，此后万世德要求在釜山立功德碑等，国王无不听命
于万世德。

　　二是国王还得仰仗季金的威严，留守朝鲜南海。朝鲜南海必须
要有大将镇守，国王已与邢玠协调好，这个大将必须由季金担任，
否则国王是不放心的。即便李舜臣没有牺牲，国王也不一定会重用
他，这从二人的关系可以看出。李舜臣独立性过强，不随风倒，即
便国王命令，李舜臣也不会听，1597年初李舜臣免职，就是与国
王闹别扭的结果，战争胜利了，所谓"狡兔尽、走狗烹；飞鸟尽、
良弓藏"（《史记·越世家》）。而季金就不同了，他没有本地士绅官
僚的团团伙伙，不可能形成对王权的威胁。况且季金为人十分随
和，有儒雅之风，不会冒犯上级。

　　三是国王要留住季金，还必须留住季金的心。朝鲜离不开季
金，季金在水师的威望，在露梁海战所建树的功勋是国王亲眼目睹

的，如果国王没有明确的态度，季金有可能婉言谢绝朝鲜的请求，他已经征得万世德的同意，准备回国了。

《宣祖实录》4月22日、23日记载，国王去季金宿所，赐予酒礼，第二天季金回礼——这表明季金没有随主力一起回国。事后的发展，按国王的意愿进行。明军经略邢玠向朝廷提出善后事宜，必是国王协商后决定的。《明史纪事本末》载："二十七年五月，玠条陈东征善后事宜十事。一，留戍兵，马步水陆共计三万四千有奇。"因此，二十七年五月季金依然留在朝鲜，协防南海。朴现圭教授依据《象村集》等资料，否定季金留驻朝鲜，并否定八月国王访问季金的史实，理由并不充分。

五月，廷臣商议谈到：一是中国历经兵乱，需休养生息，官员普遍不倾向在朝鲜驻兵，以减少军费。二是朝鲜的百姓苦于明军兵士骚扰，不宜多留兵。三是与朝鲜商量留兵数量，看朝鲜能出多少钱，然后决定留多少兵力。（数年疲耗，今始息肩，自宜内固根本，不当更为繁费。况彼国兵荒之后，不独苦倭之扰，兼苦我兵。故今日善后事宜，仍当商之彼国，先量彼饷之赢绌，始可酌我兵之去留。）神宗命督抚会同朝鲜国王酌议后上奏。

八月，朝鲜国王接见季金将军，目的十分明确，让季金继续协防海疆。国王衡量了国力，作出抉择，仅留明军水师八千人。十月，明廷得到国王答复："请留水兵八千，以资戍守。"其撤回官兵，驻扎辽阳备警。8月29日、30日《宣宗实录》再次记载国王至季金官邸行酒礼及季金回礼事，更清楚表明季金继续留任海军长官——1599年九月还在朝鲜。

三、研究季金

丰臣秀吉发动的壬辰倭乱对东亚区域局势影响重大，倭乱导致东亚国家残破，各国衰败落后倒退与人民流离失所，区域格局发生大变动，明朝灭亡，清朝兴起，丰臣秀吉下台，被德川家康取代，德川幕府统治日本二百余年，直至明治维新，江户幕府退出历史舞台。而丰臣秀吉阴魂不散，日本维新而侵略扩张，穷兵黩武，意图称霸亚洲的野心是与丰臣秀吉一脉相承的。"二战"中日本发动的侵略战争就是壬辰倭乱的延续与变本加厉，日本公开扬言要继承丰臣秀吉的伟业。

与日本相对应的，中国对壬辰倭乱没有明确的历史认知，《明史》甚至轻视抗倭将领，诋毁抗倭的功绩。尽管如此，在《明史》《明史纪事本末》《明神宗实录》等历史文献中，在人物传记、朝鲜传等记载里，多次出现与季金相关的记录，季金是一位在历史上留下痕迹的将军，在壬辰倭乱的战争的发生地——朝鲜半岛，季金的功绩更是被广泛传颂。朝鲜人民永远记住露梁海战的胜利，也记住了季金对朝鲜的贡献。

季金将军功绩的传颂，是在韩国保宁市文化研究会于2009年2月的访问开始的。当时，本人在市地方志办公室供职，接待了松门镇统战委员潘夏芬的寻访，明确回答了有关季金的一些事，因为我的老同事季湘英是松门人，曾讲过其祖辈是武官，我也熟知太平县志中季氏武职人员众多的史实。后来，潘夏芬转送了一张保宁市季金清德碑碑文的拓本，季湘英也搜寻到季氏宗族的一些资料。我对碑文产生了浓厚兴趣，研读之后深为震撼，想不到温岭竟然出过这么有影响力的人物，引得韩国友人前来寻访。于是，萌生了撰写季金传记的愿望。根据潘夏芬对韩国友人访问情况的描述，季氏家族对其祖辈情况的介绍，我重点分析了清德碑碑文及县志的记载，为了解壬辰倭乱，我遍阅了《明史》《明史纪事本末》有关该时期的战事，依据历史记述，寻找相关人物的传记。季金在太平县志有记，后来发现台州府志也有记载，但内容均没有超出县志记述的范围。而《明史》没有季金的专记，甚至连露梁海战也不见踪影。通过研读一些名将的传记，在陈璘传中发现了季金的踪影，前面记述季金是陈璘的部将，后面记述了在邓子龙、李舜臣牺牲后，季金与副将陈蚕一起出击的事情。我的心中逐渐呈现出一位对朝鲜百姓仁义之至、作战勇猛的明军将领的鲜明形象。我下载了网上有关露梁海战的史实描述，撰写了一篇文章投寄《温岭日报》，我希望季金不仅在韩国保宁市人民心中永存，也在温岭人的心中扎下根。依据季金墓前柱石的残文"任公保宁河"数字，我勉为补璧："任公保宁河清海晏，咨尔太平山高水远"。

此后，我对《明史》中有关壬子倭乱、壬辰倭乱等一系列历史事件均加以认真研究，阅读抗倭将领传记，逐一笔记。尤其是阅读崇祯年间大学士徐光启对壬子、壬辰倭乱前后联系的文章《海防迂说》，茅塞顿开。我全面梳理从戚继光到宋应昌，从李超到季金的所有可搜寻到的与抗倭相关的文章，我找到了他们之间的联系，懂得了季金入朝抗倭的必然性。本文中讲述的故事，不经意间你也可以发现其中的密切联系，季金的军事作风与戚继光是一脉相承的。抗倭名将的传承更明显，新河张元勋的部将邓子龙与季金同赴朝鲜，抗倭名将刘显其子刘继入朝鲜抗倭，赴辽宁抗金，最后倒在了抗金的前线。李成梁与戚继光同为北方名将，李成梁之子李如松、李如梅、李如柏均在朝鲜战场效力。李如松是名将，而李如柏是孬种，学他的上司杨镐未曾接敌就闻风而逃。松门李超随戚继光至蓟镇练兵，季金紧随其步伐率领南兵进了蓟镇，这些均不是偶然的。戚继光抗倭名扬海内，南兵被列入首选的入朝部队。而倭乱的起因也惊人的相似，日本人想通过通商贸易牟利，中国被倭寇的骚扰弄怕而不同意，于是倭寇骚扰、抢掠，直至发动侵略战争。对手有传承，九鬼嘉隆就是嘉靖年间侵扰浙江沿海的倭寇，倭寇是同一帮人，丰臣秀吉需要与明朝正面交锋打过交道的水鬼。

与韩国顺天乡大学教授朴现圭的结识，是事情发展的必然所致。朴现圭在李舜臣研究所研究季金有年，深得体会。自网上看到我的文章，他想到松门实地了解，结识季氏后裔，于是通过韩国大田广域市西区政府驻温岭国际协作官，请温岭外事办找上门。我十分感叹韩国人办事的认真，立即联系了季金的后裔季正方，陪同他访问松门，提供了季氏宗谱，还搜寻了《委羽山志》中的诗文。此后，我对壬辰抗倭的研究更加深入，举凡《明史》《明史纪事本末》《明神宗实录》记载的与壬子、壬辰倭乱有关的事情，我都有明晰的了解。我翻阅了数十种宗谱，对记述的壬子倭乱等地方历史事件十分敏感，随手记录。我特别感谢温岭图书馆地方文献研究室的支持，他们为我阅读历史文献提供了很大帮助，丁攀华女士随时提供资料，包括《明史纪事本末》《四库全书》等。朴现圭希望我为他寻找章安王氏宗谱，台州市图书馆副馆长林君荣搜寻了各县市区图书馆的藏书目录。我到处寻人，找了丁伋、严振非等文史界名人并托他们寻找。功夫不负有心人，终于在临海沿江兰道派王氏后裔王根顺处，得知章安王氏宗谱的下落，临海白水洋王再明提供了新修宗谱复印件，并告知原本下落，于是在路桥院桥呑里街的乡村角落里寻到王守河，求得朴现圭所索求的嘉庆宗谱原本。宗谱寻了足足两个多月，而阅读仅一二天就形成了电子文本，本文即引用了章安王氏宗谱的资料。

季金在历史书上没有多少记述，而一些不起眼的小事中，却隐藏着巨大的秘密。仅从季金率南兵回南方一事，简单的记述就是季金到过蓟镇驻防，仅此而已。而延伸阅读，却不是那么简单了。蓟镇是北方重镇，不仅是戚继光防虏的基地，还是宋应昌抗倭的后方。为了了解季金为什么到蓟镇，必须了解壬辰倭乱初期的历史，这就是我阅读壬辰抗倭历史文集的动机，我翻阅了明臣对倭乱描述的众多文集，收益最大的是徐光启《海防迂说》和宋应昌《议处海防战守事宜疏》《议设蓟辽、保定、山东等镇兵将防守险要疏》等文章，让我看清了季金与壬辰抗倭的关系。蓟镇是戚继光建功立业的地方，我查阅了张居正写给谭纶的信，读懂了在戚继光身后支持他的大学士张居正、兵部尚书谭纶，了解了南兵在蓟镇建立的功绩，更加体会到万历年间朝廷上讨论调集南兵时，意见为什么如此统一。对季金入朝的理由就十分明晰了。为了解南兵被镇压的真相，我细读了朝廷对此事的所有议论，从中发现了蛛丝马迹，我要为南兵呼冤，揭露蓟镇总兵王保滥杀南兵的无耻面目。对于季金在朝鲜的行迹，我也一如既往认真地从文献资料中寻求线索，比如从清德碑的碑文中，我看到了"受递"二字，联想到浙直水师的职责之一是中转运输物资，所以明军需向当地百姓借驴马，他与全州的尹光启也有了联系。季金往南原一事，清德碑已载，朴文也有结论，可我要找到季金参与了什么样的战役，终于在《明史》的相关记述中，我知道了季金部队是配合蔚山、岛山战役的一支疑兵。为进一步了解壬辰倭乱，我赴上海图书馆寻找了有关书籍，翻阅了《万历起居注》相关年份的记载，读了日本"二战"时期的名著丰臣秀吉传记，也读了南京大屠杀的书籍，深有感触。

我记住了统营市政府派遣至温岭松门访问，拍摄季金专题片的姜万珍副教授提问的话题，他们希望了解季金在松门是如何成长的，于是我想到了壬子倭乱对季金成长的时代影响，我也想到了松门卫的军事卫所的背景和季金武将家庭熏陶，季金的一生经历了壬子、壬辰倭乱两个时期，我要分析两个时期间的关联，要在李超与季金之间找到联系——他们都是从松门卫走出去的名将——代表前后两个时代的人物。这也是我把壬子、壬辰联系起来，并且专题撰写的一个理由，历史并不是孤立的，都有传承的因果关系，更何况季金本身就经历了这两个年代。壬子倭乱时，季金已是十余岁的少年，戚继光取得台州大捷，季金已是二十二岁的青年，仅过七年他就获得全国武科进士的第三名，其军事才能优异。壬辰倭乱则是季金直接参与的。研究季金，就必须了解这两个时代。

长期以来，韩国对壬辰倭乱的认识是片面的，他们否定明军在抗战中的主力军作用，而这些是不难从《明史》记载中找到依据的。朴现圭依据文献记载如实记述了季金，但他也不能排除某些对明军主将负面的记载，如认为刘綎、陈璘等主将接受了敌将的贿赂，放跑敌人，畏敌避战，争功等。《忠武公全集》是后人对李舜臣文章进行改写而成的，明显有拔高李舜臣的迹象，如陈璘多次向李舜臣求教，请李舜臣出主意等。陈璘争功，受贿放跑敌军等，则明显贬低陈璘。在韩国，朴现圭研究季金，如实地描述季金，受到一些议员的质疑，在议员看来，露梁海战就是朝鲜水师的功绩，与中国没有关系。而《明史》记载的朝廷官员的看法则更加离谱，称露梁海战是借敌军的败退而斩级（首级）邀功。如此看来，继续深入研究壬辰倭乱，研究季金、陈璘、刘綎等抗倭将领就十分必要了。另外，朴现圭的文章中某些观点是值得商榷的，比如季金到朝鲜的时间，回国的时间，都是欠思考的。李舜臣存世的唯一完整的信件，就是写季金的，为此中韩还开了研讨会，但研究会并没有把文章的内容搞清楚。我找同事项琳冰逐字解读，确认是研究者把汉字误解了。

四、出版缘由

出版本书的起因是朴现圭教授对温岭的再次访问。朴现圭四处拜访温岭的相关部门，在市文广新局，他与李东飞局长有一次恳切的会谈。朴现圭表达出对季金将军的崇拜心情，无疑感染了李局长，李局长对外国友人热心宣传本地的名人表示感谢，同时表示温岭十分重视发掘地方文化，他向朴现圭介绍了我市正开展挖掘传统文化资源，增强本土文化自信的活动，"十三五"时期，温岭要深入研究传统文化，出一批研究成果，季金是个在国际上有影响力的人物，文化部门支持刊出研究季金的文集，作为建设文化大市的一项内容。

随后，季金后裔应邀参加了韩国统营市的闲山大捷节，并赴保宁市参观访问。接着，统营市派遣专题摄制组到温岭拍摄季金将军的专题片，我就季金的一生作了全面介绍。姜万珍教授希望我早日将有关季金的论文集写出来，我向文广新局李东飞局长汇报，李局长同意出书。于是，我在各篇论文的基础上，进行修改调整，分章论节重新铺述。

本书篇章结构，兼顾了吴福寿、林啸等好友的意见。首章记述韩国友人对松门的访问及季金后裔访问韩国的事情。此后讲述季金的一生，并分析时代、环境对季金的影响。朴现圭两篇有关季金行迹的文章、保宁市的清德碑、李舜臣信件、考察韩国拍摄的碑文等，提供了很多季金活动的内容。《明史纪事本末》《明神宗实录》则提供了季金在壬辰倭乱关键时间节点上的活动，汉江口、鳌川、古今岛、倭桥、露梁海域这些关键地域成为分章的要素，季金与朝鲜国王、李舜臣、王士琦、邢玠、陈璘、刘綎等重点历史人物的交集成为各章节的重点内容。设立章节完全依据内容的重要性，如季金领南兵到蓟镇，本没有多少历史记载内容，我认真研究了宋应昌的文章，研读了《明神宗实录》等文献记载，认为这是一件大事，不仅是季金抗倭，也是明朝的历史大事，因此单列一章。壬辰倭乱本置于第一章，以便在讲述历史中认识季金，但季金在整个倭乱事件中的影响很小，难以凸显，于是将该章置后。各个事件单列难免时序交错，于是重列出季金年表大事记，以便读者在整个倭乱历史中认识季金。

撰写本书，采纳了朴现圭的研究成果，并予以补充、修订。本书附载了朴现圭的文章，经他的同意，按中国的阅读习惯加以修订。朴现圭有关季金的行迹文章，删去了较多无关内容，如万世德在釜山所立碑文。我充分引用了温岭、台州的地方志资料，王士琦等名人宗谱数十种，《明史》《明史纪事本末》《明神宗实录》等历史文献基本查阅过，上海图书馆馆藏的以壬辰倭乱等为主题词的书籍均找过，明代文献《皇明经世文编》全部翻阅搜寻，重点阅读了宋应昌、徐光启、王锡爵等人文章，逐一摘要记录，引用资料不下百种。

我要感谢季正方、季康等人，他们时刻关注我的工作，为我提供力所能及的帮助。季康随时与我交换意见，及时提供他发现的资料线索，季金在蓟镇做防海兵就是季康告诉我的，李舜臣的信件也是他在网上先发现的。季正方、季康、潘以飙等多次陪同访问松门，足迹走遍全境，松寨、龙王堂、娘娘宫、伏龙山、苍山、淋川等历史旧迹多数已经考察。

在书稿已完成时，朴现圭再次到访温岭。朴现圭阅读了全书，提出要突出宣传季金，适当减少对临海王士琦的记述，并提议合作撰写王士琦的传记，我愉快地接受了他的提议。朴现圭建议将他的论文附载于后，而这正是读者所乐见的。本书还附载了孙连忠访韩的文章，他是到访季金功德碑的第一个台州人，他陪同了韩国大田西区广域市政府多任国际协作官拜谒松门的季金墓地，为宣传季金而不断鼓与呼。愿抗倭名将季金的声名永世长存。

王英础

第一章 寻访季金

一、2009 年 2 月保宁市文化研究会寻访季金

2009 年 3 月 2 日,《台州数字报》王金卫报道"韩国保宁文化研究会来松门交流",此事被浙江省外事部门载入当年外事年鉴的大事记中,温岭统战网站也予以报道。

2 月 20 日下午,韩国忠清南道保宁文化研究会会员一行 34 人,来到中国明朝名将季金的故里温岭市松门镇考察交流。

季金是朝鲜名将李舜臣在《难中日记》中所记载的人物。季金于 1597 年率浙直水师三千余人援朝鲜,与李舜臣共同抗击倭寇。至今,忠清南道保宁市内仍保存着 1598 年四月树立的季金将军清德碑,已被确定为韩国"地方有型文化遗产第 159 号"(如右图所示)。

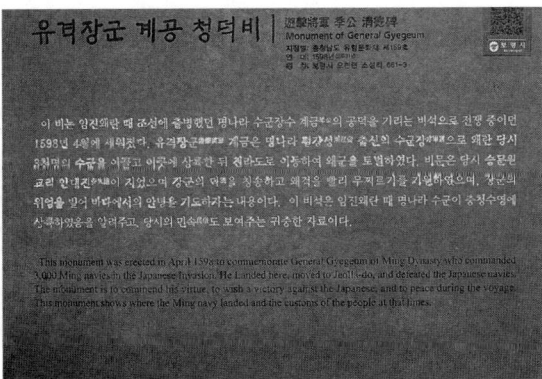

清德碑,被列为韩国"地方有型文化遗产"

保宁文化研究会是专门研究保宁历史文化的民间团体。他们来松门主要是考察当地有没有季金将军的后裔,将军墓地是否在松门镇等。当天,保宁文化研究会会员与松门镇、外事办等相关部门负责人进行了友好交流,研究会还向松门镇赠送了季金将

军清德碑碑文的拓本。

台州市外事办通知松门镇准备接待来自韩国保宁市政府文化研究会代表团，松门镇有关部门接到通知，有些不知所措，因为他们并不知道季金是谁，故居在哪里，子孙后裔在何方，墓地何在，这些韩国客人希望了解的东西，他们一概不得而知。他们甚至寻访到交陈等偏僻乡村，终究不得要领。在一筹莫展之时，想到了向地方志办公室寻求帮助，于是在古志中寻到了答案。

松门镇镇长与保宁市领导合影

保宁市文化研究会代表团与松门镇领导合影

二、韩国教授朴现圭研究季金

韩国顺天乡大学多年开展对壬辰倭乱的研究，为深入了解浙直水军入朝参战的历史，中文科教授朴现圭调查韩半岛和中国大陆各地保留的季金遗址、朝鲜文士和季金酬唱的诗文，并撰《明代万历水军将领——季金的行迹考察》一文，阐述季金的功绩。

朴现圭勘察季金墓地坊石

2013年6月24日朴现圭访问松门。上午，我接到温岭外事办的电话，称有韩国的一位教授要访问松门，希望我能够为他们提供一些资料。在外事办的韩国驻温岭国际协作官张周燮办公室里，我见到了朴现圭教授。第一次见面，他直截了当地表示自己正在研究季金，希望能够拜谒将军的墓地，提供松门季氏家族的宗谱，提供季金诗文的原件。我立即联系了季金后人季正方一家，告诉他一位韩国教授为了研究季金，已经到了温岭，请他们按要求带客人去墓地，提供宗谱的复印件。随即我们赶赴松门。季正方、季康及季氏家族成员已经等候在虎坑山下，他们把季氏宗谱递交给朴现圭教授，随即陪教授去了墓地拜谒。朴教授对季金原墓道牌坊的坊石十分感兴趣，专门量了坊石的尺寸，高兴地说这的确是季金将军的墓道，不是这个级别的武官是不可能立这样规格的牌坊的。

随即赴松门镇中学，季正方、潘以飙为客人介绍校门旁的文化长廊，朴现圭驻足在季金的画窗前，讲述了季金抗倭的故事。朴现圭赞赏校长张华君有眼光，像这样系统宣传地方文化历史的地方并不多见。下午，朴现圭考察了卫城南门的城门。随即又赴松门南面的娘娘

在松门镇中学的文化长廊前朴现圭讲述季金的故事

宫考察，他对妈祖文化也十感兴趣，对三官大帝与妈祖一同祭祀的现象提出了佐证。此后，在其有关季金行迹的论文中即有提及。

后来，朴现圭赴保宁市专门演讲季金的功绩。朴现圭多次到中国开展学术研讨，不断寻访季金的遗迹。我为教授提供了季金的诗文原件，并专门寻访王士琦的宗谱，拍摄了宗谱中王士琦赴朝鲜的资料，为朴教授撰写季金行迹提供了原始资料。

朴现圭与季金后人合影

历届韩国大田广域市西区政府驻温岭国际协作官专访季金的墓地祭拜，第五任协作官张周燮陪同朴现圭访问松门，第六任协作官李钟明与统营市政府行政科科长朴性讚共同拜谒将军墓地。

韩国与中国学者就李舜臣信件的发现展开学术讨论，认为这是李舜臣存世信件中唯一完整的一封，并解读了信件的内容。因为这一信件是讲述李舜臣与季金交往的，季康发现后，就将研讨会的资料传送给我。我阅读了研讨

会的资料，并逐字研读了李舜臣信件的原文。我发现研讨会将信件的内容弄错了。于是撰文指明错误，分析原因，并刊登在文史刊物《台州文化学刊》上。

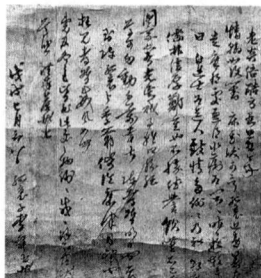

李舜臣唯一完整的存世信件

三、2014 年 7 月季氏访韩

经朴现圭教授的多次协调，松门季氏后裔准备访问韩国，计划在牙山李舜臣纪念馆与李氏后裔会见，访问鳌川忠清南道水军营地及古今岛。

正当松门季氏筹备访韩之际，传来国家主席习近平访问韩国的消息，而且习主席在首尔大学发表演说，专门讲了露梁海战一事。于是顺天乡大学李舜臣研究所加快了季金后裔赴韩访问的进程，专门发通知，并与相关部门取得联系，并由朴现圭教授全程陪同季氏访问。正式访问的第一天上午，韩国的东亚电视台专门派记者采访，全程录像。当晚电视节目就播放了季氏访韩的消息。

홈뉴스사회 "전우의 후손" 400 년 만의 만남

"战友后代" 400 年后初次见面

[채널 A] 입력 2014-07-24 22:08:00 ㅣ 수정 2014-07-24 22:45:51

최근 방한했던 시진핑 중국 국가주석이 이순신 장군과 함께 전사한 명나라의 등자룡 장군을 언급했었죠.

最近访韩的习近平主席在首尔大学演讲中，提及在露梁海战中和李舜臣将军一起战死的明朝邓子龙将军。

등 장군에 앞서 한반도에 파견돼 이순신과 함께 왜군을 물리친 계금 장군이 있는데요,

但在邓将军之前，还有一位被派遣朝鲜一起剿灭倭寇的将军。

양측 후손들이 400 여 년 만에 처음으로 만났습니다.

双方后代 400 年后头一次见面。

허진석 기자가 단독 취재했습니다.

许慎石记者的独家采访。

　　항왜원조 명장, 왜구 일본을 물리치고 조선을 지원한 명장 계금 장군….

　　抗外援朝名将，击退日本倭寇，支援朝鲜的名将季金将军…

　　명나라 계금 장군의 후손들이 계금 장군의 시를 이순신 장군 후손들에게 선물합니다.

　　明朝季金将军的子孙们把季金将军的诗赠与李舜臣将军的子孙。

　　계금 장군은 정유재란 때 수군 중 가장 먼저 파견돼 순천왜성 전투와 노량해전 등 수많은 전투에서 가장 오랫동안 이순신 장군과 힘을 모아 왜군을 물리쳤습니다.

　　季金将军是丁酉再乱时水军中头一个被派遣的将军。他是在顺天倭城之战和露梁海战等多次战斗中，和李舜臣将军一起合力击退倭寇的将军。

　　노량해전 416 년 만에 그들의 후손이 처음으로 만난 겁니다.

　　露梁海战 416 年后他们的子孙头一次见面。

　　[녹취 : 지캉 / 계금 12 대손, 중국 원링시]

　　录自：季康 / 季金 12 代子孙，中国温岭市

　　이순신 장군과 계금 장군이 노량해전에서 함께 싸운 사실을 보고 나니 감개무량합니다.

　　看完李舜臣将军和季金将军并肩作战的情景使我感慨万分。

　　[녹취 : 이종천 / 덕수이씨충무공파종회장]108 번 43 초 부근

　　录自：李种天 / 德水 李氏 忠武公会长

　　계금 장군의 후손이 오신 것을 저희는 충무공 후손으로서 굉장히 환영합니다.

　　作为忠武公（称号）子孙，季金将军的子孙来到这里受到热烈欢迎。

　　계금 장군은 주둔지에서 조선 백성에 덕을 베풀어 드물게도 그의 덕을 기를 청덕비가 충남 보령에 세워졌습니다.

　　季金将军在自己驻扎地，给予朝鲜百姓很大的帮助，所罕见的是，在忠清南道保宁市建了他的清德碑。

　　2009 년 보령시문화연구회가 계금 장군의 고향인 저장성 원링시를 방문해 청덕비 내용을 알리면서 현지에서도 계금 장군이 항일장군으로 알려지게 됐습니다.

2009 年保宁市文化研究会访问季金将军的故乡浙江省温岭市。通过清德碑记载的内容，当地人才知道季金将军是抗日将军。

어제 방한한 17 명의 계금 장군 후손들은 충남 보령의 청덕비와 순천왜성, 노량해전지 등을 둘러본 뒤 27 일 귀국합니다.

昨天，访韩的 17 名季金将军的子孙参观忠清南道保宁市的清德碑，顺天倭城和露梁海战旧址后，将于 27 日回国。

채널 A 뉴스 허진석입니다.

频道 A 新闻 许慎石记者

韩国东亚电视台所说的，通过保宁市文化研究会访问松门并宣传季金清德碑的内容后，当地才知道季金是抗倭将领，这一说法过于偏颇。季金抗倭在《太平县古志》中是有记载的，志书记载得十分明确，说季金"从征关白"，关白指日本宰相，也就是

记者许慎石与摄影师

说季金参加了抗倭战争。不过，因着韩国友人的访问，国内开始重视季金的抗倭功绩，这倒是事实。

季金后人拜谒了李舜臣的墓地。接着访问李舜臣的显忠祠，与李氏后人会见。德水李氏忠武公派宗会会长李种天及李氏宗会成员列队迎接松门季金后裔。

记者拍摄季金后人拜谒显忠祠的场景

季金后人与李舜臣后人在显忠祠前合影

朴现圭解说季金诗文

季氏后裔拜谒显忠祠

忠武公会长李种天与季氏后裔会见

拜谒李舜臣墓地

李舜臣的墓地

朴现圭率季氏后裔进入陵园

在参观李舜臣纪念馆时，季康接受了电视台的采访。

当日下午，季氏后裔参观了在鳌川的忠清南道水师营地遗址。

鳌川外海

忠清南道水军营地外城

鳌川小学

观看清德碑

季金后人参观了水军营地官衙大门，水军营地衙门大厅及内卧室，季金曾经办公及居住的地方。

水军营地衙门大厅及内卧室

水军营地官衙大门

朝鲜王宫

在韩国，季氏访问团参观了首尔的朝鲜王宫，朴现圭撰文称国王在便殿接见了季金将军。

本人有幸随同季氏访韩，访韩经历见附文《访韩小记》。

有了季氏对韩国的访问，12月，统营市政府组织代表团访问了松门。

四、韩国统营市政府代表团访问松门

1598 年 11 月露梁海战胜利，季金被留在朝鲜协防。1599 年 5 月经略邢玠提出善后事宜，季金被确定为明军水师统帅，水师就驻南海，以提防倭寇的侵扰。统营市是闲山大捷的所在地，濒临南海，这里是李舜臣抗击倭寇取得重大胜利的地方，也是季金战斗过的地方。统营市每年举办闲山大捷节。2014 年 12 月，统营市政府得闻季金将军后裔在松门，立即请朴现圭与季氏后裔取得联系。

2014 年 12 月 10 日《温岭日报》刊出通讯员江文辉的消息《韩国派团来寻访，邀季金后代出席明年的闲山大捷节》。文章称，为纪念壬辰抗倭战争胜利，每年 8 月份，统营市要举行闲山大捷节纪念活动。获悉民族英雄李舜臣的好友季金将军的故里在松门镇，统营市专门派人搜集季金的文史资料。12 月 5 日下午，庆尚南道统营市政府行政科科长朴性讚等一行人来到松门，寻访季金的故里。季康等赴车站迎接客人，为了让客人对季金有全面了解，专门邀请我去介绍季金的事迹。从火车站至松门的路上，我详细地解说了季金的生平与业绩，并回答了韩国友人的提问。朴性讚一行人先来到位于虎坑凤冠岩的季金墓地，在墓前我接受采访，介绍了壬辰倭乱、丁酉再乱的起因，指出 1597 年丁酉再乱后，第一支入朝的明军水军是浙直水师，季金是浙直水师的统帅。露梁海战胜利后，朝鲜国王亲自跑到季金将军的官邸道谢。

向统营市客人赠送文史资料

朴性讚邀请季金后人访韩

在松门镇中学，客人观看了松门历史名人展，其中有季金赴朝鲜抗倭的事迹展览。在文化站的会议室内，我将准备的有关文史资料送给统营市客人，客人还查阅了季氏的家谱。统营市政府行政科科长朴性讚表示，邀请季氏后裔参加 2015 年 8 月份的闲山大捷节，将季金将军援朝的事迹继续传颂下去。

保宁市政府得知统府邀请季氏赴韩国参加捷节后，立即致函请季宁市访问，并约定在温馆开馆之日，参加纪念

朴性讚接受采访

营市政闲山大氏赴保岭博物活动。

五、2015 年朴现圭再访松门

在松门季氏准备八月份访问韩国之前，朴现圭教授再次访问松门。

2015 年 6 月 18 日《温岭日报》记者颜玲佳、通讯员江文辉报道：6 月 12 日，韩国顺天乡大学文学博士、中文教授朴现圭，来到温岭松门，寻找明代将领季金的旧址。400 多年前，温岭籍明代水军名将季金前往朝鲜，400 多年后，韩国教授两次来松门寻访季金遗迹。其实，朴现圭不仅访问季金故里，他还为搜寻临海王士琦将军的资料而忙碌。

12 日上午，朴现圭来到松门镇，再次寻访季金故里。朴现圭说："季金将军是明朝时期很有名望的将军，曾经在万历朝鲜战争时候，到朝鲜来和名将李舜臣一起打败日本侵略者。他是非常英勇的，我很崇拜季金将军，这次来是想看看季金留下来的各种遗迹。"

朴现圭到虎坑季金墓地和松门前街"季家里"，拍摄季家遗存的旧建筑及将军府邸台门的遗迹。

朴现圭视察墓地（一）

朴现圭视察墓地（二）

朴现圭访季氏旧宅并接受采访

　　朴现圭对中国文化很感兴趣，应孙连忠之邀访问了箬山天后宫。孙连忠曾任驻韩国大田广域市西区的国际协作官，与朴现圭教授早就结识。

　　季金后代分散在台州黄岩、临海、路桥、温岭各地，约有 3000 人。第 12 代后裔季康告诉记者，2013 年朴现圭来过一次松门，去年我们也回访过一次，"他是属于学者型教授，一来二去，大家都已经成为朋友了。"

朴现圭访问箬山天后宫

下午，温岭市文广新局局长李东飞会见了朴现圭，朴现圭希望温岭开展对季金将军的研究，宣传季金。李局长对朴现圭教授热心宣传季金表示感谢，同时表示季金是在韩国有影响力的人物，温岭

文广新局局长李东飞接待朴现圭

要挖掘传统文化资源，支持出版研究季金的文集。"十三五"时期，要增强本土文化自信，建设文化大市，李局长要求尽快搜集整理相关历史资料。

浙江文化网、台州市人民政府外事侨务办公室分别报道朴现圭再访季金故里的消息，称朴现圭教授"在韩国大田广域市西区驻温岭国际协作官及温岭市外侨办、温岭市文广新局等有关部门的陪同下，到温岭市松门镇寻访朝鲜民族英雄李舜臣战友季金将军的故里，并就下一步如何挖掘和利用季金将军历史文化资源进行探讨"。

次日，季氏后裔陪同朴现圭教授赴临海白水洋，访问王士琦将军的后裔，并拜谒了王士琦的墓地。

朴现圭赴临海白水洋访问王士琦将军后裔

8月，季金后裔应邀参加了韩国统营市的闲山大捷节，赴保宁市参观访问。

六、松门季氏再次访韩

2015年8月，松门季氏如期赴韩国统营市，参加闲山大捷节。

通讯员江文辉报道，标题是"明代大将军季金后裔赴韩国寻访先人遗迹，先祖驻军期间的仁义都刻在了碑上"。

400多年前，朝鲜国受到倭寇侵略，明朝派兵援助。在这批援军中，就有一位来自温岭市松门镇的大将军，名叫季金。驻军期间，他严于律己，善待百姓，在当地留下了很好的口碑。400年后，韩国在纪念闲山大捷时，并没有忘记与他们的民族英雄李舜臣并肩作战过的明军将领，特邀了将军后裔参加庆祝活动。从8月10日至17日，季金后裔远赴韩国，寻访先人遗迹。三名代表是季金公会会长、季金将军第12代孙季康，及第11代孙季忠福和第13代孙季林华。

统营市市长金东镇（右）与季康（中）   统营市市长宴请季氏后裔

"6月中旬，我们收到了韩国统营市市长金东镇发来的'闲山大捷'庆典邀请函，他们说举办庆典活动，不仅仅是为了回顾闲山大捷这一历史时刻，庆贺战争的胜利，更重要的是为建立全人类和平而努力，所以，我们觉得这一趟韩国还是要去的。"季康说。

在统营市的三天，季氏访问团受到统营市政府的热情招待，并会见了由广东省云浮市云安区委副书记吴维力率领的参访团及明军都督陈璘的后裔。12日"闲山大捷"庆典活动，访问团参观了港口的龟甲船、东壁郎壁画村，前往忠烈寺祭拜李舜臣，并观摩了洗兵馆的阅兵，以及三道水军统制使队列

游行活动。当晚庆典开幕式上，季金后裔还发表了热情洋溢的讲
话，表示愿与韩国人民一道，通过民间交往，加深两国人民的友
谊，促进东亚地区和平、稳定。

闲山大捷庆典活动（一）

闲山大捷庆典活动（二）

闲山大捷庆典晚会季氏后裔致辞

13 日下午，朴现圭带领访问团前往保宁市，拜访清德碑作者安大进的后裔，到安大进墓地祭拜。在全罗南道海南郡，寻访了季金诗友白振南的后裔；在康津郡的古今岛，参观了季金与陈璘同建的关羽庙（今忠烈祠）；在顺天倭城遗址，聆听季金在"顺天海战"英勇参战负伤的故事；在庆尚南道南海郡的露梁，参拜了忠烈祠，观看了影片《露梁海战》。在这里，中朝水军全歼倭寇 700 多艘战船。

保宁市欢迎季氏后裔访韩

保宁市副市长代表市长致辞

保宁文化院长书赠诗作

"保宁鳌川水兵营，这里留下了一块'钦差统领浙直水兵游击将军季公清德碑'，碑文记载了先祖驻军期间的仁义之举，作为后人的我们感到非常荣幸。回国后，我们将把这次韩国之行收集到的资料进行整理，出版一本书，并为正在建设中的温岭博物馆提供一些有价值的资料。"季康说。

七、统营市摄制组拍摄季金专题片

2015 年 8 月 31 日至 9 月 1 日，韩国统营市派摄制组到温岭拍摄抗倭名将季金纪录片。摄制组一行到松门镇，寻访当年松门卫的地理环境，考察季金赴朝抗倭的历史背景，以探究季金将军援朝抗倭的前因后果。

31 日下午，季康告诉我统营市摄制组想比较详尽了解季金的一生，希望我能够就一些重大问题接受采访。我随即赶赴松门，在韩国客人下榻的君豪国际大酒店，摄制组专家姜万珍副教授就季金入朝抗倭一事，提出了六七个问题，由于语言不通，需经翻译，采访超过一个小时。韩国客人迫切想了解季金生长的松门卫的环境，季金入朝的时代背景，古今松门的变迁，还有季金入朝的时间，经过的地方，所任的职位，主要的战事活动，他与李舜臣相处的关系，与陈璘、邓子龙的交往等等。

姜万珍显然是有备而来，提出的问题绝非泛泛而谈，比如他提出明军在韩国的纪律，柳成龙《壬辰录》有关陈璘的记载，征求我的看法。这些在《明史》中均有明确记载，于是我阐述了自己的观点，采访进行得十分顺利。采访结束，韩国客人希望能早日见到我所介绍的季金功绩的书籍出版。

据悉，该纪录片已与抗倭名将陈璘、邓子龙等合集制作专题片，在 2016 年统营市的闲山大捷纪念日活动时播放。

第二章 季金将军

　　松门——山海环绕，地灵人杰，卫城东北背依伏龙山，高耸于海疆，传颂着松门人保卫国家、建设家乡的历史。松门地处瓯越，自古民众豪情满怀，尚武不屈。史载，孔子访问勾践，想倡导五帝三皇之道，勾践回答："夫越性脆而愚，水行而山处，以船为车，以楫为马，往若飘风，去则难从；锐兵任死，越之常性也。"历代以来这里民众"以船为车，以楫为马"，以渔盐业为生，民性"锐兵任死，越之常性"，所以卫城的军士擅长水战，从元朝方国珍，到戚继光的水师，再到奉诏入朝的浙直水师，无不以善水战而闻名。

　　松门涌现了众多英雄豪杰，流传着许多可歌可泣的悲壮故事。这里是戚继光抗倭的堡垒，也是季金的故里。季金出身于武将世家，季金有学历、有家学渊源，这是他肩扛抗倭重任的基础条件。季金与普通武将明显不同，具有儒将风范。其祖季忠到松门卫任指挥，五代任武职。县志记载了季氏众多的武职成员。季金的儿子季光浙通过努力也考中进士，终任抚顺参将，季光浙与清朝的崛起相呼应。

　　松门是处于山海间的卫城，承载了保家卫国的重任，卫城屡经修筑，戚继光、谭纶等名将在这里组织了抗倭战争。戚继光负责台州松（松门）海（海门）抗倭，松门的苍山渔船被改造成为抗倭的利器，30年后成为明朝朝鲜经略宋应昌首选的战船。松门有抗倭将领驰骋疆场的广阔海域，有沿海民众追击倭寇的滩涂。隘顽湾是方国珍建功立业的战场，也是抗倭名将胡震驱逐倭寇的领地。松寨山、塘礁山屹立于海湾，见证了宋高宗逃亡的经历，目睹了清代浙江巡抚阮元抗击安南夷并取得胜利的过程。

海门卫南部海域水师统领季堂，家在松门卫——可谓真正的松海将军，他培育了一位在援朝战争中的风云人物——浙直水师游击将军季金。

一、军事卫所成长的季金

古松门卫地处海防前哨，历史上曾出现众多将领，季金就是其中一颗璀璨的将星。

季金为明隆庆二年戊辰（1568）武科进士，列第三名，他是太平历史上武进士考试名次最高的。在民间，季金可称得武科进士的"探花"。

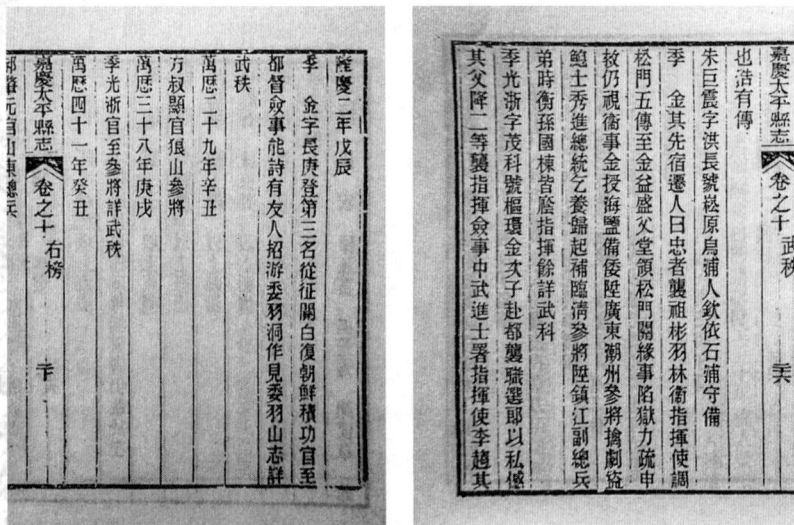

《嘉庆太平县志》原稿照片

《嘉庆太平县志》右榜进士载：

> 季金字长庚。登第三名。从征关白，复朝鲜，积功官至都督佥事。能诗，有《友人招游委羽洞作》，见《委羽山志》。详《武秩》。

右榜进士就是武进士。"关白"就是丰臣秀吉,丰臣秀吉实际掌控了日本的政权,相当于其时日本国宰相。季金从征关白,关白是日本宰相,可以借指为日本。季金没有从征日本,其实是参加了明朝的援朝战争,此时日本侵略朝鲜,发起了"壬辰倭乱"。

季金武科进士及第后,被授予浙江海盐的备倭将军,升广东潮州参将,由于擒获当地大盗鲍士秀,立下功劳,加官进爵成为总兵,后请求朝廷允许其退职回家养亲。重新起用后,补山东临清的参将,后又升任镇江副总兵。

1592 年日本对朝鲜发动侵略战争,季金从镇江副总兵任上被朝廷派遣赴朝。他带领的军队是浙直水师——一支从浙江、南直隶(江苏)等沿海调遣的部队——也就是朝廷议论决定调遣的南兵水军。

季金被选中赴朝参战的原因:他是水军将领之子,又是隆庆年间的武进士,具备抗击倭寇的谋略与胆识。嘉靖三十一年(1552)壬子倭乱后,浙江谭纶、戚继光等抗倭将领有效阻击倭寇的侵犯。嘉靖四十年(1561),戚家军曾在台州组织对倭寇的围歼,九战九捷取得全胜,长沙最终一战全歼倭寇主力。戚继光的南兵不仅在浙江打出了声威,随后还赴福建、广东分别取得全胜。

松门卫历来是兵家要地,是武将叱咤风云的地方。松门卫毗邻海门卫,是松(松门)海(海门)备倭司令部的两个基地之一。自洪武二十年(1387)置松门卫,就隶属于松海备倭把总。十五世纪末至十六世纪初,正值明朝弘治末,季忠从江苏宿迁调至松门卫,承袭其祖季彬的羽林卫指挥使,从季忠至季金历五代。嘉靖年间,季金的父亲季堂任松门卫指挥使,由于性格耿直曾被诬陷免职,后来又恢复职位。

嘉靖三十七年(1558)起戚继光在台州抗倭,季堂是海门卫南部海域的水军统领,松门水军统领是胡震。嘉靖四十年(1561)四月,戚继光组织松海明军前往宁海团前清剿倭寇老巢。五月,倭船南逃至松门卫海域,胡震指挥水师在海域拦截倭寇,不断撞沉倭船,逼迫倭寇登岸,而倭寇一登陆地,即遭围歼。台州文史专家王及将海域击溃倭寇列作台州大捷之一。季堂与胡震合力将倭寇赶上陆地,戚继光组织四路大军,在长沙围歼倭寇主力两千余,此为台州大捷最后一战,被列入世界著名海战之一。季金的统兵才能既有家庭渊源,更是松门卫特殊军事环境所造就。

戚继光的麾下还有太平新河的百户张元勋，张元勋后任广东肇庆总兵官，邓子龙即为其部下。《明史》载：邓子龙"万历初（1573），从大帅张元勋讨平巨盗赖元爵"。邓子龙于 1598 年十一月在露梁海战中与季金一起冲锋陷阵，此战是结束壬辰倭乱的关键一战。

万历二十年壬辰（1592），丰臣秀吉发动侵略朝鲜战争，明廷大发南北兵，季金任南兵的游击将军，作为防海兵入驻蓟镇。万历二十一年（1593）明军收复平壤、汉城，中日议和，时间迁延三年多。1597 年（农历丁酉）议和失败，丰臣秀吉重新发动侵略，季金再次率兵援战，此次直接开赴朝鲜战场。韩国保宁人民为季金将军所立的功德碑记载：

> （万历）二十年（1592），海寇（日本）犯东边，不月已据平壤。天子赫然怒若，曰：朝鲜，朕东藩，世虔职贡不解，朕视之如内服。蠢兹倭曷敢侵轶其疆土，若无中国者，然必急救毋缓。于是，大发南北兵。

二、儒将风范

季金自小习武，同时也爱好读书，擅诗。他回忆了自己自小羡慕张青野，并向往从青野学习诗文。得中武进士后，季金去拜访了张青野。在张青野六十大寿之际，季金不忘为自己所敬仰的贤师撰文祝贺。

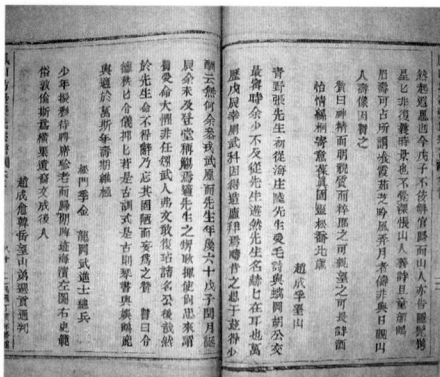

坊边张氏宗谱记载的季金贺词

青野张先生初从海庄陆先生受毛诗，与螺冈胡公交最密。时余少，不及从先生游，然先生名赫赫在耳也。隆庆戊辰（1568 年）幸厕武科，因得造庐拜焉，畴昔之思于兹得少酬云。无何,余参戎武原,而先生年几六十。戊子(1588年)闰月诞辰,余未及登堂称觞焉,适先生之甥耿指挥使尚忠来请赞,受命大惧非任,矧武人弗文,敢复玷诸名公后哉。然于先生命不得辞,乃忘其固陋而妄为之赞。赞曰:

令德秩秩,令仪抑抑,若是古训,式是古则。琴书与娱,鹤鹿与适,于万斯年,寿期维极。

松门季金 龙冈武进士总兵(《坊边张氏宗谱》)

季金没有接受过张青野的教诲,但他追随张青野学诗文的心愿是十分迫切的,所以中了进士后,还登门拜访。上面的赞文是应张青野的外甥指挥使耿尚忠之请而作。季金谦称自己是武人不会作文,怕玷污先生的名誉;奉命而不敢违,才不顾简陋而妄作赞文。

季金不仅写了赞语,还赋诗贺寿:

路绕青山碧海隅,高人解以竹为居。
翠盈蒋诩门前径,绿映王献案上书。
金石自期谐雅乐,凤凰应许息芳枝。
年来更爱春风好,节底纷纷玉茁奇。

松门 季金 武进士总兵

季金写于张青野贺寿的诗文中,把张青野拟作蒋诩。蒋诩是廉直的官员,西汉末王莽执政,蒋诩告病返乡,终生不出。他家的庭院中有三条小路,只与羊仲、求仲两位隐士来往。后人以"三径"——蒋诩庭院的小径,比作隐士的住所。张青野却并没有真正隐居,依然在培养学生。与张青野交往的均为雅士,所以诗称金石与雅乐相谐,凤凰憩于梧桐高枝。张青野按古训教育学生,他自己就是学生的榜样——式是古则。

季金的诗

张青野"琴书与娱",品性高雅,季金将张青野比作寡言谨慎的王献之(字子敬),即诗所称的王献。王献之为王羲之的小儿子，兄徽之，字子猷，曾任黄门侍郎；操之，字子重。徽之兄弟三人拜访晋重臣谢安，子猷、子重多说日常琐事，子敬仅寒暄了几句。兄弟三人走了后，客人问谢安："刚才那三位贤士谁较好？"谢安说："小的最好。"客人问："怎么知道呢？"谢安说："善良的人话少，急躁的人话多。是从这两句话推断出来的。"

季金赞誉张青野"令仪抑抑"——即为人谨慎凝重。季金看重王献之好读书而少议论，赞誉张青野"绿映王献案上书"——在绿竹掩映的窗前，静静地读书作学问，这也是季金自己的写照。他的儒将风范就是这样培养的。

诗文描述的"路绕青山碧海隅"是指张青野所居的村庄——凤山涧桥一带的环境。与张氏毗邻而居的云浦陈氏，于五代时避闽乱，由侯官（今福州）航海北迁太平县四都云浦（今高浦），明代高浦岙依旧离海不远，所以季金称张青野住在海边上——"碧海隅"，又因高浦岙在凤山下，故诗称"路绕青山"。张氏祖为福建建安县建溪里人，南宋宁宗时张士徽任临海县尉，在官时去世，其子迁居西椒湾，复迁凤山涧桥。近代张心柏曾任湖北财政厅长，于20世纪40年代末重修宗谱，今坊边张氏多聚箬横西汇头。近千年前，整个东部新河、箬横、松门的平原还没有形成，当宋高宗到松门，黄岩县令奔赴松门见驾时，路经温岭东部基本是海，自新河、塘下、晋山、白峰、高浦岙、石桥头等东部一线的山脚下才有道路，至明朝高浦岙依然距海较近，"路绕青山碧海隅"，就是温岭东部的地域环境。

季金出身于武将家庭，从小接受了家庭教育，受当时倭乱形势的激励，他最终选择继承军人的职业。而季金同时喜好习文，也善作诗。由于文武双全，所以能得中全国武科考试的第三名。

中进士，作武官，嘉靖壬子之乱后，尽管民生凋敝，而官事无风险，他人眼中季金的仕途生涯是很好的了。而季金却时露不满——他是一个有抱负的人，他不甘平庸度过岁月。

在与友人同游黄岩委羽山时，季金慨然赋诗抒怀：

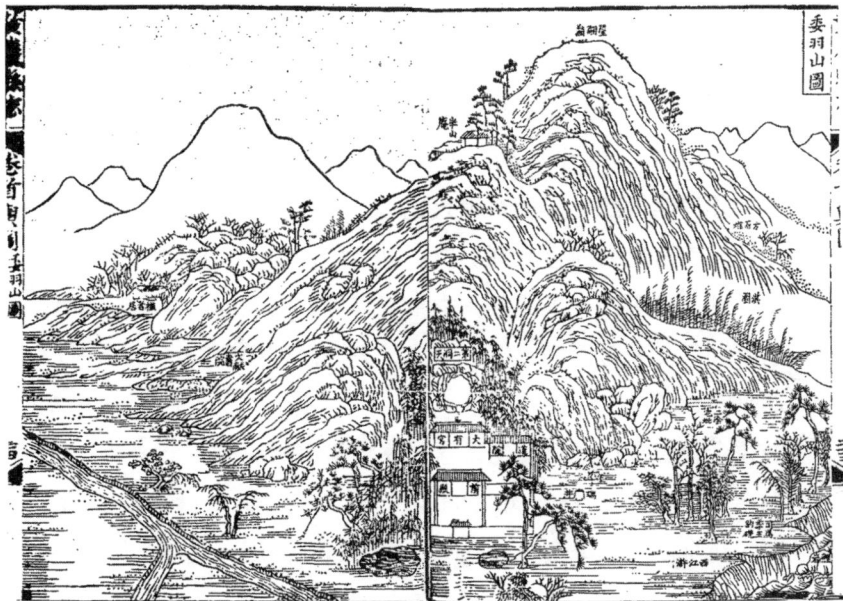

《委羽山图》

友人招游委羽洞作

季金，松门卫人，总兵

携壶探古洞，云锁偶逢开。白鹤翀霄去，青猿摘果来。

牵风瑶草带，映日玉花台。尘俗何时远，空嗟岁月催。

（明《委羽山志》）

面对仙境，他感叹岁月易过，希望自己远离俗尘。季金任总兵已是他在国内任职的最高官衔了，《友人招游委羽洞作》是季金领兵去朝鲜之前所作，领兵打仗、建功立业也许就是将军梦寐以求的。

《松门季氏宗谱》已焚毁于 20 世纪 20 年代，季金确切的生卒年已无法考证。但是，我们可以根据季金与李舜臣中武举的时间比较得知，季金于隆庆二年（1568）中武进士，比李舜臣早 8 年，两人于古今岛合营时，李舜臣尊称季金为"季爷"，季金应年长于李舜臣，约于 1540 年前后出生。季金与朝鲜的柳成龙（1542—1607）年龄相近，柳成龙是知名学者李退溪的弟子。柳成龙任相国时，正遇日本预备侵略朝鲜，战火即将燃起，柳成龙看到了李舜臣的卓越军事才华，破格推荐提拔李舜臣，为挽救朝鲜民族危亡起了中流砥柱的作用。后来，柳成龙被撤职，他整理战乱文书成《惩毖录》，通过对战争反思，体现其忠君爱国思想。

1597 年 4 月，季金率浙直水师入驻古今岛，明军主力未到，浙直水师除日常训练外，没有重大战事，季金的儒士风度得以充分展示。白振南进士为浙直水师提供后勤支持，季金欣赏白进士，与其赋诗饮酒，豪爽而不失儒雅。季金酒量好，常灌醉白振南，而为其泡茶解酒气。季金盛情，主客欢饮，充分体现松门的乡风——让客人尽兴而大醉。

与季金有过交往的朝鲜文人喜与季金将军酬唱诗文。

海南的尹光启于 1589 年（宣祖二十二年）增广文科及第。丁酉乱时，在全罗道与季金见面酬唱。季金时驻鳌川，往来全州与鳌川营地间运输物资。《橘屋拙稿》收录尹光启与季金和韵的诗文。卷上《次天将韵季金》，描绘丁酉再乱时情景：倭寇战船横行岭、湖南大海。季金率浙江水军前来，不久凯旋。倭乱的暴风雨终于宁歇，苦寒消失，春回大地；千里弥漫的妖气消除，百姓喜迎太平。

三、武将世家

季金的先人叫季忠，承袭祖父季彬的羽林卫指挥使，从江苏宿迁调至太平松门。从季忠传至季金已历经五代，家族更加繁盛。季金之父季堂，曾任松门卫指挥使，被诬陷入狱，后经上疏申辩获救，仍管理松门卫的军事。明松门卫下有左、右、中、前、后五个所的指挥、镇抚、千百户等官。

《太平县志》记载：

> 季金其先宿迁人曰忠者，袭祖彬羽林卫指挥使，调松门，五传至金，益盛。父堂，领松门关，缘事陷狱，力疏申救，仍视卫事。金授海盐备倭，升广东潮州参将，擒剧盗鲍士秀，进总统。乞养归，起补临清参将，升镇江副总兵。弟时衡、孙国栋，皆荫指挥。余详武科。

　　季金之弟季铖为参将，中万历元年癸酉科举人。季金的弟时衡、孙国栋，皆荫指挥——从季堂、季金到季光浙均有武将的功名、功勋，子弟承袭父荫是非常正常的。

　　地方志载季氏任武职的有：

　　季光浙　万历三十八年（1610）庚戌科进士，官至参将。详《武秩》。

　　季光汤　万历四十一年癸丑（1613）官都司佥事。

　　季朝煜　优给指挥舍人。

　　季时衡　百户。

　　季光满　天启七年（1627）丁卯科武举人。

　　季元植　崇祯庚午科（1630）武举人。

　　万历四十一年（1613）季光汤字茂武，号璘存。武进士，授镇江圌山备倭署指挥佥事，被诬解任。会毛文龙标员激变，登莱抚军议抚，与孙应龙等奉令往，迫降不屈，被害。子元枢携骸归。女适署都司佥书潘坤。

　　季廷梁　先世在松门以武功显。廷梁顺治初授广东普宁令。廷梁身冒矢石，长子炎战死焉，城陷不屈。王师复普宁，出之于狱，依栖山寨中，以次经理。调山西兴县，改大同，并有政声。归家宦橐萧然，惟一妾及破书数簏而已。

四、次子季光浙也考中了进士

　　季金及其次子季光浙均为武进士。民国《台州府志》卷二十九选举表九武科载：

　　明武进士
　　隆庆二年戊辰，太平季金，有传。
　　三十八年庚戌，太平季光浙，字茂科，金次子。袭指挥佥事，终参将。

　　季光浙也考中进士，他与父亲季金同为武进士，这在科举历史上是非常罕见的。季光浙子承父业，考中万历三十八年（1610）武进士，署指挥使。

　　《嘉庆太平县志》记载了季光浙的传记：

> 　　季光浙　字茂科，号枢环，金次子。赴都袭职，选郎以私憾其父，降二等，袭指挥佥事。中武进士，署指挥使。李趋其妇翁也。

　　万历二十八年（1600），最后留守朝鲜的明军也撤退回国。在露梁海战建立了功勋的季金，光宗耀祖回到松门。按照明代武官的承袭制度，建立功勋的武将之子，可以由武将指定其子承袭父职，报经兵部审核认可。季金的次子季光浙带了各类证明文件，赴京请求相关部门承袭父职，有位管理选拔武官的郎中（司长），因与季金有私人恩怨，公报私仇擅自决定将季光浙应当授予的官爵降二等，承袭指挥佥事——按规定季光浙原可承袭指挥使的。郎中与季金有什么矛盾？或许是季金回国到兵部述职，没有给郎中上贡罢了。或许就是季金曾率南兵驻蓟镇，总兵王保诬陷南兵哗变，季金千方百计为南兵辩解而得罪了兵部老爷，除此，季金并没有与兵部官员交集的机遇。

　　这个兵部的郎中倒是激励了季光浙的上进心：你要抑制我的官位，难道我自己就不可以争取吗？季光浙倒也十分争气，硬是凭个人的努力考取了进士——没有承袭父亲之荫，靠前辈的功劳获得官职。此时，距离父亲季金回国已经十年了，季光浙可能参加了三十四年（1606）、三十八年（1610）两次武举考试。1601年后，季光浙承袭父荫遇到麻烦。既然预备承袭父荫，就不可能准备参加三十年（1602）的武举考试——况且他是已婚的大龄青年，他的老丈人是李趋。当时李姓在松门也是大姓，李超在松门那是赫赫有名的，在省城、松门立有牌坊，坊额"盛世干城"。李趋很可能是李超的兄弟。季与李是门户相当。

五、季光浙与皇太极是发小吗？

季光浙任职辽宁抚顺参将，是参加了科举考试后提拔的。在辽宁历史小说中，季光浙与皇太极称兄道弟。《梦回边关》讲述了 17 世纪初清朝初起的历史，小说中季光浙与皇太极、李如松、李如柏等自小交往甚密，李如柏是努尔哈赤的女婿。小说杜撰以下情节：季光浙出使辽地责难努尔哈赤、皇太极背叛朝廷；季光浙与皇太极关系密切，朝廷派他与努尔哈赤讨论定边事情，劝阻皇太极攻打乌拉；季光浙身着黑色戎装、身材挺拔，为皇太极与李如柏妹妹李如雪传递情思。辽宁抚顺是努尔哈赤的龙兴之地，皇太极一手创建了清朝的基业。

季光浙到达辽宁抚顺时的形势是，努尔哈赤已基本掌控建州，在辽东称雄。嘉靖三十八年（1559），努尔哈赤生于建州左卫苏克素浒河部赫图阿拉城（兴京），即今抚顺新宾永陵镇。其时辽东总兵是李成梁，与戚继光同为北方名将，时称"戚、李"。李成梁之子李如松、李如梅、李如柏均为万历名将，史载其名。李成梁统兵攻打努尔哈赤祖父的邻部古勒城主阿太，祸及努尔哈赤一族，阿太是其祖父的孙女婿，伯父礼敦的女婿，恰好祖父率众子孙在阿太处，遂一同被害。努尔哈赤其貌不凡，李成梁的妻子暗中将努尔哈赤与其弟放归（《清史稿·努尔哈赤传》）。努尔哈赤一意复仇，征战壮大势力，朝廷封努尔哈赤为建州都督佥事。壬辰倭乱中，努尔哈赤要求赴朝鲜，未成。万历四十四年（1616）努尔哈赤在兴京创"大金"，建元天命，公开背叛明朝廷——季金在松门已垂垂老矣。

小说把季光浙记述成皇太极的发小，请看他们及父辈出生年份：季金 1540 年　努尔哈赤 1559 年　季光浙 1570 年——皇太极 1592 年。1610 年后季光浙任抚顺参将，不久后金立，季光浙无论官职、势力，均无法与努尔哈赤对抗。1610 年后季光浙四十余岁，皇太极是小青年，两人也不可能密切交往。季金在朝鲜战场有声誉，战事在辽宁传闻普遍，于是小说以季金之子季光浙演绎历史情节。小说完全是天马行空——恍如梦回 17 世纪初辽东的那段历史。

万历四十七年（1619），后金天命四年，季光浙已年近五十，季金如果存世已经八十。此年，明朝与新兴的后金展开了一场决定生死命运的战争。后金伐叶赫，经略杨镐遣使与后金议罢兵，不成。杨镐督师二十万四路进军。努尔哈赤命四位贝勒（王子）先行。明军东路杜松渡浑河出抚顺、萨尔浒。皇太极分千人援界凡，后金骑兵乘明师半渡而击，杜松留师守萨尔浒，努尔哈赤攻破明垒，杜松战死。西路军马林驰至，努尔哈赤促后金军登山下冲，"马林遁，……全军奔溃"。南路刘綎由宽甸间道入，击败戍将五百人，乘势深入。刘綎是一员悍将，父刘显是抗倭名将。刘綎是朝鲜明军西路军主帅，经监军王士琦督促，在倭桥一战取得战绩。刘綎是与季金在倭桥并肩战斗过的战友。

不幸刘綎与后金较量，遇到更强劲的对手努尔哈赤，主帅杨镐却是个无能之辈，东西路惨败的消息竟没有传递到刘綎。而努尔哈赤至界凡，宰杀八牛祭大蠹，誓师。皇太极往南遇刘綎的精骑万余，代善利用杜松败军衣裳旗帜，混入明军，皇太极以突骑三十夺阿布达里冈，从山岗冲下，斩刘綎。仅四日，三路明兵丧败。北路李如柏紧急撤退，遇后金游骑二十人，登山鸣螺呼噪追逐，明军竟奔逃自相践踏死千余。这个李如柏肯定不是努尔哈赤的女婿了吧。明朝气数已尽，趋炎附势者占据高位，马林肯定与杨镐一样是溜须拍马之徒。勇将刘綎没有死在朝鲜抗倭前线，却倒在杨镐瞎指挥的抗金战场上。

六、季氏先祖及《湖酋季氏宗谱》

历经清朝顺治十八年（1661）至康熙二十二年（1683）的"遣界"——清政府为断绝沿海民众资助郑成功，强令沿海三十里内民众迁移内地。松门季氏被迫迁离故居，有迁居路桥石曲、黄岩桥头王、温岭大溪田洋季的。季金无法想到后代竟如此流离失所。毕竟故土难舍，迁居石曲的季氏后裔又循旧迹回到松门东门——季金旧将军府邸。历经迁徙，大量文献资料丧失殆尽，《松门季氏宗谱》于 20 世纪 20 年代被一炬焚毁。嫡系后裔九旬老人季忠浩念念不忘自小见到的明朝武将袍服与朝廷文件，可惜这一切都已消失在历史的尘埃中。当韩国友人于 2009 年寻访季金将军后裔时，将军后人意识到，他们怠慢了为国作出重大贡献的祖先，依照祖辈口承相传的线索，延续了祖脉。

依据季氏的族谱，最先记载的是五代后唐的季孟宾，为吏部（铨部）大夫。宋朝季熔任平江知府，与文天祥是同榜进士，他在《殿试录》上名季斯可，任御史以直谏闻名。还有季享任江西参政，同时又是诗人。明代季克安任宿州的通判，季陶庵为龙南的县令，季竹亭、南窗的官声均很好。

临海人王宗沐是王士琦的父亲，父子两代有四人中进士，名闻台州。王士琦与季金均为壬辰倭乱时赴朝抗倭的将军。以下是王宗沐所作的《三修季氏宗谱序》

　　家之谱犹国之史也。史以彰贤否、纪实录，必秉史鱼之直，擅班马之才，方为良史，非易也。惟谱亦然，书显爵以昭宠命，纪隐德以彰伟人，志生卒以备始终，录诗赋以徵文献，铭坟墓以示世守，诚不可以弗事也。乃若不认远祖所以取讥于当时，冒拜令公未免见诋于来世。观此，则谱固不容以不修，亦不可妄有所事也。

　　吾台湖酋季氏，其族兆自鲁桓，派分青田。后唐时，大夫卿孟宾公以忠献垂铨部，历宋有讳熔者任平江知府，即文信公殿试录所载斯可公。祖也有讳享者，江西参政，为诗派中人。斯可公为御史，以直谏著声，擢察院使。迨于明代，克安公通判宿州，陶庵公守令龙南，竹亭、南窗俱以宦绩闻，固有成秩矣。南窗乃偕诸弟任松山、碧川、寒明辈，礼请文学王子盖竹，再纂录之。帙成，恳余首叙，余因阅而览之，悚然曰：斯谱也，自汉而唐而宋而元以历明代，气脉悠长，人文允著，且宗联五邑，派出一源，行实有据，文献足徵，又非附会强缀者比也，不亦可美而可传哉！况余于季氏有姻褵之雅义，有弗获辞者，因书以畀之。

　　时　万历六年岁次戊寅冬十一月

　　赐进士出身通议大夫刑部左侍郎前都察院右副御史提督漕运兼巡抚直隶淮扬等处地军务　同郡临邑王宗沐撰

季氏十八世孙季行简所撰的《季氏宗谱后序》，撰于万历六年，季金已考中进士，宗谱记载季金时任浙西参将。修宗谱的目的是联系宗族的亲谊。（远念绳武，近笃亲睦）诗有"骍骍角弓，翩其反矣"，角弓息咏——用角弓不可松弛暗喻兄弟不可疏远。

季氏宗谱记载祖先始于鲁桓公，鲁休子四世孙叫季布。成语"一诺千金"出自《史记·季布栾布列传》，当时人们传颂——得黄金百两，不如得季布一诺——季布讲信誉。因暴秦之乱，季布由楚而至关中，汉高帝召拜为郎中令。后十四世孙季衡徙丽水青田，二十二世季经世，其子季孟宾为后唐宣奉大夫，徙天台湖岙。

在台州的季氏，就从季孟宾开始新立支派，以季孟宾为第一世祖。

宗谱后序中宋代季容，应是季熔，为平江知府；季镤为江西参政、柱史，前序作季享。后序记载了明朝的季彬，称季彬世袭松门卫指挥使，这与太平县志记载不同。季金是湖岙季氏的十九世孙，时任浙西参将。

后序重复记述季克安任宿州通判，陶庵任龙南县令，竹亭任徐州同知，南窗任彭水判官等——就是说季氏有很多当官的。《季氏宗谱后序》原文：

> 粤自五宗法弛而族属莫纪，唐人重之，然又不过矜夸门第而已，其于敦睦之义犹未之克尽也。近有以屡世义聚追还古风，固美矣，君子犹以非可继之道也，第能远念绳武，近笃亲睦，俾角弓息咏，亦云幸矣。然族众则易涣，居异则难纠，苟无谱以纪之，则散而莫稽矣。虽欲克敦亲睦，将可据哉？甚矣，谱之不可不修也！
>
> 吾家宗谱兆自鲁桓，迨鲁休子四世孙讳布者，因暴秦之乱，由楚而之关中，汉高帝召拜为郎中令。后十四世孙讳衡者，又因乱而徙处之青田，缙绅仪物甚盛。又二十二世有讳经世者，子孟宾公为后唐宣奉大夫，乃徙天台之湖岙。至宋，讳容公为平江知府，讳镤公为江西参政、柱史，斯可公隐居雷马山。迨大明，讳彬公恩叨金紫，世袭松门卫指挥使。至十九世孙讳金，联登武榜，参将浙西，

盖修武而耀文者也。又若克安公通判宿州，陶庵公出宰龙南，竹亭公由经历而擢徐州州同，南窗公自安禄而判彭水，后先辉映，登仕版而美簪缨者，不可胜纪，亦云盛矣。

迨弘治十八年，祖顾庵公偕湖酋守洋公，礼请太平徐望轩先生纂修，迨今甲子屡更，已七十有四年矣。子姓累累，生卒屡屡，若复迟缓，不几失传耶？况望轩翁所修，始于后唐孟宾公耳，于嘉靖辛丑岁往安州横川，历青田，考宗乘、访父老，乃知自汉郎中令布公始也。越十三年癸丑，余馆于湖酋，课读之暇，时与族内比珂、方泉、思梅、兰洲、石渠、愿学辈议修宗谱，时皆首肯，因任厥责。第谱修于异姓则义可胜恩，而修于同姓则恩或掩义，故凡序说、赞颂、图像、支派、婚姻、宅兆例虽与异姓同，而褒嘉扬诩之词，与夫忠孝节廉之行，志其实，则己不敢虚词饰说，以贻诮后人也。

时

万历六年戊寅秋八月

十八世孙行简顿首拜百（并）识

天台湖酋的季氏始祖名孟宾，字廷刚，号爱山，谱载"姿性颖悟，行己端方，学通今古，才堪用世"。后唐同光（923—925），官至吏部侍郎，厌五代之乱，抛弃官职而南渡，慕天台石梁之胜，于天成二年（924）立家湖酋，广积财粟，大建堂宇，明初宋濂也为其赋诗。其族派衍五邑——台州各县多有季氏。其传重复记述季氏诸先辈如季熔等业绩。唯有季彬进一步指明其功绩，称"白沟著绩其身"——在白沟河建立功勋——如果是明初靖难之役，则季彬是明成祖朱棣的功臣。传称季金武科中式后，任浙东参将，而前序称浙西参将，或许季金先后调任浙西、浙东两地的参将。不过，从明初季彬至季金历几代，宗谱没有载明。

据《太平县志》记载，季忠是由宿迁调至松门的，至季金历五代。季忠约于弘治年间（15至16世纪之交）到松门定居，与季金相隔四代，有近百年的时光。而季彬生活于15世纪初，与季忠也应相隔三四代。湖酋季氏分支在温岭的还有莞田季氏，其名人有荆湖制置使季文达，进士河南提举季克，还有季彦守先任京城（王畿）长官即京兆尹的副手，后任王府的审理。下文是《孟宾公传》：

公字廷刚，号爱山，山泉公之子也；姿性颖悟，行己端方，学通今古，才堪用世。后唐同光，官至吏部侍郎，厌五季之乱，遐弃鼎食，遁叩园，又因南渡。□徒犯境，乃慕天台石梁之胜，于天成二年遂家于湖茗焉。广积财粟，大建堂宇，其落成也，学士赵公梧冈有志以美厥居，资善宋公景濂有诗以永厥传。既而未四五世，螽斯蛰蛰，瓜瓞绵绵，娴习礼文，遵尚典教，尊卑有序，内外有章。衣冠泮水之有人，缙笏士宦之鹊起，而且同气分形，派衍五邑之繁，一本异枝，裔流三朝之远。

越四世孙讳熔者按治平江，版籍垂五世之休；谞者仆射赵宋，诰荷钦承之宠至；可公荣膺台谏，克庵公节判宿州，可云盛矣。派分台之西门，陶庵公设教襄阳，多士臻乐育之美，继宰陇南，百里微咸春之化。南窗翁督理椒房，而荷钦承特旨之恩，再判彭水而致九载功成之效。及乎彬公，白沟著绩其身。金者，武科中式，参将浙东，文武并荣。又不独竹亭公经历普定，著君民一体之德，续知徐州，获三年有成之绩也。至太邑，文达公制置荆湖，进士公克任河南提举，又若彦守佐治王畿，理问藩府，此又孰非茏田之嫡派耶。乃湖茗则恢拓一方，派继五邑，更云美且盛矣。况季氏之得姓，又非他姓之烦杂不稽者可比，爱山公其流芳百世，光前而裕后者哉。

黄河清撰

第三章 松门卫

《山海经·海内南经第十》载：

> 瓯居海中。今临海永宁县即东瓯，在岐海中也。

这永宁界海中的松门，就是《山海经》——中国奇书所指的东瓯地。而这岐海上的岛屿——松门，它最早出现于书圣王羲之的笔下。

一、瓯居海中——岐海中的松门岛

晋代，官场中失意的王羲之到东部四郡游山玩水，四郡是会稽、临海、永嘉、东阳。王羲之与道士一起穷尽名山，并一起修炼（《晋书》）。王羲之在人溪的方山也留下了足迹。后来王羲之撰《游四郡记》，对松门有明确的

松门卫和海港

记载：

> "永宁县界海中有松门屿，岛上皆生松，故名。"（《全晋文·卷26·王羲之集》）

王羲之指出，松门属于永嘉的永宁，且处于界海上——台州、温州（古代称永嘉）的分界在温峤岭，松门、玉环等界海中的岛屿属温州。自古台州与温州同属东瓯，两地毗邻区划时有变动。

大溪方山王羲之塑像

而王羲之所描述的永宁界海中的松门，就是《山海经·海内南经》所记录的东瓯地。

《山海经》称"瓯居海中"，晋代的郭璞为之注解：今临海永宁县即东瓯，在岐海中也。岐海指的是山环水绕的海域——东瓯的境域多山、海，松门是岐海东最突出的一个岛屿，是名副其实的东瓯地。

郭璞是晋代人，他说的今临海永宁县指的是临海郡的临海县、永嘉郡的永宁县。《晋书》地理志载，临海郡原有八县：章安、临海、始丰、永宁、宁海、松阳、安固、横阳，合计一万八千户。明帝太宁元年（323），从临海郡划出永宁、松阳、安固、横阳四县，新成立永嘉郡。临海郡、永嘉郡分设后——临海县、永宁县就是东瓯。

《山海经》所说的岐海是指一个大的区域范围，岐海指的是海中到处是山、岛屿——古代台州湾、乐清湾均是山、海，符合岐海的描述，整个台州湾、乐清湾都属东瓯。而有人称乐清蒲岐才是岐海（《蒲岐镇志》），蒲岐只是乐清湾旁一小镇，以一个镇域来概括东瓯，未免过于狭隘，乐清湾中还有玉环岛、洞头岛、西门岛等较大海岛。

太平古称东瓯，历代县志无一例外指认太平就是古东瓯。叶良佩论："太平，古东瓯地，为南纪山河之终。"从南纪之山的四川岷、嶓，延续到湖北襄、邓、江、黄、舒、庐、广陵诸山，南从荆山至衡阳，由闽中连接至东瓯，从大溪盘山入境，而松门处东瓯之末。

一定要指明"瓯"地，松门处于台州、温州界海中，位置最突出——连王羲之都关注它。王羲之说松门在永宁界海上，郭璞称瓯在永宁岐海，两者对比，松门在东瓯更突出。

卫星地图中的岐海

从卫星地图上可以明显看到，温岭有东部、西部两片平原。

地质学把温岭大溪、牧屿、横峰等西部平原称作旧海相沉积平原——2000年前这里是海。司马迁《史记》记载了汉武帝派遣严助救援东瓯国，就在大溪古城。严助征发会稽水军，经章安驶入大溪海湾，此时大溪、泽国为一片海域。司马迁反对伐东瓯，《史记·平准书》称："物盛而衰，固其变也。自是之后，严助、朱买臣等招来东瓯……今台州永宁是也。"陈琛撰诗《望江下》有"东瓯山突兀，争欲过江来"。从江厦瞻望大溪、大荆，其山即东瓯山。

800多年前的南宋，淳熙九年（1182）朱熹至台州赈灾，为太平沿海修筑五座出海水闸，最南金清闸距新河仅5里地，而箬横、松门都没有闸——800 年前这里还没有形成平原。

松门往北到盘马山均是海域，淋川向西是海滩，松门它处于东瓯山的末端，历经千年的松门依旧在岐海中。

二、松门卫的季金故里

季家故里在松门卫东门，原有三透九明堂，武官家的台门与众不同，前有"擂鼓门"。

《明史》记载，洪武十九年（1386）十二月设松门千户所。二十年（1387）六月升格为卫，下属隘顽、楚门二个千户所。谢铎《重修卫城记略》称，松门于宋代就立寨。为防备倭寇，明初汤和在沿海筑城为卫，松门卫是其一。

采访季家故里

松门卫城背依伏龙山，城墙巍然耸立，山巅设瞭望台，东面俯瞰鲸川港港湾，卫城北门外是松门港，东南为石塘山。卫城由碎石砌成，高一丈八尺，阔二丈二尺。周城一千二百八十六丈三

季家故里台门旁的擂鼓石

尺。月城四座，垛口共一千二百八十九个，南、西吊桥三座，四门门楼四座，瞭望台一座。卫城的南门称"靖安"；西、北门分别称"保宁"和"得胜"——季金曾经驻防韩忠清南道的"保宁"，最后在露梁海战作战"得胜"。

卫城设左、右、中、前、后五个所。设卫指挥使四员，指挥同知三员。各所设千户、副千户若干。军士由台州各县选调，清江左《松门遗事》记载："卫镇抚旗军，系各府州县子民。先年三丁抽取到卫，其五千六百七名，逃亡故绝，十不及一。"

清代松门卫仍是军事要塞。县志记载松门城设红衣炮、行营炮

及马蹄炮、劈山炮等。嘉庆五年，浙江巡抚阮元在巡海时缴获铜铁大炮，阮元称"外域利器皆为我用"，部分大炮分配至松门卫。至康熙二十年（1681），鲸川港淤涨，潮退时可步行至石塘，松门港与大闾洋的海道闭塞不通。

元末方国珍农民起义，军事基地即在松门，方国珍的主要兵力是水军，苍山邻大闾洋，紧扼大闾洋至松门港的咽喉——鲸川港。至正九年，元军统帅朵儿只班率元军征剿方国珍，到达淋川。至正十一年，元军统帅孛罗帖木儿率军第二次征剿方国珍，方国珍水军引诱元军进入大闾洋，而后全歼元水军，并活捉了孛罗帖木儿。

苍山位于松门西南木耳山下，是濒海渔村，居民或出海打渔，或在海涂捕捞海产品——地方称小鲜。苍山渔船便于浅海捕捞，船体坚固，经得起碰撞。戚继光改造苍山船作军船，船体坚硬，人称"苍山铁"。

三、松门海防形势与卫城建设

嘉靖年间松门海防形势严峻，县志称"遇东北风起……松门等处不可不守也"。

东面：自海门卫向南，经黄岩东海外岛屿甚多，有穿礁山、琅矶山、大陈山，南经新河所东，东南至松门卫。明代，新河离海十里，离县城30里，离松门、隘顽、黄岩各50里，是海防适中之地，三面大路，可进兵支援。明初建新河所，南藤岭、横山皆戍守；所北有周洋港。后倭寇多次入侵新河、松门，多从北闸（周洋）进入内河。平潮时，倭寇也从松门入，淋川海涂上有当地民众跨"海马"杀倭寇的传说。新河东有金清闸，官军曾败倭于此。乡贤林贵兆撰文记载，倭寇也曾从盘马山海口进入箬横。

南面：松门卫西，至隘顽所东。松门距县城东南50里，海口岸线迁曲。东岸有朱门山、捣米门、积谷山，外濒大洋。北至龙王堂、横门各处，与新河三汊港接。南至钓棚、闾洋、披山等处。隘顽在松门卫西南面。松门港内迁曲，港外是外海，倭贼在大陈、披山、大鹿岛登岸占为贼巢，防倭形势严峻。洪武十六年（1383），倭陷松门，浙江佥事石鲁因失地之罪而被诛杀。洪武二十年（1387）置松门卫，隶属于松海备倭把总。

西面：松门卫下辖隘顽所、楚门所。隘顽所西南经楚门山至江厦汛，延至大荆营、蒲岐所。隘顽所位于松门西南50里，北卫县城，南阻楚门。城外四面皆山，东北有慢游岭，为松门之阻隘。嘉靖三十七年（1558），官军败倭于此。嘉靖四十年五月，台州大捷的最后一战——长沙大战，就在大闾与岙环间的长沙。

嘉靖年间，倭贼来犯，必然随海风方向而来，"恒在清明之后……届期则东北风多而不变也"。人们总结出，防倭期以三、四、五月为大汛，九、十月为小汛。

松门卫的建设，起源于明朝开国皇帝朱元璋。

洪武二十年（1387），朱元璋"深谙海疆形势，远谋大略，筑设沿海卫所，置军屯戍，布置联络，远近声势相倚"。命周德兴、汤和在福建兴建防倭城。同年汤和筑松门卫城及下辖的隘顽、楚门二个守御千户所，隶属松（松门）海（海门）备倭把总。汤和还令广洋卫指挥方鸣谦（黄岩方国珍的侄子）筑新河守御千户所，隶属于海门卫。

自松门筑城立卫，卫城历经兴废。

先贤谢铎在《重修卫城记略》中称，成化（1465—1487年）中，总督张勇增修松门卫。弘治年间（1488—1505年），按察副使文天爵选派把总葛奎负责松门军事并修城。朝廷命令百姓三丁输役一丁，例筑防倭城。略有资产的家庭拿出家财请人代劳，穷人"去家百里来松门"。十四岁的少年也雨宿风餐"运石装泥不辞病！"军令严命、督工威逼呵斥，不少役夫倒毙在卫城之下。明《松门筑城歌》感叹"筑城自为生民计，岂料为福先为害！"谢铎认为："天下的事宁可有备而无所用，不可欲用时而无其备。"这就是朝廷建立松门卫的深意。

朝廷关切松门卫，不仅筑城，也调集将领任职松门卫。弘治初，谢铎撰写《重修卫城记略》，不久季金的五代祖季忠调到了松门卫，卫城已修建百余年了。

四、岐海怎样变成平原

4000多年前，中原夏朝（前2070—前1600）时，东瓯——温黄平原是茫茫大海。

3000 多年前，商朝（前 1600—前 1046）时，海岸线后退，平原孕育。夏商时黄河流域文字、金属冶炼和城市化聚居成熟，台州还在新石器晚期，春秋末使用铜器、铁制农具。越人以农业为主，渔猎占较大比重。

2000 余年前，西部大溪到东部海面上浮着岛屿——人们在大溪河道中挖掘出古海船。历经千年，海平面下降，水流运送沙土，"两山之间，沃野弥望"——平原形成。海域有数不清的小岛——"屿"，太平县志称"脉隐而精露，则为瓦屿、关屿、鹜屿、夹屿、木杓、茶、叶诸屿"。屿是地下山脉的山尖露出平面——整个地势活脱脱就是"瓯在海中"。

千年过去了，大溪的海域没有了，变成宽阔的湖面——南湖、北湖，大溪河曲折流向东北，经五峰山下至鹜屿（牧屿）折而东流入海。清代牧屿的水田还受海潮侵入，渭川（今属城西街道）的淡水桥——海水侵蚀到此为止。

近千年，东部沿海平原逐步形成——新海相沉积平原。县志称地底山脉露出为精，泽国、新河、箬横、淋川、松门等居民集聚区均处于地下山脉的山尖处。

岐海逐步变成了平原——新河、长屿、塘下、晋岙、白峰、凤凰山、高浦岙、石桥头、箬横、盘马山、松门、淋川、车路闸、高浦岙。

东部的山海变迁图，宋代、元代的海岸线示意图

海域持续淤涨，形成两道明显的海岸线。

其一，宋代海岸线，自新河东的金清闸——蔡洋——晋岙——白峰——箬横——高龙——石桥头，均沿山脚对外淤涨。高龙外伸海域至车路闸，经滩涂与淋川连接——松门最早对外的通道。

其二，元代海岸线，自横河——滨海——新街——山前——贯庄——川北——淋川，山前就是盘马山前，萧载之筑海塘，盘马山与淋川连接，箬横形成平原，塘下、白峰以东均形成陆地，横河、滨海、新街、淋川也淤涨成平原。明、清两代还在淤涨，万历年间乡贤林贵兆还向县令提议如何筑海塘。

宋代，新河披云山东部五里外是大海。塘下戴复古作《江村晚眺》"江头落日照平沙，潮退渔舠阁岸斜。白鸟一双临水立，见人惊起入芦花"，诗里描写的是寺前桥、六闸处的风光。六闸即金清闸，闸外为海，潮退，渔船搁在了岸边。

塘下毗邻新河，东部也是海。五代末戴良镒迁居塘下，在海涂上淘蛎壳，可煅烧成蛎灰——如同石灰石。淘蛎壳——即海贝壳，这样繁重的体力劳动是不可能发财的，可戴氏发迹了——累世富盛。这是怎么回事？

名人林逋（杭州孤山的林和靖），应戴氏之请而撰记，记述其奇遇。一日戴良镒发现一艘被人遗弃而漂泊搁浅的船，意外发现金银财宝——其中有一匹铜马，铜马给戴氏带来了好运，于是冠名"铜马戴"。县志分析这可能是强盗船被官兵追杀后所遗。林逋其族旧居箬横新河一带，与塘下毗邻。林逋一生梅妻鹤子，清操被后人称颂，杭州西湖申请世界文化遗产，孤山因名人而显。至南宋，林逋的同乡后裔江湖派诗人戴复古闻名遐迩。

塘下南有晋岙，山下有湖——晋湖、亚湖。民国初年，毛济美居晋湖旁。冯虞廷据晋山造反，省防军攻打晋山，焚烧了沿湖数百民居，大火燃烧数天。毛济美避难归来，见毛氏宗祠也未能幸免，痛心疾首。晋湖就是晋山水冲击海涂而成的内湖，晋山一筑花芯水库，湖即干涸。

箬横白峰山，隋朝时东部是海，民间传说白峰山边的吊船洞就是系船缆处。沧桑变迁，不断围海造田，白峰山以东沉积为平原。《嘉定赤城志》地图上，盘马山孤悬海上。

五代末，云浦陈氏从福建航海来到高浦岙，地在海边。南宋初宋高宗到松门，县令到车路闸，步行到松门见驾，其时车路闸在现址西北 5 里处。季金为张青野贺寿，诗称"路绕青山碧海隅"，碧海指的是隘顽湾。季金对这个海湾最熟悉了，他到高浦岙要沿隘顽湾走。

解放后，20 世纪五十年代，鲸川港截流，加快了东海塘围涂。在白峰山上俯瞰新河、箬横、松门城镇毗连，一片新的沃野正在开垦，松门岛全变为陆地。而在卫星地图上，松门似乎仍在海上——东北龙门，西南苍山，南部是石塘诸岛。

松门地理环境独特，所以山海经说"瓯在海中"。历经千年的沧桑变迁，松门附近的大海已经看不见了。

五、松门风土人情

松门——门在何处？县志载"松门山"，王羲之《游四郡记》称："永宁县界海中，有松门屿，岛上皆生松。"《读史方舆纪要》记："在里港之外，两山相对如门，舟行其间，山上皆长古松。"里港即礁山港。

一说松门是里港外的"海中中山"，"今皆以卫城北寨基山当之。"卫城以北即松寨——寨基山，松寨就是松门。

二说"松门"一名出于"三女山"，海中有"二石如松状，号石松，潮平则没，舟行必避之"。此处指明松门是航道上的礁石，状如松树，潮水涨起，礁石隐没，船须避开以免触礁。

松门寨

县志还记述传说礁石是如来佛转世，在东面海域镇守一港。

三说龙门山是松门。志称"圆岩潜济潭在松门山下"。圆岩潜济潭在塘礁，上有龙王堂，既称松门山下，则龙门山是松门。

三说以松寨为切。三女山是礁石，称山不妥。龙门已指明名称不得称松门。松寨在礁山港外，正当松门卫的门户，松门的门就是松寨。

站在塘礁，西望松门，松寨两山正值古港口之门，两山顶有松树——故称松门。

松门地处海隅，形成地方独特的习俗、性格。

龙王堂下是圆岩潜济潭

（一）沿海居民以渔盐运输为业

地处海岛，居民以从事渔业、盐业、水产品加工及运输业为主。盘马山至松门沿海淤涨为陆，萧载之填筑海塘。沿海沙岗横亘，淋川南北均是海滩，居民逐沙岗高阜聚为村落，从事鱼盐、海运（《淋川潘氏宗谱》）。20 世纪初依旧淘蛎壳、捉海涂小鲜、晒盐、从事海上运输。苍山四周是海，明初靖难名臣王叔英的祖先居苍山，以渔盐为业，父祖生活艰辛，加上方国珍起义动乱，不得已迁居亭岭。由渔业衍生水产品加工，宋代松门鱼鲞是地方供奉朝廷的贡品，连朱熹在巡访札子上也提及松门鱼鲞。方国珍起事前从事运输，他向塘下戴氏借过大桅木。方国珍预备捉拿蔡元一领赏，蔡元一也从事运输。方国珍在松门港征集上千船舶，基本是运输船舶、渔船。

盐民生活极其困苦，盐民亦称灶户，"灶籍"世代因袭，盐民刮泥、淋卤"晓露未晞，忍饥登场，刮泥汲海，伛偻如猪"；煎盐时"暑日流金，海水如沸，煎煮烧灼，垢面变形"。如遇朝廷横征暴敛，盐民根本无法生存。新河南监是官方盐业管理机构，《浙江省盐业志》称方国珍是盐徒造反。方国珍首义后，淋川数千盐民从反。20 世纪 50 年代有人在旧滩地上挖河，发掘出煮盐砻糠焚烧灰烬遗迹——牢盆遗址。至正十一年张士诚起义，主力军是盐城盐民。唐末王仙芝、黄巢起义，首义也是盐民。

（二）松门民众强悍有力，敢于抗争

方国珍因交租矛盾，殴杀地主；巡检抓捕，方国珍杀巡检，揭竿而起入海，沿海贫民纷纷随反。至今松门人却称方国珍为大盗——上千渔船被强征，还向富户勒索军费、粮草。淋川乡绅潘义和与太平屏下应允中、朱俑，组织数万人与方国珍在半野河（在今温岭城西街道）交战，应允中落水而死，潘义和也逃亡。潘伯修曾劝阻潘义和不要对抗，但潘义和咽不下这口气，毅然决然组织民团反抗。潘伯修避难逃到太平花山先祖墓庵处，潘伯修世居淋头，数次省试夺冠，参加礼部考试不中，见元政不纲，遂隐居著述。

明初，朱元璋不放心方国珍余部，大规模遣戍。松门、箬横上万人不从流戍而下海。

泥马追寇

据传，败退松门倭寇欲穿过退潮的泥涂而登上倭船逃跑，却陷入泥涂、举步维艰，而当地军民则蹬着泥马快速追击，灵活机动，纵横驰骋、杀敌无数。这在温岭民间流传了几百年，一直是温岭人的美谈。

泥马——温岭话叫"tian"
用于在海涂上滑行的一种木制工具

松门民众不会逆来顺受，遇到压迫就会反抗。嘉靖年间当倭寇侵扰松门时，民众自发组织抵抗。倭寇自淋川登船正值退潮，陷于海涂艰难跋涉，当地民众驾驭泥马，灵活击杀倭寇，配合明军取得抗倭的胜利。

清代左宗棠为筹措军费，命令盐业加税，淋川盐民在武生王仁旺组织下拼死抵抗，台州知府刘璈派兵镇压，杀了200余无辜的民众。《太平县志》记载：

> 六年丁卯，十一月，知县戴恩溶奉知府刘公璈之命督办盐务。武生王仁旺、仁桂等以前中丞阮公元尝议免税，聚众数百人入城与新令刘福田争论，参将周元芳不能沮，遂毁盐董房屋而去。事闻，刘公会台协唐湘远引兵至箬横、奶崎（乃崎）等村，击杀二百余人，纵烧民房，无辜被害者无算。

后来，一位叫周元芳的官员出面通告省内各大僚，说太平向无盐税，王仁旺等纠众入城"不过求免税耳，非叛逆也"，于是此事得不再追究。而刘璈镇压盐民一事被县志所诟病。抗战时期，在大陈沿海劫掠的王仙珍率部伏击日军，后编入国军序列。

（三）沿海民众尚武，不忍受欺压

松门民众习武成风，季金的后裔季忠浩曾回忆，从小练习拳脚。这一风气源于方国珍，方国珍自小习武、拳术精湛，独创缩山拳——一种内家拳术，以快捷短打为主，步法精妙。他为人性格刚烈，不愿忍受欺压。方父老实巴交，恭敬田主（地主）。方国珍责问："田主也是人，你何必这样恭敬他？"父答："我养活你们兄弟等，就是靠租种田主的田，怎么可以不恭敬？"塘下与洋屿同里，方国珍向塘下戴氏借桅木，主人梦见黑龙绕柱，预见方有霸王之相，于是与方结下儿女亲家。《县志》把方国珍神化了："一日侵晨，诣南塘戴氏借大桅木造舡，将入海货鱼盐。戴世官，屋有厅事，时主人尚卧未起，梦厅事廊柱有黑龙蟠绕，屋为震撼，惊寤视之，乃国珍，遂以女妻其子。"方国珍为乡里豪杰，戴氏不敢冒犯；另一方面戴氏想借助方氏，免遭侵犯。起事后，士卒训练缩山拳，军队屡战不败。

老年方国珍豪气衰退，投降明朝，其部下上万人不从——他们与原先方氏脾性相同，绝不随人摆布，黄岩县人口减少8万多——多数被遣，部分下海。

方国珍的练兵技艺被后代效仿。戚继光在舟山抗倭，曾拜访刘恩至（号草堂）。刘恩至所习缩山棍，棍短齐眉，以缩山步移动，左右抢砸，连戳带扫，抢前劈后，幅度不大，适合空间小的船战、屋室战。戚继光见其拳法中有棍法，赞道："此最妙，即棍中之连打连戳之法。"刘恩至是嘉靖二十六年武进士，先辈就是方国珍的部将。刘恩至教军队习拳，在宁波抗倭五战五捷。戚继光赴义乌练新军，创鸳鸯阵，也习拳。戚继光三十二式戚家长拳，显受缩山拳的影响（《纪效新书》拳经）。

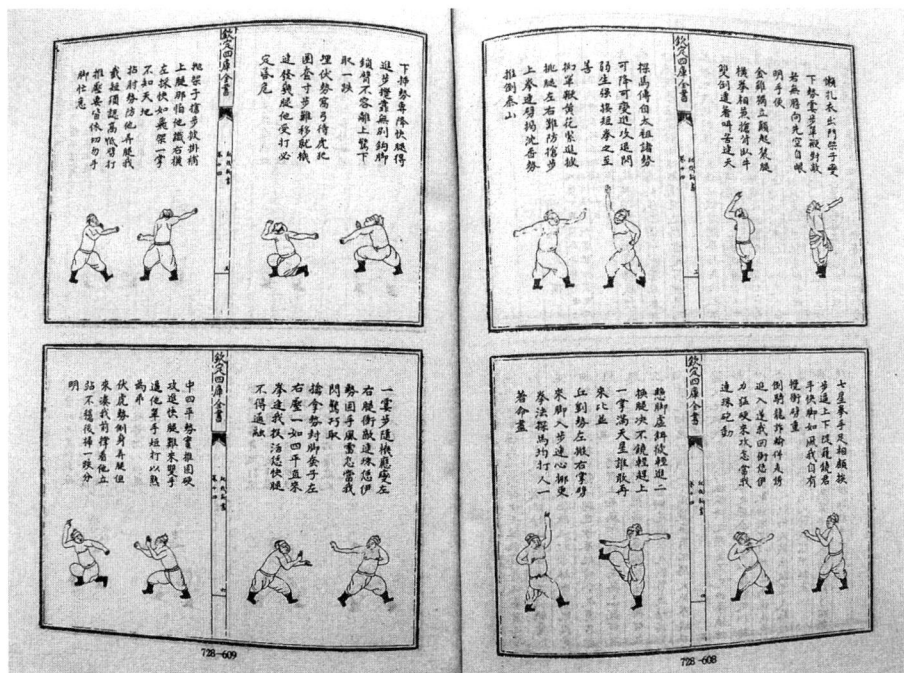

《纪效新书》的拳经图谱

军人习武，民众显受影响。沿海民众习拳练武，强身健体，遭遇外侮敢于反抗。壬子倭乱初，李超赴谭纶军前，初出阵就打得倭寇四处窜逃。这一传统被后世将领所利用，清嘉庆七年，浙江水师提督李长庚为应对盘踞台湾的海盗蔡牵，招募台州、宁波民众训练，将士勇猛击溃蔡牵的主力，独蔡牵一船脱逃。徐兆耀习拳有膂力，嘉庆年间到宁波作生意，船回至龙王堂附近，一艘盗船跟踪货船而不能摆脱。在盗船近旁时，独自持斧跃上盗船，连杀20余人。

（四）居民热衷公益，见义勇为

松门人有敢于为民请命的，有热心地方公益、赈灾行善的，也有见义勇为、慷慨助人的。

至正九年（1349）江浙参政朵儿只班率舟师讨捕起义军，首先到松门淋川——造反始发地，欲杀尽边海民众，潘伯修率父老至军前力争："百姓何罪？倡乱者独国珍耳。"于是百姓幸免一劫。潘伯修避至太平小泉村，受台州官府委托，潘伯修至庆元（宁波），屡以君臣大义劝方国珍投降。方国珍决定降元，但要求潘伯修留在宁波当官，潘伯修不愿留下，而回台州复命。郭仁本献逸言：潘伯修既不为我用，必有后患，于是派盗寇袭杀潘伯修（郭樌《跋潘省元宣德碑文后》）。

松门民众热心募捐修路、修寺宇、建桥梁、砌道路。嘉庆九年（1804），天后宫僧人筑路"运沙填石，数十里间行若坦途，免没髁之患"。从河头至娘娘宫港的渡口可通行，到石塘也填筑了沙石。嘉庆年，徐兆耀与热心公益的同人，出资运沙填筑成为坦途。黄渲作徐兆耀墓志铭称："后之人踵其法而增益之，至于今不替。"同治（1862—1874）间，林光宗砌松门南闸至南塘头旧沙路六里余。

嘉庆元年（1796年）旱，大饥，居民掘三十六桶（似蒜头，淀粉有毒，须浸水36桶方可食用）充饥。徐兆耀向县仓借米二百石，遍给松门民众，每日半升，待秋收归还。无力偿还的，他代为偿还。嘉庆五年（1800）徐兆耀到南塘，遥见强盗劫掠商船，将人投于水，他立即雇船捞起30余人，并资遣回家。光绪二十三年（1897）秋松门流

林光宗救治疫病病人

行传染病，亲戚不敢上门，林光宗慷慨好义，亲赴病家诊治，针灸丹药兼施，救活百余人，对贫穷的病家免费并予资助。光绪十六年（1890）岁饥荒，林光宗筹款平粜粮食，晚年冬施棉衣。林光宗少丧父，事母孝。分家时，把好的产业让给弟弟。由于读书不得志，改习医学。同治九年（1870），台州知府刘璈委其筹办松门义塾（学堂），建教室数十间，筑海塘500余亩作为学田，补充教育费用。疏浚河头上下的官河十余里，造南北两大闸。

（五）松门最早对外开放，民风彪悍、豪爽、好客

《建炎以来系年要录卷三十二》载："乙丑，上（宋高宗）次台州松门寨。"建炎三年（1129）闰八月，金兀术率金兵南侵，宋高宗赵构自建康南逃，经绍兴、宁波，海上航经章安，一路飘泊至

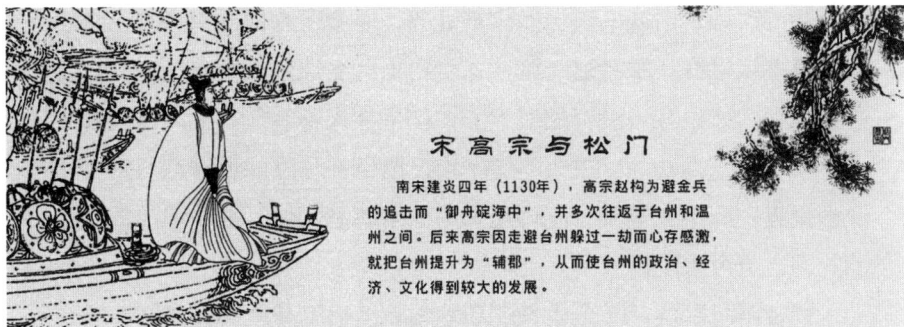

宋高宗与松门

宋高宗与松门

南宋建炎四年（1130年），高宗赵构为避金兵的追击而"御舟碇海中"，并多次往返于台州和温州之间。后来高宗因走避台州躲过一劫而心存感激，就把台州提升为"辅郡"，从而使台州的政治、经济、文化得到较大的发展。

龙王堂外海域

龙王堂摩崖

温州。后来岳飞在广德抗击金兵，韩世忠在黄天荡大败金兀术。建炎四年（1130）三月，宋高宗北返泊舟松门，黄岩知县驾车赶赴车路闸迎候。当时的泉溪——后来太平县驻地，仅是一个小村庄。

宋高宗到松门御船搁浅，康王——宋高宗才在塘礁祈求神灵佑护脱险。至今龙工堂崖壁上留下闻国政诗文："千丈崖空龙已飞，至今瀑布下云霏。康王曾此祈潮助，遗迹传闻在石矶。"

绍兴七年（1137），朝廷财政拮据，宋高宗提议在沿海设市舶务，在商人进出频繁的海口，设立对进口商品征税的机构——海关。宋高宗到过松门，深知其地位，于是派内廷冯安国巡视松门市舶务。

清代，黄瀣接待自琉球流寓松门的使节，与使节诗歌唱酬。松门港接待沿海漂泊的外籍船舶不计其数，近代松门建立过台湾渔民接待站。

松门人与外界交往密切，酬客热情，无论武将、渔民均好酒，饮酒不醉不休。酬客则劝酒，以客人不醉为主人不热情。季金赴朝鲜，为感谢地方绅士而赋诗饮酒，白振南进士多次被灌醉，季金还为白振南泡茶，解过酒气继续畅饮。季金这一脾性，今日松门乡风依然宛存——酒宴必须尽兴，如果客人没有酩酊大醉，那是主人不客气。主人在酒宴上不停劝酒，为劝酒，主人不惜把自己灌倒——以体现诚意。季金饮酒豪爽，而不失儒雅。温岭至今有饮茶解酒习惯，400年前的饮酒的习俗至今未变。

读者自可发现，季金生长的环境与其性格的养成有极其密切的关系：

季金出身武将家庭，地方尚武习俗，武艺自小习染而成；

百姓从不屈服于强暴，敢于抗争，居民豪爽品性无疑影响着季金；

松门百姓乐于助人，热心公益，季金在保宁爱护百姓的举动完全出自天性；

季金的军事素质根深蒂固，不论方国珍、戚继光的拳术，光是近海的战事，就足以让季金在学习兵法时揣摩参究；季金为武进士全国第三，武艺高超，必受戚家长拳影响；

季堂、戚继光无疑就是季金的启蒙老师。季堂耳提面命，说不定带季金向戚求教——季堂是戚继光的部下。

由鲸川港截港而成松门卫东的海涂地，先开发盐田，后为开发区。

附录：

历史上的松门卫城

谢铎《重修卫城记略》

吾浙地滨大海，实邻岛夷。备倭官军，自临山至盘石，凡若干卫所，吾台所谓松门卫者在焉。松门，宋为寨，国初信国公汤和始城为卫。城环九里，内设五所，而隘顽、楚门二守御千户所亦属焉。岁久坏，成化中张总督勇增修，未几复坏。弘治改元，今按察副使文公天爵巡海至，顾而叹曰：'边城若此，何以清海道，壮国威！将领卒伍无所于处，又何以号令奔走而服役其间！'乃议选把总指挥葛奎权卫事，以修城之役属之。讫功，来请记。予曰：圣天子在上，海宇宴宁，烽烟尽息，是工诚所得已。然天下事宁备而无所用，不可欲用而无其备，此朝廷所以建立是卫之深意，与是卫今日所以不可不修者，故为记之。

明牟悆《松门筑城歌》

檐雨萧萧鸣不歇，旅邸无眠正愁绝，平生优逸大无为，肩不能肩手慵挈。小儿十四未成童，编夫也入三丁中，阿咸未识门户计，门祚衰薄甘疏慵。砚田笔未废已久，滥窃儒流宫一亩，阿兄王事死贤劳，但觉年来渐老丑。国朝有命输三丁，三丁例筑防倭城，铁椎石钁连木檄，篷箬索竹棕为绳。万事由来分已定，谁人敢失中军令，输财鬻产倩人夫，运石装泥不辞病！松门去家百余里，子侄惊心乱愁绪，编茅绁蒲成未成，雨宿风餐在何许？三山海口来松门，水通鄞浙邻台温，普天之下悉王土，海外小国何足论。倭儿僻居东海陬，岂足为害为螟蜂，音似猿猱面如鬼，却劳圣虑咨良筹。圣恩如天大无外，筑城自为生民计，承宣未解九重心，岂料为福先为害！三丁役一未云多，贫人争奈三丁何，老甑凝尘突不墨，岂任负荷仍答呵。排愁寄语三丁户，筑城莫谓筑城苦，筑得城完如不死，凿井耕田报天子。

江左的《松门故实》记载松门前代置卫、设城之迹，赖以有证。

清代按明制，设：知县一员，儒学教谕一员。康熙三年裁，十五年复设，训导一员，县丞一员先在城，后在新河，黄岩场大使一员一邑灶田属其征收，巡检一员在松门，与盘马、三山等五司俱顺治十八年以迁遣滨海裁去，复界后渐复殷繁。雍正十三年八月复准部议："台州府太平县东南五十里，松门卫城逼近海边而设，地方相近之淋头、石桥等人烟稠密，虽有千总一员，不能兼顾文职之事，应于松门城添设巡检一员，会同武弁严查其所属地方，俱各令其究辑奸匪，遇有赌博、私宰、私盐、逃盗，准其查拿移解，所需俸工役食等项，应令该督等会同妥议，题报可也。"

《嘉靖志》松门卫城："高二丈四尺，周围九里三十步。"

本营存红衣炮一十九位，内安设松门城三位，守护县城一十六位；行营炮二十八位，内安设松门、隘顽汛七位，二十一位存局；马蹄炮六位存局；劈山炮一十二位，内列队操演十位，二位存局；百子炮一十七位，内安设松门城一位，十六位存局；荡寇小炮八十四杆，给兵操演。前时松门卫原有西洋大炮一座、铁将军六座、铜将军二座、铜佛郎机十一座、铁佛郎机十三座。近年海上往往捞有铜铁等炮，疑即本卫陷没之物。

嘉庆五年间，阮中丞巡海所获铜铁各炮，形制尤巨，盖贼携自外夷者。中丞为图作颂，述国家威德，外域利器皆为我用。分配各镇兵船，尚有存松门者。

嘉靖三十八年，设台、金、严参将，统陆兵四支，水兵一支，驻扎台州府。松海把总专属调度前军，驻新河今所城内游府基，疑当时军官驻处。汛期分布要地，兼顾松门卫城池。把总一员，部领哨官五员：一哨住守苍山，南与后湾，北与甘岙官兵会哨；一哨住守甘岙，南与苍山，北与松门寨堂官兵会哨；一哨住守松门寨堂，南与苍山，北与盘马官兵会哨，外应猫儿河头汛地，兵船声援；一哨住守盘马，南与松门寨堂，北与新河桩头官兵会哨。计兵五百四十一名。

松门卫城一座，碎石砌成，计九里三十步，周城一千二百八十六丈三尺，高一丈八尺，阔二丈二尺，内平城八百四十九丈，山城四百三十七丈，月城四座，垛口共一千二百八十九个，南、西吊桥三座，四门门楼四座，瞭望台一座。《林志》："城周围五里九步。经历司在卫治东，镇抚司在治西，旗纛庙在治东，教场在城北。"

（《太平古县志三种》260 页）

第四章 抗倭基地与将领

统营市政府关注曾在南海抗倭的季金，派遣专题摄制组到松门，他们想了解这位抗倭将军自小成长的地方——松门卫究竟是一个怎样的地方。

摄制组访问将军后代，参观了将军府邸的旧台门，攀登上卫城背后的伏龙山，看到了卫城的古城门，也拜谒了古墓地。他们更想知道，是什么力量促进季金在露梁海战中奋不顾身率领全军与倭寇展开殊死搏斗，这个培养出优秀抗倭将领的松门卫是个什么地方？

这里是古代的东瓯地，这里的人有数千年舟楫出没的习惯，他们风里来浪里去，已经看惯了惊涛骇浪，把波涛看作了平地。东瓯人驾舟如同草原上的人骑马——驾驭自如。

松门的倭乱史实，写下曾经遭受的倭乱苦难，也磨砺了青少年季金的意志。

太平抗倭的主要经历，历练培养了季金抗击倭寇的精神力量。

这里仍有东瓯人自古尚武的习俗，这里的人敢于孤胆独闯敌营，冒死杀敌。那个千里奔赴豫章救援主帅谭纶的李超，敢于孤身杀入敌阵，并在蓟镇协助戚继光训练北兵立功。

县城、松门卫保卫战，长沙大捷中的松门卫，让季金接受了生动的军事教育。这里的抗倭英雄群体，更成为季金崇拜的偶像，戚继光治军经验更被季金全盘地继承。

一、少年季金遇上了倭乱年代

历史上，北宋末国家的外患在西北，东南少事，所以浙江等滨海之地，没有多少防备，松门设松门寨，仅少量寨兵戍守。元代，元朝联合高丽国侵略日本，但没有得手，船队被突如其来的飓风所摧毁，日本人感到十分庆幸，他们称这个飓风是"神风"——"二战"末期的神风突击队就源于此。由日本组织抵抗元军的军人、武士，借机侵扰朝鲜、中国沿海。

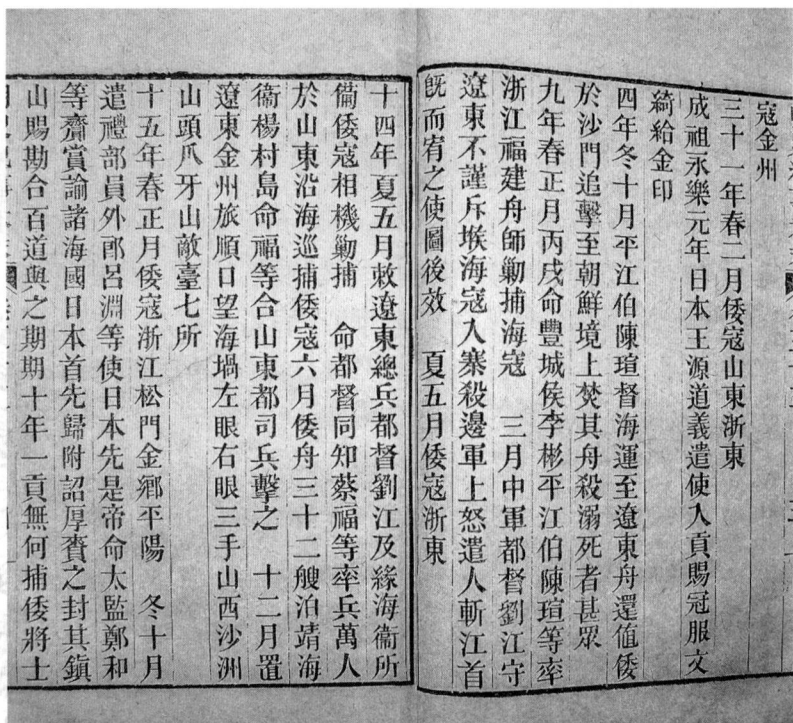

《明史纪事本末》记载的倭寇松门事件

明朝初年，朱元璋就"增置巡司，制防加密"。设松门卫等卫所，配备守卫的军士，是根据沿海防倭形势而定的。洪武十六年（1383），倭寇攻陷松门卫，朝廷严格追究责任，浙江金事石鲁因失职而被诛杀。洪武十七年（1384）倭寇又侵犯岐头、大闾，此年朝廷商议在沿海筑城。洪武二十年（1387）松门卫筑城。县志认为，建立沿海卫所，这是朱元璋的远谋大略：

至明祖深谙海疆形势，远谋大略，筑设沿海卫所，置军屯戍，布置联络，远近声势相倚，若灼见百余年后倭寇之鲸奔豕突而豫为之防者。

朱元璋好像预见到百年之后会有倭寇侵扰沿海，增加了卫所防备力量，各个卫所相互联络，声势相倚。历经百年，卫所设置已徒有虚名，以致倭寇进入内地"如入无人之境"，来了，没有人抵抗，逃跑了，也没有追兵。卫所的戍兵形同虚设。《太平县志》载：

顾虽有卫有所，戍兵五千，兼五巡司应兵五百，城可为固；而倭至如入无人之境，任其饱掠而去，来无与御，返无与追，有兵与无兵等者，何哉？

建了松门卫，按理百姓可以安居乐业了，但后世一遇倭寇侵扰，却如同没有士兵。

永乐十五年（1417）五月，倭寇侵犯松门，登岸焚劫，一城居民受害。宣德四年（1429）五月，奸民周来保受徭役逼迫，入海招引倭寇。嘉靖十三年（1534）倭寇劫持松门城西门的何氏。嘉靖三十一年四月，倭寇自石桥头沙角、岐头至山前，经藤岭及锦屏、萧村，沿路被烧一空——一如后世日本侵略者的样板，太平山下金金氏、王氏、屏下陈氏宗谱均有记载。

太平东部乡村倭害严重，车路闸的居民闻听松门卫传出的鼖鼓声，心忧如焚，箬横林贵兆告诫乡人防备倭寇从盘

屏下陈氏宗谱记载的壬子倭乱

马山登陆："旧年贼入水乡，海际一带独安，我知其必有所俟，盘马一路可虑，曾与汝辈历历言之，闻多未信，今则果然矣。"林贵兆关心祖宗的神位、

谱牒、墓志遗文、先贤文章，"如谱牒不存，我子孙辈可为大恸"。林氏多数人未加防范，谁知倭寇从盘马山海口趁潮涨而入，"华屋俱烬，人口存没不知"。西北大溪冠屿赵大佑家族全部被劫，其叔小山则逃至黄岩朋友家避难，其妻一手积蓄的财产被毁。赵大佑为妻子送丧至苏州地界，遭受倭寇抢劫，一行人流散数天。

既然设立了卫所，戍兵为何不起作用？《太平县志》回答：

> 粮不月给则人饥，器不时练则卒惰。清军虽有御史勾补，仅属虚名，则籍已耗也；武职皆生兹地，平素不能服属，则令不严也。

设立了卫所，依然不能保境安民，弊病何在？太平县志分析：

一是军人的粮饷不能保障，让战士饿肚皮去打仗，有可能吗？

二是军队从不训练，"器不时练则卒惰"，军器不经演练，打仗时不会用，军事素质太差。

三是吃空饷，实际兵员数量不足。朝廷常派御史清查员额，按名册勾销虚名，补充缺额。御史赵大佑在江西清查，就对团营制度提出意见。但清军往往走过场，军籍空虚避免不了。戚继光就任台金严参将，专门查核了海门、松门卫的军员数。

四是武将、士兵均为本地人，难以用军纪约束。军纪不严，军队就难以取胜。

抗倭斗争中矛盾突出，《太平县志》记载数事可为历史借鉴：

上级抢功，挫伤下级将士积极性。郝钟守卫松门，他力保孤城，抵御倭贼进犯，但上级却窃取了他的功绩，郝钟愤而自杀。

武将拼死疆场俘获倭寇，而文官审判案件颠倒黑白，释放倭寇。

倭寇、富商与官府相勾结。松门官兵擒获福建福宁的陈磊等数十人，陈磊依势自辩，官府不仅剥夺了官军的功劳，让官兵与陈磊等囚犯同受讯问，最终还无罪释放陈磊等。漳州的倭寇及闽浙商人，甚至指使御史扳倒了浙江、福建主管防倭的主官朱纨。

赏罚无章，官兵发誓不再捕贼。倭寇在明军官兵中安插耳目，官兵即使看到倭寇抢劫也不去追捕。倭寇在卫所城内有内应，嘉靖四十年四月戚继光援救台州府城，城内已有内应预备接应倭寇攻城，幸得戚家军在府城外的花街全力消灭了倭寇。

军纪松弛。以严法惩治，士兵有怨言，好言劝慰，士兵则骄，军纪败坏已无法收拾。总督胡宗宪借助外地军队入驻台州，戚继光就是在这种情况下来到台州的。

二、倭乱考验了季金

嘉靖年间倭害越来越厉害。太平林贵兆在《南塘戚公台南平贼记》中分析，国家经累世和平，"民不识兵革，倭寇东海，官兵望白刃散去，遂坐致滋蔓"。县志认为这不是倭寇敢于上岸，而是明军的官兵不敢下海捉贼，所以倭寇就明目张胆上岸抢劫了（倭非敢遽上岸也，官军不敢入水，贼知其怯，斯肆然而上矣）。

季金生长在倭乱的年代，一生伴随着倭乱。季金出生前几年，倭寇就劫持松门的居民。嘉靖三十一年（1552）五月，季金已是十三岁的少年，松门的恶少带领倭寇袭击县城南门，上岸处就是松门。直到嘉靖三十七年（1558）戚继光移镇海门，其父季堂在海门卫的南部海域统领水师，季金已是十九岁的青年了，他与戚继光仅相差十二岁。历经倭乱，季金已没有了少年时代习文的兴趣，为适应乱世，他必然选择习武，以继承父业，适应周边环境。

嘉靖三十八年（1559）五月，栅浦的倭贼夜袭松门卫城，被谭纶击破。戚继光先在新河牛桥埋下伏兵，在斗门桥破倭，追击至椒湾，最终在南湾全歼倭寇——胡宗宪称南湾大捷。

在牛桥，明军没有全歼倭寇。戚继光见明军未经训练，难以适应抗倭需要，于是向浙江总督胡宗宪提议，由自己直接训练新兵，胡宗宪同意戚继光"久任责成"的请求，让戚继光赴义乌、东阳等地招募矿工、农民等四千余人，练成新军。戚继光训练新军一事，乡贤林贵兆、戚鸣凤等均有文章记述。青年季金必然对"鸳鸯阵"有所研究，此时，他正为考取武进士功名而努力，军事修养肯定比林贵兆要高深得多。

新河所城附近水域

戚继光整顿卫所防务，清理兵员，在松门卫设水师基地，建艟
艒、苍船等，这些事务均离不开季金的目光。至于季金有没有参与
此类事情，《季氏宗谱》已焚毁，已无从考知。

戚继光是领导松（松门）海（海门）抗倭前线的主帅，围绕松
门卫的一系列战事也不断展开。嘉靖四十年（1561）四月，是戚
继光组织台州大捷的起始时间，当戚继光在临海花街、白水洋歼灭
两支从桃渚、圻头来犯府城的倭寇时，松门卫水师在胡震带领下，
驾艟艒在外海邳山犁沉大倭船。此年季金二十二岁，他对水战的战
事研究更加深入。苍船是由松门本地船改造的，季金无疑熟悉苍船
的结构，当然也熟悉松门的海域。

五月的长沙大捷。先是胡震的水师在外洋截断倭寇退路，逼迫
倭寇在淋头登陆，明军从隘顽所、箬横桥、藤岭各路进军，将倭寇
围歼于小藤岭。胡震的水师又将宁海团前的两千余倭寇逼至长沙登
陆，把总李诚立单骑驰松门，调集新兵渡海入隘顽所，戚继光分兵
三路进姆岭，趋近倭寇的船舶，等倭寇四处外出时，围歼倭贼。

松门所遭遇的战乱，令季金印象深刻，倭乱与季金的一生密切
相关：

洪武十六年（1383），倭陷松门卫，浙江佥事石鲁坐诛。

洪武十七年（1384），倭寇岐头、大闾。始有边海筑城之议。

洪武二十年（1387），松门卫筑城。

永乐十五年（1417），五月五日倭寇松门，登岸焚劫，一城居民受害无数。

宣德四年（1429），五月，奸民周来保困于徭役，入海导倭犯境。

嘉靖十三年（1534），漳船假倭寇的名义劫持茅岘及松门城西门的何氏。

嘉靖三十一年（1552）三月，漳倭70余人焚掠江绾，逼近隘顽。把总刘镗守御，县令方辂调乡兵拒战。又有倭寇逼近松门城，朱龙泉率众拒守。四月倭自沙角、岐头至山前，过藤岭及锦屏、萧村，沿路被烧一空。

嘉靖三十一年（1552年）五月，倭自松门弃舟登陆，在县城南门攻城，被邑人王庚率众以火器击退。

嘉靖三十二年（1553），倭攻松门卫，被把总刘恩击退。五月攻新河，犯江绾，被乡兵打败。十月至珠村，登石牛岭，城中大扰。县令方辂驰往破之，追斩数十首级。

嘉靖三十五年（1556），福建总督备倭刘玠在隘顽仓卒遇贼战死，手所持铁钯尚坚执不坠。同时死者有千户王月。

嘉靖三十六年（1557）四月，倭攻海门，流劫松门。知府谭纶率兵至隘顽所大破贼。

嘉靖三十七年（1558），倭屯据栅浦，分掠路桥、泽国、沙角等地。乡民梁述、梁健等战死于盘马。有良医七品散官王沛（永嘉人）及从子王德招集义兵，御倭海上，屡破贼龙湾、长沙，后来两人都在梅岭战死。是年，移戚继光镇海门。

嘉靖三十八年（1559）三月，倭攻楚门，又攻松门卫。五月，栅浦倭贼夜袭松门卫城，谭纶击破之。谭纶、戚继光设计派人诈降倭贼，军队埋伏于牛桥，破倭于斗门桥。此战始于松门，继在牛桥交战，最终在南湾全歼倭寇。胡宗宪在向朝廷报告战况时提及南湾大捷。

嘉靖三十九年（1560），戚继光赴义乌招募义乌、东阳的矿丁、农民四千人，教练鸳鸯阵，训练新军，人称戚家军。《纪效新书》即写于此年。

嘉靖四十年（1561）四月，倭入新河周洋。戚继光密授方略，将士奋勇败倭。刘意等于吴岙岭烧死贼百余。驻防松门卫的胡震驾艟艥在邳山犁沉大倭船，毙贼数百人。

五月，长沙大捷。先是胡震兵截外洋，倭登陆走淋头。继光督楼楠兵由隘顽所迎其前，刘意兵自箬横桥推进，知县徐钺伏截藤岭，至小藤岭（姆岭），三路夹击，尽歼倭贼。十七日，十八艘自宁海团前逃遁的倭船过隘顽，受胡震兵船所迫，不能远遁，遂退至长沙登劫。戚继光调把总李诚立（《戚少保年谱耆编》）单骑驰往松门，率所练新兵渡海入隘顽所守御，楼楠等督兵互应。分兵三路进姆岭，直趋船所，围歼倭贼。生擒倭酋五郎、如郎等数十人。

戚继光是松（松门）海（海门）抗倭前线的总指挥，他指挥的一系列战事，很多就围绕着松门卫而展开。

三、壬子县城被围

县城被倭寇侵犯，无疑是太平县的一件大事，这让少年季金印象难以磨灭。

嘉靖三十一年（1552）三月，漳州倭寇七十余人焚掠江绾，逼近隘顽——松门卫的下属千户所。还有倭寇逼近了松门城，朱龙泉率众拒守。四月，倭寇沿路抢掠石桥头、山前、锦屏等处。

五月，倭寇自松门登陆，他们弃舟上岸，经淋川、车路闸、高浦岙、石桥头、姆岭、珠村、石牛岭，翻山越岭直扑县城南门。志书记载，带领倭寇的是松门的恶少——倭寇侵扰内地，就由这些内鬼带领——倭寇利诱无所事事的乡里恶少为虎作伥。

经多次倭寇骚扰，县城百姓的神经已经高度紧张，正在加紧赶修的县城到达尾声——只有城南的女墙尚未修筑，南门的城墙明显比其他地方矮了一米多——成为倭寇攻击的重要目标。

邑人王庚献策县令，以火器击退倭寇，并在离南门不远的孔庙组织祈求神灵的仪式。香火缭绕中，孔庙的大樟树下出现了关羽率关平、周仓等随从的景象，人们高呼："关老爷显灵了！"顿时，士气大振。从火药局到南门的路上，搬运铁铳、火药的军士络绎不绝；百姓到处搬运石块堆积到南门瓮城四周；城外的民房已被倭寇点燃，烟火烧红了夜空，城外的倭寇已开始攀爬，但是架不住石块从空中的打击和铁铳炮的轰击，当夜倭寇被击退。

第二天，倭寇退至南门外的溪滩，在雁鸣山山下的竹林中砍伐

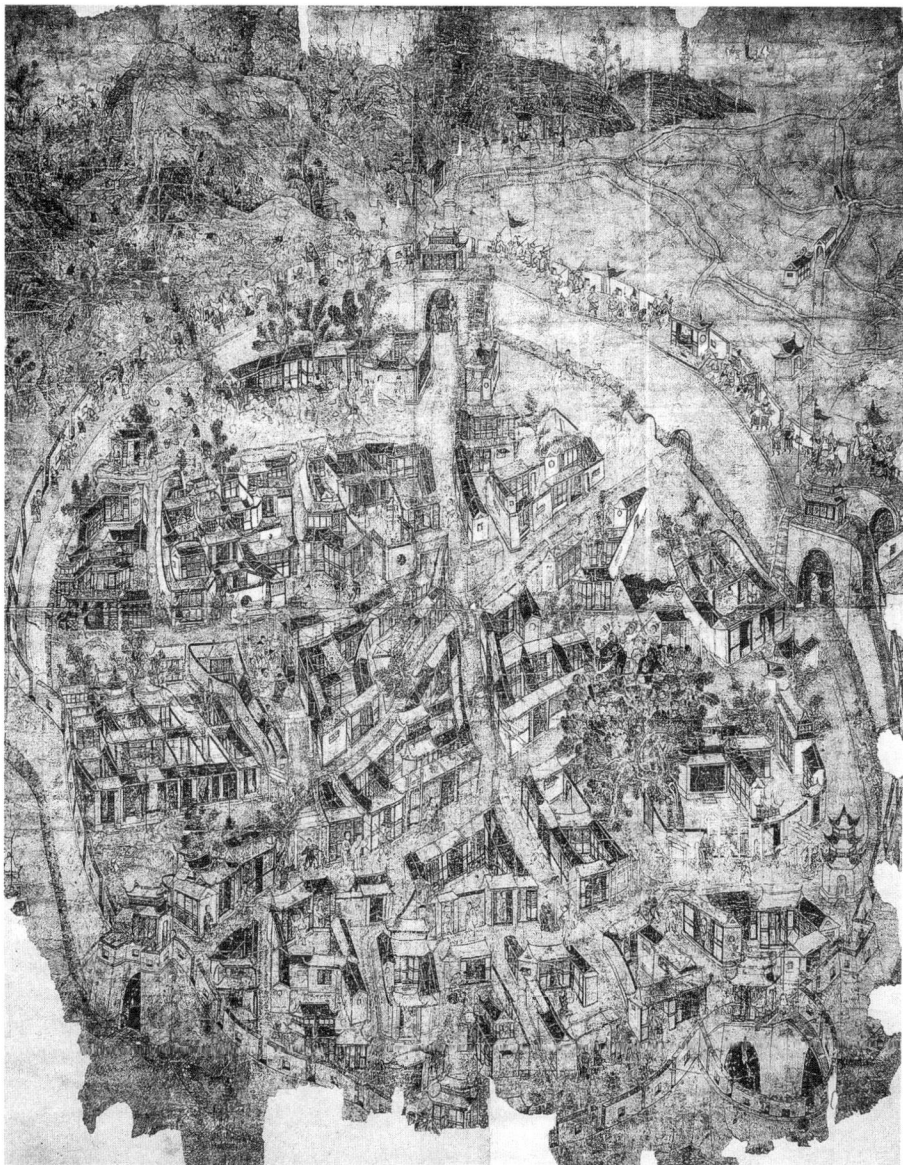

太平抗倭图

竹子——原来，他们是想编制竹排以抵御火铳的伤害，避开石头的打击。为增加牢度，竹排外面还蒙上牛皮。而城内的军民同仇敌忾，坚决抵抗，打退倭寇的一次次进攻。

太平县城被围消息，早就通过烽燧传递至台州府城，杨文将军领兵到达太平县城，倭寇的哨探早就布置出去，于是悻悻然退兵。杨文将军一直追击倭寇至南湾，全歼了倭寇。

太平军民首次正面抗击倭寇并取得全胜。此时戚继光仍是青年将领，还在北边。

温岭城抗倭的胜利，得益于县令赵孟豪的未雨绸缪，他顶住绅士反对的呼声，加紧修筑县城。壬子倭寇犯城后，太平（温岭）城加紧了修筑进度，次年大功告成。黄岩几乎同时遭受倭寇侵扰，由于高材县令没有坚持主张修城，倭寇大掠县城满载而去。高县令平时体恤民情，深得民心，因城陷民众被害而免职。台州赴援黄岩的都事武暐则领兵在钓鱼岭遭到倭寇的伏击，壮烈牺牲。

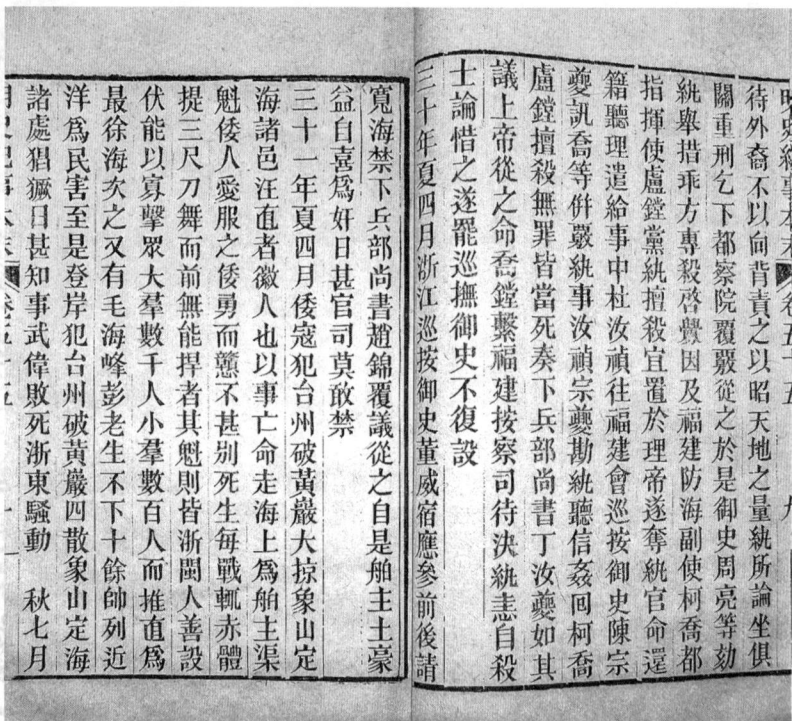

待外裔不以向背責之以昭天地之量絀所論坐俱
闗重刑乞下都察院覆覈從之於是御史周亮等劾
絀舉措乖方專殺啓釁因及福建防海副使柯喬都
指揮使盧鏜黨絀擅殺宜置於理帝遂奪絀官命還
籍聽理遣給事中杜汝禎往福建會巡按御史陳宗
夔訊喬等倂覈絀事汝禎勘姦宗夔勘信姦如其
議上帝從之命喬鏜繫福建按察司待決絀志自殺
盧鏜擅殺無罪皆當死下兵部尚書丁汝夔如其
士論惜之遂罷巡撫御史不復設
三十年夏四月浙江巡按御史董威宿應參前後請

益自喜爲奸官司莫敢禁
寬海禁下兵部尚書趙錦覆議從之自是舶主土豪
三十一年夏四月倭寇犯台州破黄巖大掠象山定
海諸邑汪直者徽人也以事亡命走海上爲舶主渠
魁倭人愛服之倭勇而戇不甚別死生每戰輒赤體
提三尺刀舞而前無能捍其魁則皆浙閩人善設
伏能以寡擊衆大羣數千人小羣數百人而推直爲
最徐海次之又有毛海峰彭老生不下十餘帥列近
洋爲民害至是登岸犯台州破黄巖四散象山定海
諸處猖獗日甚知事武偉敗死浙東騷動　秋七月

壬子倭乱中黄岩破，台州都事武暐战死

县城保卫战对季金的影响，一是倭寇对浙江沿海的侵扰已经十分严重，境内烽烟四起，即使十三岁的少年季金想从文，县内已没有安静的去处了，他自称曾经想从张青野学习，但是，家里是不放心让他赴二十里外高浦岙的。二是县城用火铳抗击倭寇的经验，必然在松门得到运用，这为季金了解火器兵器的应用，提供了实践经验。三是关羽抗倭的神话传说已经在县城传开，少年季金必然也有崇拜关羽的倾向，这为季金在朝鲜古今岛建关羽庙，提供了思想基础。

四、谭纶松门破倭，戚继光南湾大捷

倭寇不时侵扰，知府谭纶组织有力抵抗，但防不胜防。嘉靖三十七年（1558），胡宗宪移戚继光镇守海门卫，新河所由戚继光所辖。

嘉靖三十八年（1559）五月，盘踞栅浦的倭贼趁夜色偷袭松门卫城。此时，谭纶击破侵犯临海桃渚的倭贼，回军救松门。夜，果有数百倭贼偷袭松门卫城的西门，军官章延麃、陈其可等督兵斩数贼，倭方才退却。

倭寇来犯停靠金清港，戚继光派兵凿沉两只船塞住闸门，堵住退路。倭贼在松门遭遇败绩，仓皇逃至金清闸，设法打捞沉船。谭纶让新河一姓沈老人写降书投寄倭贼：求倭寇不攻打新河，可馈赠千缗，约定次日在新河西——牛桥交纳。次日凌晨，戚继光率军出所城西门，埋伏牛桥。谭纶悉领锐兵出南门，包抄倭寇退路。倭贼仓促逃至斗门桥，明朝官兵用巨铳击沉倭寇两艘船舶。倭寇狼狈渡水南窜，官兵乘胜追击，在椒湾岭大败倭寇。

南湾外的海涂

戚继光在新河布置下口袋阵，原想全歼倭寇，而部队纪律松弛，以致敌寇逃逸。十二日平明，戚继光陈兵东郊（太平东门外）誓师，以临阵退缩之例而斩杀数人，其中一人是亲兵。戚继光率部追寇至南湾。倭贼散成五部分，占据滨海高山，负险而结巢，坠石拒战。戚继光令指挥卢镝、梁守愚带领千人从山北夺下后岭的山巅，从背面攻击，左右翼有两千人夹击。太平县令赵孟豪督乡兵声援。戚继光的弟弟戚继美（柳塘）发箭射死两个执旗的倭寇头目，众军奋力仰攻，倭寇不支，从山后下，直奔海涂。明军围击倭寇，倭寇头目均投降，其余倭寇陷入海涂。

戚继光领导明军取得南湾大捷：斩首二百七十九级，明军不损一人。上疏称：

> 三十八年，倭寇数千突犯台州沿海地方，上下五六百里间烽烟连亘；臣前后三战，斩获首级八百余名颗，地方底宁。此皆臣与前任浙江海道副使、今升两广总督谭纶所练浙兵，并无一客兵预之。（略）三战南湾，则有首功胡良瑶等，阵亡者无。督臣奏捷，臣与谭纶俱各叨赏。

十月，胡宗宪在向朝廷上报的奏捷疏中，极力称颂戚继光的功绩，称其督兵合战，既平于南湾，复平于宁海。南湾大捷是戚继光在嘉靖三十八年取得的重大胜利。

松门破倭等一系列战事对季金有深刻教育意义。

一是台州知府谭纶在松门组织抗击倭寇，对松门影响深刻，松门的李超与谭纶有了更深交集，李超是谭纶十分赏识的一位将领，不仅因为谭纶提拔李超，而在于二人始终不移的交情：李超千里赴豫章救谭纶；谭纶赴福建抗倭，李超随谭纶征战，后又派至戚继光麾下，终为谭纶帐下之将。隆庆年间，戚继光是蓟镇总兵，而帐下主将即为李超，戚继光《练兵实纪》就由李超的听课笔记而录。谭纶则成为戚继光的上司——兵部尚书主管蓟辽的军事。后来季金与李超的弟弟李趋成为亲家。

二是南湾大捷是戚继光首次组织的对倭寇的围歼，是主动的出击，这与原先被动防御倭寇的侵扰是明显不同的，季金应当感受到明军的积极姿态。

三是明军战斗力明显不强。牛桥是一次伏击战，谭纶、戚继光的意图是全歼倭寇，但明军畏敌如虎，将士不能用命搏击，被围倭寇却撕破包围网，向铁场方向突围。戚继光果断斩杀亲兵以整肃军纪，太平东门誓师后，至南湾全歼倭寇。军纪是军队的生命，季金必然会牢记。

四是通过南湾大捷，戚继光萌发了训练新军的念头，此后才有了戚家军。

五、戚继光议练新兵

嘉靖三十八年八月，戚继光上《练兵议》称，义乌矿工十分彪悍，奋勇抗争而不顾安危，"其俗力本无他，宜可鼓舞"。他请求浙江总督胡宗宪让自己简练三千义乌兵，"一旅可当三军，何患无兵？"戚继光说，自己训练新兵三年，就可以抵御敌寇，可以节省朝廷调集外地客兵的数倍费用。后来的事验证了戚继光的预计，嘉靖三十九年义乌练兵，嘉靖四十年戚家军就派遣上台州抗倭主战场，取得全胜。此后隆庆年间，戚继光赴北方蓟镇，抵御外虏——辽东、蒙古等地的少数民族游牧部落，他也向朝廷提出练兵要求，兵不练就不可用。

> 卫所缺训练之兵。一时当事之臣悉从权宜之计，远调湖广、山东、河南等处狼兵土目：虽亦节有成功，而狼子野心终难控驭。沿途剽掠甚于盗贼，万里愆期，寇去兵至；师无纪律，缓急不济。（略）此臣之所以深思远虑于原任浙江参将之时，而有创练土兵之说也。（略）于是具呈督臣胡宗宪、抚臣阮一鹗（略）诚得浙士三千亲行训练，比及三年，足堪御敌，可省客兵岁费数倍。

浙江总督胡宗宪同意招募新军。九月，戚至义乌、东阳、浦江等县招募矿工、农民等四千余人。太平林贵兆《南塘戚公台南平贼记》载："元戎胡公（胡宗宪）忧之，择所部之良者，而南塘戚侯（戚继光）始如台。至则练士卒，申饬号令，谨备烽火，条守备之法，列部伍之阵，严赏罚之规，纪律一新矣。"

戚继光设计出长短兵器配合使用的军阵——鸳鸯阵。清戚鸣凤《戚南塘祠记》记载："故老犹传公练卒为鸳鸯阵，阵十有二人，队长前，次夹盾，次夹枝兵，次四人夹矛，次夹短兵，节短数明，器互相救，贼畏之，望风披靡，当时号戚家兵。"盾牌在前护卫，竹筅（撑榔）抵挡倭的弯刀，长矛穿过竹筅可刺杀倭寇，短刀可近身搏斗。

大闾、岙环、新河、江厦等地遍设烽堠。周洋山上的哨卡可直接发燧通告新河所城，从楚门登岸的倭寇一露头，烽燧即刻通报大岩头，通过梅岭烽燧转报太平县城。嘉靖四十年戚继光订《定伏路条约》，在卫所设伏路官军，"有警，不分昼夜，责其依照举号，走报贼情"。周洋、大济山、大闾山等处都设哨兵。戚继光清理军丁户籍，筹备军饷，创制福船、艟𫍲、苍船等船舶。胡宗宪同意戚继光"久任责成"的建议——让戚继光一直担任台金严的参将，直至消灭倭寇，取得成功。任职职位不断迁换，就难以专心应对敌人，所以戚继光提出"久任责成"的要求，胡宗宪立即同意，不久"戚家军"取得台州大捷。

船队战斗队形（《纪效新书》）。

嘉靖四十年台州大捷的最终一战，在温岭大闾长沙村，这是海边的一个渔村。戚继光早就精心做好打击倭寇的准备。大闾山的明军哨所位置选择得很好，哨兵可看到倭寇，而从长沙登陆的倭寇根本看不到明军的哨兵。太平县志载：

大闾山…有东西二峰，俗呼火楼尖，旧置烽堠处。其下即大闾涂。戚继光尝营吞中，群山环护，……登高望见贼舶，贼不能见官兵所在。

六、长沙大捷

嘉靖四十年（1561）四月，戚继光分督新练兵，接连在寺前桥、花街等处消灭倭寇。戚继光与台金严兵备佥事唐尧臣商量，亲率两支松（门）海（门）主力部队赴宁海，歼灭宁海团前倭寇主力（《戚少保年谱耆编》）。戚继光刚离台州，倭寇分三路侵犯临海桃渚、宁海的健跳、新河周洋。

戚继光塑像

戚继光祠

新河所城此时为空城。四月二十二日倭贼三艘船舶驶入新河港周洋（北闸），后五艘贼船相继而至。军情紧急，戚继光夫人命打开军火库，取出军旗、军装、枪矛刀戟、铁铳炮等，动员后勤人员、妇女、老人全都上城，城上排列丛密的旌旗，呐喊声、铳炮声齐哄。倭寇远望新河城而不敢逼近。戚继光调兵救新河，倭贼后面五艘船舶连夜逃遁，其余倭寇屯驻在寺前桥附近鲍主簿家，明军用鸟铳弹射，倭寇连夜冒雨败退。二十七日刘意、楼楠等一直追到青屿大麦坑（今大猛坑），途中于吴吞岭烧死倭贼百余。

倭寇预先在台州府城埋伏奸党作内应。戚继光在宁海梁王铺听到消息，立即返回，耐饥饿在府城下杀敌，取得花街大捷。接着又在临海白水洋歼灭一股倭寇。

四十年，倭寇大至（略）倭贼预布奸党于台州府城内，约以入城后哺炊，城中不知也。臣已督兵径剿宁海县之倭，宿梁王铺；闻

台州告急，星驰一百五十里，枵腹反救。卒遇城下，一鼓
尽灭，于是有花街之捷。（略）五月初五日，白水洋倭众
二千，臣将兵至，有一千三百大呼奋击，焚斩殆尽，于是
有白水洋之捷（略）。

新河寺前桥

临海灵江

戚继光组织了对宁海团前倭寇主力的最后一战在太平长沙。

五月二十日，戚继光转战长沙，全歼原犯宁海团前的倭寇。史
称"台州大捷"——起于嘉靖四十年（1561）四月二十六日的新

花街

白水洋戚继光庙

戚继光纪功碑

戚继光塑像

河之战，止于五月二十日的长沙之战。在中国军事博物馆内，台州大捷作为中国军事史上的重大典型战役，予以详细的介绍。台州大捷示意图重点标出：临海的花街之战、上峰岭之战，太平的新河之战、长沙之战。

四月二十七日，戚继光部队分别消灭了自周洋侵犯新河的倭寇和自桃渚侵犯府城的倭寇。五月五日，戚继光在临海、仙居交界处的上峰岭设伏，三战三捷，在白水洋全歼倭寇。

接下来，明军面对的是宁海团前的倭寇主力——三十余艘船舶，两千余倭寇，上千被虏的居民。取得对倭战斗全胜的重要原因是有松门水师的全力配合，由水师将倭寇驱

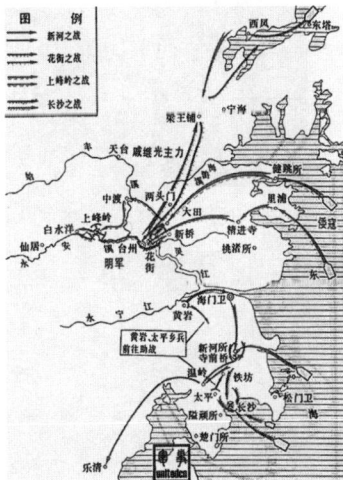

台州大捷主要战役示意图

苍山铁抗倭

苍山铁在战斗中发挥了巨大的
作用。嘉靖四十年（1561年）"四
月二十九日，戚继光部将胡震在邳
山下犁沉大倭船一艘，杀死敌人数
百。五月，倭船十余艘泊楚门，在
梅岩登陆，戚继光急发胡震兵截外
洋，敌船在长吊洋连日被胡震兵船
犁沉，渡水走淋头（松今门）。"
《温岭县志---抗倭斗争》

赶上岸，然后组织围歼——这一切全出于戚继光的精心安排。

白水洋一战胜利，戚家军在临海庆功、休整。此时，松门卫下
辖的楚门所来报：五月十一日，倭寇的十余艘船舶靠岸，登上梅
岩。戚继光遣楼楠、朱文林从陆路走至洋坑，冒雨大战，多所
擒斩。

戚继光急发水军将领胡震驾驶苍山铁往外洋，截住敌船退路。
（苍山是松门西南悬海小山，居民以捕捞为生。20世纪50年代初
渔民依旧"讨小海"，在浅海捕捞水产品。）戚继光选择苍山船（温
州人称"苍山铁"）为军船，稍大的称"艟𫘬"。四月二十九日，胡

长沙海战中戚家军的进军路线

震的苍山船连连撞沉倭船，毙贼数百。倭寇在陆上被堵截，就回船开至长吊洋，被苍山船连连犁沉。倭寇船舶经南沙镬、北沙镬岛附近，遁逃至龙王堂，妄图趁雨雾溜走，但仍未能逃出胡震兵船的堵截。

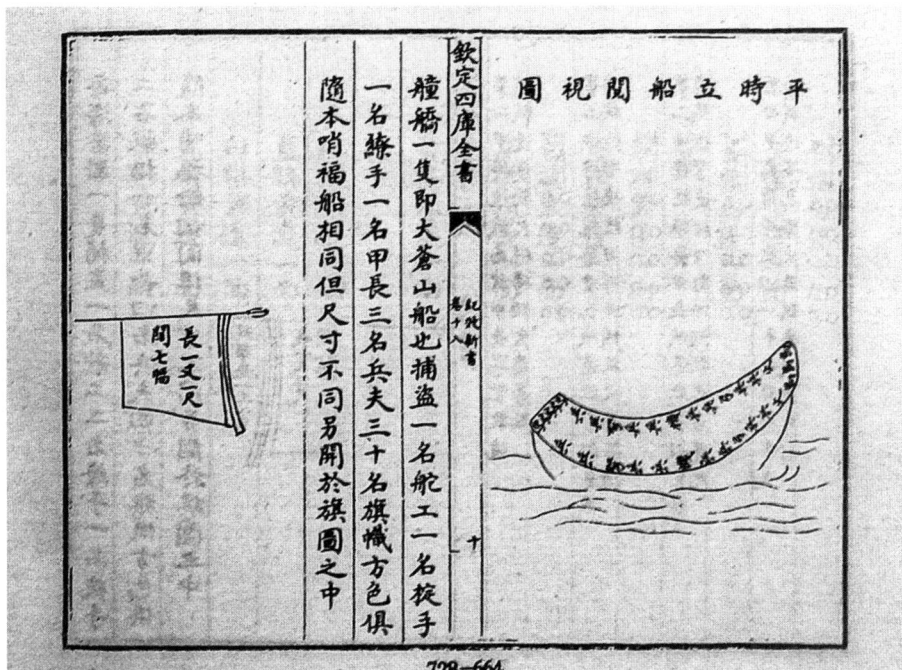

《纪效新书》之苍船记载

　　倭寇无奈在淋头登陆。戚继光布置下军阵：南面由楼楠督兵从隘顽（岙环）所出发迎击；北面由刘意率兵从箬横桥挺进，绍兴府通判吴成器在后跟进；西北面由太平知县徐钺自藤岭截伏。倭寇退至小藤岭（姆岭），官兵三路夹击，尽歼倭寇。

　　五月十七日，前犯宁海的倭寇十八艘船舶至长沙登陆——这是宁海倭寇主力。贼巢近岙环，北至姆岭可控制前往太平的路，东在慢游岭控制去松门的路，南面楚门、隘顽（岙环）两个所城势孤路绝。戚继光在新河听闻军报，当即与吴成器、赵大河对兵士进行战前动员。戚继光命令把总李成立单骑急驰松门，与罗继祖带新兵连夜渡海入岙环坚守，令楼楠、丁邦彦、陈大成等督兵互相策应，切断倭贼向南——岙环方向的退路。

　　五月十八日，戚家军进至长屿铁场。当夜大雨，兵士难以立营帐，戚继光撤去军帐，冒雨巡营，慰问兵士。十九日，接到从倭寇营垒逃归俘虏的报告，被掳上千百姓日夜盼望戚家军的到来。戚继光召集诸将，面授方略，告诫不可枉杀平民，禁止火攻。他说，被掳的百姓均为同类，唯愿拯救生灵，绝不能贪功杀人取首级（头颅）。士兵被感奋而下泪。夜半进军至藤岭。二十日拂晓至姆岭。戚继光偃旗息鼓悄无声息直扑长沙，他劝县令缓出兵，等倭寇四出抢掠未归，军分三路，歼灭倭寇，解救百姓一千二百余人，战利品全部犒劳将士。

从楚门、淋川、长沙一带登陆上岸的倭寇就是一伙的。或许藤岭与长沙毗邻，所以戚继光记载的长沙一战，把藤岭、长沙两次战役合在一起，以藤岭地名代替长沙。戚继光向朝廷报告说：

> 五月十五日，藤岭之寇二千有余，据船依山，未易遽胜；臣率众誓天，愿救回被虏男女，不重斩级。众皆感泣，一鼓灭贼，救回被虏一千有奇，于是有藤岭之捷。

其实五月十五日藤岭一战，应对的是从淋川上岸的倭寇。"据船依山"的两千余倭寇是在长沙登陆的，是在五月十八日歼灭的。倭寇主力被歼，浙江倭患彻底消弭。

台州市文史专家王及总结台州大捷为九捷：

新河、花街、汛桥、白水洋、上峰岭、楚门、小藤岭、长沙及外海洋面的大捷。

长沙之战是台州大捷的最终胜利，被列入中国著名的海战战例。

二十二岁的季金目睹了长沙大捷，七年后考中进士，成为万历著名抗倭将领，率三千浙直水军赴朝鲜，在露梁海战中全歼日军船，季金立下不朽功绩——这是后话。

长沙大捷向季金传递的信息是：

一是要有巩固的水军基地。海门卫、松门卫都是戚继光构筑的水师堡垒，苍山船成为近海知名军船，在30年后的壬辰倭乱中被采用。

二是海战起到关键作用。季堂、胡震都是戚继光的得力部将，

台州大捷示意图

楚门、小藤岭、长沙及外海洋面大捷，与水军有密切联系。苍山船不断将倭船撞沉，令其无法突围，只能登岸，为陆地围歼倭寇创造了条件。在朝鲜露梁海域，季金则堵截倭寇退路，寻求围歼倭寇。

三是战备情报系统严密。除烽燧示警，沿海置哨探报告倭警，明知敌情。无论楚门梅岩、小藤岭、长沙之战，均是有备而战。县志记载，长沙的哨卡就是戚继光亲自确定的。

四是指挥统一，没有扯皮之事。胡宗宪全权任命戚继光，可随机处置军事。戚继光要求专门训练新军，胡宗宪同意；戚继光要求"久任责成"，胡宗宪让戚继光一意应对台州倭寇。"戚家军"的胜利是胡宗宪英明决策的结果。

五是将领与士卒应同甘共苦。戚家军在长屿铁场遇雨，戚继光自撤军帐，冒雨巡营，激励了士气。长沙一战取得胜利，戚继光把全部战利品犒劳参战将士。

六是军人以解救百姓苦难为主。长沙一战,倭营有上千被掳百姓盼望营救,戚继光告诫军士切不可枉杀平民,禁止火攻,唯愿拯救生灵而不贪功取首级(头颅)。

七、戚继光对季金的一生影响

从季金成长经历中,不难发现那个倭乱年代对他的深刻影响。

明洪武初,浙江沿海已有倭乱,嘉靖年间倭乱愈演愈烈,壬子倭乱对沿海居民影响极大。倭寇杀人放火无恶不作,大户人家纷纷逃避,进入围城——县城、松门卫、新河所、隘顽所。对于这些,少年季金不可能没有深刻印象,壬子年(1552)季金已是懂事的少年。松门卫卫城城楼上,鼖鼓声日夜不时敲响,战乱时刻警醒人们的神经,松门西城外十里地的车路闸,书生读书没有心思了,他在担心——倭寇来了,该往哪儿躲?从车路闸往西过去几里地,是高浦岙的坊边,张氏家族整天过着提心吊胆的日子,宗谱上记载,非常侥幸房子没有被焚烧,倭寇偶然没到坊边,张氏感到庆幸——认为这是祖先的阴德所致。季金为张青野祝寿,他不会不知张氏的遭遇。

壬子倭乱让季金撞上了,自嘉靖三十一年至四十年整十个年头,父亲季堂一直奔赴在松门卫与海门卫之间,这位松门卫水军将领的言行举止时刻在给季金授课。少年的季金好文,他的儒将的身份就是他好文的证明,而季金终于习武,继承父业,这与他经历壬子倭乱的苦难有深刻关系,国家遭受兵灾苦难,习武可直接为国家出力。

从十多岁的少年到二十多岁的青年,季金的青春年华与温岭遭受倭乱的灾难始终相伴。位于松门卫的抗倭前线,季金能深切体会民众对倭难的感受,所以季金在韩国保宁鳌川驻兵时,能善待地方的百姓。

嘉靖三十七年,戚继光到了台州,三十八年谭纶、戚继光到了松门卫,挫败倭寇偷袭,最终将倭寇消灭在南湾,胡宗宪专门向朝廷汇报这一战况。戚继光在太平东门誓师,斩杀亲兵以整肃军纪,有了军纪，南湾战斗方获全胜——斩敌两百，自己无损。这让季金懂得：军纪就是军队的生命。

四十年，戚继光命令松门卫水师胡震，把宁海倭寇主力赶至松门内海的长沙，并全歼了倭寇。戚继光命令部队，不得贪图首级（头颅），而要保护被掳的百姓生命。这让季金懂得：军人的使命在保护百姓的安危。在朝鲜组织露梁海战时，李舜臣反对陈璘攻击南海，认为被倭寇所掳掠的民众是同类，是解救的对象，季金应赞同李舜臣的主张。

松门卫世代武将的家庭氛围，戚继光在松门卫、海门卫带兵打仗的英勇神武，同为松（松门）海（海门）抗倭将领的父亲季堂，让跃跃欲试的小青年季金萌发出建功立业的壮志豪情。嘉靖四十年（1561）季金年龄二十二，戚继光也只有三十四岁。季金仰慕戚继光非常自然，他的文韬武略突飞猛进，用现代话说，季金从战争中学习到了战争，隆庆二年（1568）他终于成为武进士，这年他二十九，戚继光离开松门仅六年。

季金成长的年龄，正是戚继光建功立业时光。戚继光的英雄行为，对季金今后一生的行为举动，产生了无穷的榜样力量。从季金的一举一动中，我们可明显看到戚继光当年领兵打仗的影子，季金作为万历壬辰年间的优秀南兵将领，就是一个继承了戚继光优良军事传统的浙江军人。

戚继光身教言传教会了部下领兵打仗，张元勋、李超、季堂等太平抗倭将领都是他的部下。戚继光是在嘉靖四十一年（1562）离开台州前往福建的。当季金考中武进士时，戚继光结束了南方的抗倭，赴蓟镇练兵。历史机遇竟如此巧合——壬辰倭乱初，季金竟步戚继光的后尘到了蓟镇。那时季金已是总兵，他是水军将领的后裔，抗击倭寇的使命就历史性地落在季金身上。壬辰倭乱，让季金两次进入抗倭的前线。

附录：

旧志倭乱资料

《嘉庆太平县志·海防》

陆兵、水兵统于一镇而两相资，海防即营制中事，必别为篇者，海患常剧于陆，防御亦莫难于水。跳刀走戟之徒，不敢公然至岸，而风涛不测之中，游魂为变，非习练有素，海道久谙，猝难制胜。上岸杀贼，洗脚下船，吴人长技，魏所以不敢正视者，其教之非一日矣。　海自海门卫南经黄岩县东海门外岛屿甚多，可名者曰穿礁山，东南曰琅机山、曰大陈山、几青山，又南稍东经邑新河所东，又东南至松门海中有松门山，始折而西，经隘顽所东，又西南经东吞南海中有楚门山，今改隶玉环，始折而西北，至江下汛西千岭寨南，又折而西南至温州大荆营南芙蓉村，东有数小口，又西南经乐清东北之蒲岐所。自楚门而西北有数岛，其大者曰龙王山，正西即玉环。自江下汛而南，海中有太平山，有水涨屿，有茅衍山，与玉环接。自舟山至松门三百六十里，松门至蒲门三百余里。（本齐侍郎召南《水道提纲》。）

台州海道与温、宁接壤。舟行自福建福宁历温州蒲门，及金乡、盘石等卫，于中界山正北岛泊，待南风至晚收楚门千户所旧邑所管，得正南风北行，过间洋、鸡笼山，候潮至松门东港泊，候潮至海门卫北东洋山泊，望北行到陶渚所圣门口泊，开洋至大佛头山、屏风山，至健跳，又至罗汉堂山，到石浦东关，自是入宁波界。海门、松门、苍山吞、玉环皆上等安吞，可避四面飓风。大陈、凤凰、南麂等山皆中等安吞，可避两面风。此系故明海运之道，讲海防者必先悉海中路径南北去处，故详载之。

松门港：在邑东南五十里甘吞，海口萦纡屈曲。东岸为朱门山，又东为捣米门、积谷山，及下洋、大陈吞诸处。外即大洋，直抵日本。北至化屿、龙王堂、鲤港、横门、大潭、深门诸处，与新河三汉港接。南至鸡脐、钓棚、峒礁、鹿头、闾洋、丕山诸处，与灵门接。隘顽在其南。隘顽有急，此港宜守。明洪武二十年置松门卫，隶松海备倭把总。卫东即松门港，出海即石塘山，一直抵日本。海内小山最多。若贼由温州来此，竟抵城下。若自外国来止，过大陈、丕山、大鹿登岸，皆为贼巢，港内迂曲，捍贼尤难，必出大陈而迎战于海中，方为得之。

天门港：在邑东松门寨南，东接海中鸡脐山，与松门港接境，南接楚门、洋坑，下接峒礁山。又隘顽寨之藩篱，宜官兵戍守。又有中洲港，南出海中茅衍山，与蒲岐港接境，北出海中丕山，与重门港接境，嘉靖中亦设水军戍守。

新河港：口极浅隘，大船难入。然去海十里，去邑城三十里，去松门、隘顽、黄岩各五十里，所谓适中之地，三面俱有大路，可以进兵应援。明初建新河所，所南亭岭、横山诸处，皆戍守要地。又有周洋港，亦在所北。嘉靖四十年，倭由此登陆入犯。又金清闸在所东。嘉靖中，官军败倭于此。

隘顽：在松门西南五十里，北卫本邑，南阻楚门。城外四面皆山，东北有慢游岭，为松门之阻隘。城垣敛矮不足恃，唇齿之援，惟恃松门水军。嘉靖三十七年，官军败倭于此。

山门港：县西南十五里。源出温岭诸山，亦曰温岭江，俗称江下。南出山门港及楚门港入海，亦在所必防。

楚门港：在松门南百二十里。旧设有千户所，与隘顽所共隶松门卫。今析入玉环。

附：潮候□海之有潮，天地大气为之。其来，气之张也；其退，气之翕也，故消息盈虚，可以时测。其有迟有速，又随地不同，惟习于海者知之。如钱塘江之鸣潮，扬子江之暗潮；钦、廉日止一潮，琼海之潮，半月东流，半月西流乃随星之长短，不系月之盈亏，杜林、圣水岩之潮，子时潮上，上午潮落；东、南二海之潮，平于东者常先，平于南者常后，北水南来则为长，南水北去则为落，凡此者皆一气所鼓也。而迟速之机则视其中有阻与无阻：有阻者，水与山激，其来猛而迟；无阻者，水漫空来，其势速而静也。就东海潮汐大概言之：每月初一、初二、十五、十六日长于寅，落于巳，长于申，落于亥；初三、初四、十七、十八日长于卯，落于午，长于酉，落于子，余以渐推。而在浙江、扬子，已不无一二时之差。太邑之潮又早钱塘六刻。况寅时又当以月分定之，如五月日高三丈地，十月十二四更二点是也。温、台之人以每月初五、二十谓之小水，渐小至初八、二十三大亏而不长，为极小水；二十五、初十谓之起水，渐长至初三、十八大盈，是为大潮。

春、夏之潮，昼小而夜大；九秋之潮，昼夜俱大；三冬之潮，昼大而夜小。八月十八谓之潮生日。海港之远近，岛屿之悬隔，有一潮即至者，有必须数潮至者。潮未至而休息，潮欲来而速备；因潮阻而迫贼，趁潮顺而逐捕，兵机所在，皆水师所宜熟也。《叶志·潮汐余论》专就内港言，为水利设，不系海防。

《嘉庆太平县志·风信》

海之可畏者，风不测也。然舟行者往西以仲春，往北以仲夏，往东以仲秋，往南以仲冬，风未始不可测也。每观前代时事，寇来恒在清明之后，前乎此则风候不常，寇不利于行，届期则东北风多而不变也。过五月，风自南来，寇不利于行矣。重阳后，风亦有东北者。过十月，风自西北来，亦非寇所利矣。故防寇者，以三、四、五月为大汛，九、十月为小汛。盖寇入犯必随风所之，东北风起则由萨摩或五岛至大小琉球，以视风色之变迁，北多则犯广东，东多则犯福建；若正东风起，则必由五岛历天堂、官渡水，以视风色之变迁，东北多则至乌沙门分舟宗，或过韭山海闸门而犯温州，或由舟山南而犯象山、定海，犯台州，正东风多则至李西岙分舟宗，或由洋之南而犯临观、钱塘。贼情无定，而风候有常，故遇东北风起，则邑沿海松门等处不可不守也。至于洋面逐贼，出船巡哨，当明风雨占候。如《孙子》云："发火有时，起火有日。时者，天之燥也；日者，月在箕、壁、翼、轸也，凡此四宿，风起之日也。"又如，月晕视何方缺则此方风来，众星动摇主大风，云若炮车形起并主大风，每值日辰执破多风雨。谚云："壬子、癸丑、甲寅晴，四十五日满天星。戊申、己酉连庚戌，天上无云地下湿。"推验往往多应。江海操舟，冲风触浪，顺之则安，逆之则危，为将者安可以不究心哉！

《嘉庆太平县志·兵船》

船制，闽、广、浙、直各异：广东之船，两旁设架，便于摇橹；福建之船，其旁如垣，其篷用卷，便于使风；浙、直之船，平底布帆，便于荡桨。所由然者，福建海水最深，各汛地俱近外洋，一望无际，纵有海岛，如浮沤之著水，故有风时多，无风时少，顺则使风，逆则戗风，此福船所由制也。广东自出五虎门，上及大鹏，下及北津以西，俱有岛屿，或断或续，联络散布，商船往来多从里海，且风气和柔，全仗摇橹，此广船所由制也。浙、直海水深处固多，浅处时有，近岸平沙或数十里，潮长水深寻丈，潮退仅可尺许，故叭喇唬、沙船专事荡桨，此浙、直船所由制也。叭喇唬船，其制底尖面阔，首尾如一，底用龙骨直透前后，阔约一丈，长四丈，末有小官舱，两旁各置长板一条，人坐向后而掉桨，每边用桨十枝或八枝，其疾如飞。有风竖桅，用布帆，桨斜向后准作偏柁，亦能破浪，甚便追逐。哨探沙船能调戗使斗风，惟便北洋，不便于南洋，北洋浅，南洋深，沙船底平，不能破深水大浪。北洋有滚涂浪，福船、苍山船底尖畏之，沙船却不畏。北洋可抛铁锚，南洋水深，惟可下木椗。然以海战，二船皆不如苍山船：首尾皆阔，帆橹兼用，风顺则扬帆，风息则荡橹。其橹设于船两旁腰半以后，每旁五枝，每枝二跳，每跳二人。方橹之未用也，以板闸于跳上，常露跳头于外。其制以板隔为二层，下层镇之以石，上一层为战场，中一层穴梯而下，卧榻在焉。其张帆、下椗，皆在战场之处。盖卑隘于广、福船而阔于沙船，用之冲敌，颇便而捷，温州人呼为苍山铁。其稍大者名艟舼，戚继光用之，以为比海沧更小而无立壁，最得中制者。苍船最小，邑人捕鱼者所用，水面上高不过五尺，加以木打棚架亦不过五尺。里海必用苍船，以此船吃水六七尺，海潮中可摇驰快便。其在外海，则防大船之犁沉。唐顺之云：列船海上，须每夜一人坐斗上看动静。虽月黑之夜，抬船、撑船未必无一把两把火光，便可为备。此尤制胜先著也。向例双桅船只下海有禁，奸人藉以单桅恐有损坏，云必得备副桅，官府多惑从之。窃谓副桅可置，桅眼止许一，则虽多挟桅，不致为犯禁之事矣。

　　附考：海夷为患，莫如日本，诸洲约以百数，其近西南者，萨摩洲为最。明季屡次入寇，多由此洲及肥后、长门二洲之人，其次则大隅、筑前、筑后等洲，以及丰泉、丰后、和泉之人，大率商于萨摩而附行者也。自山城号令不行，诸洲专恣，丰后独强，并有诸岛；剽掠出没，皆贫恶之人，欻然而起，非有常尊定主也。其性本贪淫嗜杀；又地匪从而招引，如洪熙间寇患，皆黄岩民周来保煽诱。嘉靖初，虏劫山门何氏，公然泊舟海碛，质男妇要赎。有指挥任龙者，以奋勇无救死。又有乔汉者，亦从亡。《叶志》归咎于导漳之贼。自是倭至日多，附和益众，城乡各处咸受焚劫，非谭守纶挫之于先，戚参戎继光歼之于后，邑民其有瘳乎？夫倭非敢遽上岸也，官军不敢入水，贼知其怯，斯肆然而上矣。备倭之法，昔人以击杀海中为上策，御贼海港为中策。又曰决胜于敌至之时，不若预备于登岸之先。然水战未易，风潮之大小顺逆，收放之浅深利害，皆当熟究，而尤在先严通海之禁，绝其向导之路。如我朝声灵远讫，军政严明，控制有术，教练有方，滨海百余年来，何曾有一倭之至哉！《叶志》有《寄使》一篇，详明季倭乱之由，于邑海防无关。且倭自明初已屡寇，患特甚于嘉靖，不尽系宋素卿、宗设谦导之争贡仇杀也。故别著论于此。太邑被患年月，另详《杂志》。

第五章 蓟镇来了防海的南兵

季金首次出任抗倭将领，是在蓟镇统领南兵。季金来到蓟镇，源于宋应昌的部署。宋应昌时由兵部侍郎（国防部副部长）调任明军经略，就如近代彭德怀被选派为援朝志愿军的总司令。宋应昌是杭州仁和人，仁和与钱塘均是杭州属邑，宋应昌熟悉南兵，懂得南兵，一上任就调集南兵至蓟镇。

蓟镇是中国北方重镇，是嘉靖年间防虏的前线。戚继光在南方扫清倭寇后，防御北虏成为朝廷的首要任务。隆庆年间，张居正主政，他听从仙居吴时来的上言，将谭纶召入朝廷，负责军务，将戚继光调防蓟镇。此时，季金已由武进士进入军界。

壬辰倭乱初，朝廷派遣李如松率陆军数万人跨过鸭绿江，赴朝参战。宋应昌十分关注后方，天津、登莱、蓟密、永辽成为首要防范的区域。蓟镇是北方防务中心，宋应昌明确将蓟镇的地位从防虏改为抗倭。沿海布防均与抗倭有密切联系，后来季金就从登莱到抚顺，然后赴朝鲜。宋应昌写《议题水战、陆战疏》，其用兵计划描述得十分明确。后来，季金于1597年丁酉再乱时入朝，符合宋应昌的军事部署，甚至连建造的苍船数与领兵的数量，均符合计划。

季金领兵回南方，载于《明神宗实录》的仅寥寥数语，记载文字不多，但可以看到戚继光在蓟镇练兵的影响。戚继光在蓟镇建功立业，源于张居正的全力支持，戚继光在蓟镇练兵，专任南兵，引起北兵的不满，这一历史矛盾成为蓟镇总兵王保无耻挑拨南北兵，杀戮南兵的由头，王保将被永远钉在历史的耻辱柱上。

一、蓟镇等京畿地区防御加强

万历二十年十二月，西征大将李如松归来，随即被派遣入朝鲜，负责东征。而蓟辽地区与朝鲜毗邻，必须随时防御。宋应昌任经略，负责抗倭及沿海防倭，首先考虑的是巩固后方，他认为"天津登莱蓟密永辽为最"，蓟镇居中位置尤其重要（《议处海防战守事宜疏》）。宋应昌调集水军应对倭寇可能对辽宁、山东海上的侵犯。时任镇江副总兵的季金奉命前往蓟镇，作为防海游击将军，驻防蓟镇前沿。

据邓子龙传，季金为金山卫总兵（《嘉兴府志》《海盐县志》），或许季金自蓟镇驻防返回后，任职金山卫。

宋应昌上《议设蓟辽、保定、山东等镇兵将防守险要疏》，详细论述紧邻朝鲜的蓟辽地区的防守险要事宜，提出分地设官布置。这份防守要点，分析战场形势，认为必须加强京畿海防，其中，蓟镇关系到京城的安危。宋应昌的沿海布防格局，成为后世对该地区防务安排的重要参考依据。

宋应昌强调了蓟镇的地位、作用。蓟镇原为防虏而设，隆庆年间张居正主政，让戚继光主政蓟镇，调集南兵。张居正去世后，戚继光遭冷遇，被调往南方，而北边防虏仍按戚继光的原来部署，边境安宁数十年。与戚继光同在北方的辽东大将李成梁以战功著称。隆庆年间，北边名将数"戚（继光）李（成梁）"。李成梁即李如松、李如柏、李如梅之父。

壬辰倭乱后，宋应昌将原防虏军事部署，调整为防海，即防备倭寇。此疏还提出添设海防协守副总兵和游击二员，募南北兵一万五千，季金及南兵即于此时征召。

照得倭患报急，海防正殷……今议河大、河间、沈阳、天津等五营，姑免戍边，权留防海，应将昌镇右车营及山东营春秋两班，俱听暂改蓟镇西路通融分布修防，量为代助。

宋应昌认为，蓟镇不仅防倭，也可防虏。蓟镇总兵可以节制各地兵力。

> 而游击守备悉听节制，……相机往来督备，合力防援，俱属蓟镇总兵节制，即为密蓟永三道防倭主兵，既便专督分防，而沿海声势联络，守望相资，庶免掣襟露肘，顾此失彼之患。如倭警告急，则防边标营兵马及三路台操南兵，皆可酌调策应。如虏情吃紧，则防海军兵俱可协同堵截，是总兵责任既专，事权归一，而审料机宜，调遣从便。

宋应昌调整了战略部署，战略方向从防虏到防倭，防倭甚于防虏，守海急于守边。

> 蓟、保拱护神京，为畿辅左掖。……该镇兵将专务防虏，嘉隆间，北虏窃犯，恒不能支。今又非其时矣，防倭甚于防虏，守海急于守边。使非设将增兵，多方分布，而倭驾轻舟，乘风汛出入波涛，一时千里，循海而西惟其所向，将何为备御之计？……

季金及其南兵即驻防蓟镇。蓟镇总兵统一节制各镇事权，负责辽东、鸭绿江、山海关、山东、天津、登莱海岛的防务，蓟镇到保定沿线险要均设防。

> 今蓟、保二镇，议设协守以控重兵，议设游守以相犄角，而以该镇总兵节制之。事权既复归一……诚深得海防今日要务。惟是辽左自鸭绿江以至山海关，其海口延长更纡回，于二镇东逼朝鲜，北临虏穴，其兵力防范又牵制于一时，在山东沿海以及天津，在在皆称险要，而登莱各海岛处处皆宜设防。

宋应昌认为战时的形势已经紧张，不可"拘挛常套"，不能像以前用公文来往，相互扯皮，"徒眈岁月，致误事机"。不要等待事情发生再行补救措施，于事无补。

战时紧急，"兵连势合，权一事专"，总兵等掌握实权，权力过分集中，缺少节制贪婪总兵就得以肆无忌惮侵吞军饷，导致军士哗变，这是宋应昌没有预料到的，而蓟镇总兵镇压南兵就渊源于此。

> 倭奴摧陷朝鲜，掘毁王墓，掳掠王子，图写道路，必欲入犯，此何等时也，势盖发发矣。（略）倭犯辽，则蓟兵可以扼其前，倭犯蓟，则辽兵可以蹑其尾，倭犯山东，则蓟保可以遥其声援，而辽兵可以直渡朝鲜，捣其巢穴。兵连势合，权一事专，战守有此动彼应之机，调度无左牵右顾之虑。……庶事有责成，时无虚旷，其于防海御倭至计莫大于此矣。

招兵的事宜由兵备道负责，朝廷要求选派廉干官员分赴各地招募军兵，被招募的均给安家银两，由兵备道监督散发。万历二十一年，已设天津蓟镇南北兵游击二员，宋应昌建议再设游击一员。其时"防倭甚于防虏，守海急于守边"，倭寇驾轻舟、乘风汛出入波涛，自朝鲜千里循海而西，倭寇随处可以侵犯，宋应昌心中焦急："将何为备御之计？"新增游击将军也负责防海。

季金及防海南兵是在朝鲜战场形势严峻情况下来到蓟镇的。

二、宋应昌的战备部署

鉴于"天津登莱蓟密永辽为最"，其中蓟镇居中，居中节制尤其重要，宋应昌在《议处海防战守事宜疏》提出防海的战备事宜：

> 一为议处应调军兵并计修守海防要务，……皇上先以防御事责臣经略处分，复以征援事命臣筹划料理，……言守，则天津登莱蓟密永辽为最，……必控扼险要，方为万全之谋。

宋应昌的调兵部署十分明确：浙江议调南兵六千。

则今日议调军兵，议防海岛，为不可缓已。……今天津蓟门止
于海防，……调回征西杨文浙兵一千、刘綖川兵五千，……其陈璘
兵五百、杨应龙川兵五千、山西兵二千。浙江召募南兵六千，又新
设协守、游击等官，募兵九千，足一万五千之数……并陈璘等兵尽
留蓟保二镇，或分屯、或防海，俱听督抚调度。

宋应昌在旅顺为水师预留下基地，1597 年 7 月，浙直水师即驻抚顺。
宋应昌建议以海岛的豪强为守将，让登莱沿海海岛全民皆兵。东征中，倭寇
一旦入侵后方阵地，让军民同防。旅顺至蓬莱海中的十七个岛屿，以烽燧联
络，让倭寇知道沿海有备而不敢犯。加强了后方安全，前方明军可一意对付
敌寇。

至于今议防海者，皆以天津、大沽等处为首称，似矣（略）今
旅顺已不守，失所险矣，辽东旅顺口与山东蓬莱诸山对峙，相去五
百余里，中有海岛一十七处，棋布星罗，彼此接望，诚天造地设，
横亘其间。而凡登莱、北海、天津、东海、蓟门、南海，胥赖此险
为门户也，况岛中俱可藏兵泊船，而各岛居民筑室耕田，尽成家
业，诚一鼓舞召集，其忠勇为人推信者。每岛一人，量给冠带或名
色把总。（略）令官兵与民兵不时出海远哨，如有倭犯情形，则举
放号炮，岛岛相传，昼则每岛举烟数十道冲突海天，夜则举火数十
炬照耀海面。倭奴见之，知我为有备耶，则不敢深入（略）海防益
固，东征可举矣。

宋应昌认识到：破倭以水战为利，任明军经略后加紧建造船只，招募水
师。丁酉再乱，经略邢玠同样重视水师，季金率浙直水师由旅顺快速地进入
朝鲜。

宋应昌《议题水战、陆战疏》指出：

倭之入中国也，野战最猛，而水战非其所长。中国之破倭奴
也，水战为利，而野战更须详慎。

重视水战，建造战船，重要的船只是苍船。宋应昌与工部督造船舶的官员——员外郎（副司长）张新，亲自议定造船的数量：福船二十，苍船八十至一百艘。福船可载数百人，但行动十分不便，不能多造；苍船是主力船舶，可冲撞倭船，在沿海灵活作战。这是戚继光创制的船舶，在壬子抗倭时立下赫赫战功，这也是季金熟悉的船型——是松门的船舶。

宋应昌认为：

> 夫水战所急在巨舰，舰不巨则冲敌为艰，然舰过巨，则转移不便，故所谓巨舰者，福船为主，而苍船次之，沙船又次之。近蒙兵部调来浙直等船，率皆沙船、唬船，而福船、苍船则无焉。今奉工部差委员外（郎）张新前来督造议定，大率要造福船二十只、苍船八十只或百只，以为镇重弹压之用。

战船用上了火炮：

> 彼之长技不在倭刀，而在鸟铳，所以御之必船身外以竹木为架，布帏为障，有藏身之处。乃乘机觅便，用火药、弓矢、三眼枪、快枪，或用佛郎机，于桅竿斗上用标枪飞镰刺之。若虎蹲、灭虏、大将军等炮，非遇急则不敢用，其气力重大，能碎彼船，恐于我船亦不免有伤。

当时调集船舶数量多，但没有福船、苍船，宋应昌再次强调应多建。水军强调了各类船舶的相互协调与配合。宋应昌强调了苍船的作用，苍船是作为巨舰使用的，作用巨大。福船比原计划 20 艘又减少了，只要 15 艘。一艘福船需上百人驾船，转折很慢，不适宜灵活转向。而苍山船则需 80 艘。

> 今调来浙直沙船计四十只，唬船计一百只。而工部委

官开厂再造八桨十桨等船五六十只，则亦足用。惟所谓巨舰者，首号福船，次则苍船，南来皆无，似应多造，然福船重大，非近百人不能撑驾。一遇风急遽难转移，只应造十五只，苍船造八十只也。

嘉靖三十九年，戚继光亲自创建督造了苍船，是依据松门苍山船改制的。《福沧、艟𫐄、海沧船说》就福船、苍船等船只有明确的记述。福船高大，吃水一丈一二尺，可以力压倭船，但不适宜在浅海作战。苍船水面高不过五尺，吃水六七尺，倭船入里海，必须用苍船迎敌，而艟𫐄由苍船改造而来，比苍船稍大。戚继光还就水师的队阵进行描述，这些都是在嘉靖四十年对倭寇的围歼中，实战取得经验的。季金的父亲季堂就率领了水师战斗在海门南的海面上。《戚少保年谱耆编》嘉靖四十年编年事载"在南则前营指挥季堂等部领兵船十艘，哨抵新河所深门、大陈海洋为界"，在松门则有胡震的船队。因此季金对苍船的排兵布阵应当十分了解。嘉靖四十年（1561），季金二十二岁，正准备考武进士，对水战必有研究。

宋应昌对陆地的海口防御，布置了各类备战的物资。比如在沿海的大沽海口安置了火炮，根据倭寇赤足的特点，在阵前布置铁蒺藜，以阻止敌寇的奔突。

> 大沽海口……皆已布有兵马，安置大将军、虎蹲、灭虏等炮。而倭奴跣足，所以扼其奔突，制其跳跃者，则铁蒺藜木桩等项器具尤当预备。

宋应昌担心水师难以募集，习水之兵在北方难找。他计算了兵员数量，苍船建80艘，每艘40人，共3200人，这正是浙直水师于1597年入朝的阵容，按朴现圭考证，浙直水师兵员3300人。首任明军经略的战略计划中，早就把浙直水师考虑进去了。

> 水战始虑无船，今虑无兵，非无兵也，无习水之兵也。……苍船每只用四十人，八十只，计用三千二百人。……一时沿海渔盐之夫，岂能克募如数。

三、戚继光曾在蓟镇练兵

南兵在沿海抗倭的功绩，引起朝廷的关注。谭纶、戚继光在南方抗倭取得全胜，时称"谭戚"。吴时来上疏请启用谭纶、戚继光，调南兵至北方抗虏。大学士张居正支持启用"谭戚"，谭纶请求调集浙兵即南兵三千，让戚继光训练。

《明史》戚继光传记载：

> 隆庆初，给事中吴时来以蓟门多警，请召大猷、继光专训边卒。部议独用继光，乃召为神机营副将。会谭纶督师辽、蓟，乃集步兵三万，征浙兵三千，请专属继光训练。帝可之。

隆庆二年五月，穆宗命戚继光任都督同知（军区副司令），负责蓟州、昌平、保定三镇的练兵事，总兵官以下都受戚继光节制。到蓟镇后，戚继光发现练兵有很多问题，他向朝廷报告：

一是原有七营军士不训练军事，而爱好一些细末技巧——不务正业，军营健壮士卒都被领兵将军置于家里作劳役，留在兵营的均是老弱兵员。

二是边塞逶迤数千里，缺少传递军情的营垒。参将、游击每天络绎不绝接待客人，边防哨所的传舍（驿站一类的机构）简直成为招待所。

三是敌人临近，军力无法调遣。一遇警，由远地士兵赴战，早就"卒毙马僵"，而敌人则早就遁逃。

四是守塞之卒军纪约束不明，队伍不整肃。

五是临阵时，马军不用机动灵活的马战，反用步行。

六是将领把精壮的兵卒招至家中料理家务，军士成为家奴，军心离散。

七是守塞的兵力不分轻重缓急，到处设防，兵力分散。

戚继光把以上问题称作"七害"，不解决这些问题，边防就不能休整巩固。

戚继光对练兵的现状分析：选将不当，军令不足服士卒心，火器不会用，当地士卒不练，其他镇调入的士卒无纪律。戚继光指出，即便军士超四万，人心不齐则军队难用。

练兵方法也不对，一营之卒多是炮手，而兵法要求各类兵器应相互迭用，短长相救；士卒专用一艺，不用金鼓、旗帜，明军的弓矢不敌于寇，教练的方法美观而不实用。将领的事权分散，诸将都在观望。根据戚继光的意见，朝廷召回原总兵郭琥而专任继光。戚继光任总兵官，镇守蓟州、永平、山海诸处。但朝廷不允许调浙兵。

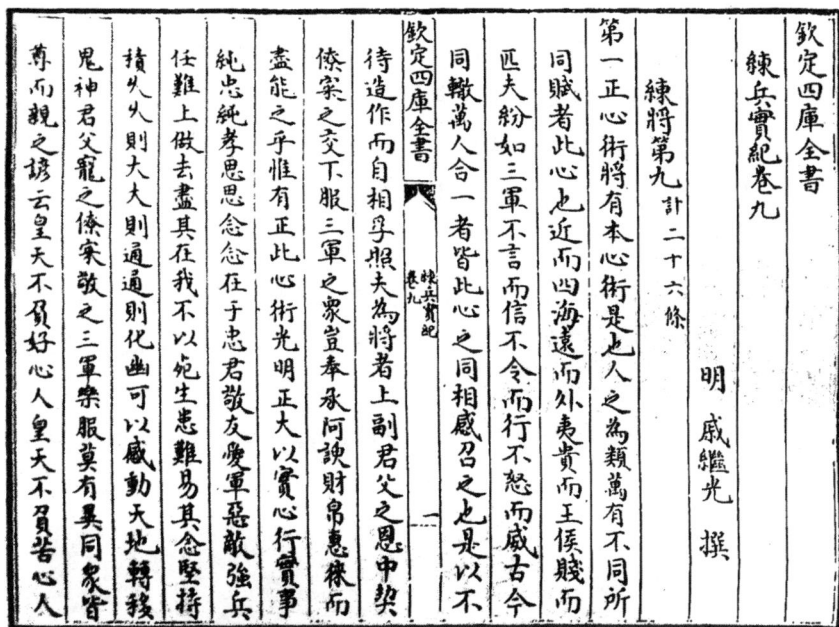

《练兵实纪》是由李超等部将记录的

经张居正、谭纶的努力，最终调三千南兵为北兵作示范。戚继光传记载：

> 自嘉靖以来，边墙虽修，墩台未建。继光巡行塞上，议建敌台。

略言："蓟镇边垣，延袤二千里，一瑕则百坚皆瑕。比来岁修岁圮，徒费无益。请跨墙为台，睥睨四达。台高五丈，虚中为三

层，台宿百人，铠仗糗粮具备。令戍卒画地受工，先建千
二百座。然边卒木强，律以军法将不堪，请募浙人为一
军，用倡勇敢。"督抚上其议，许之。浙兵三千至，陈郊
外。天大雨，自朝至日昃，植立不动。边军大骇，自是始
知军令。

胡守仁、李超与三千浙兵在雨中站立，个个湿透，戚继光挥动
令旗，浙兵变换阵形，军容严整。军纪严明，方能攻无不克。

五年秋，台功成。精坚雄壮，二千里声势联接。诏予
世荫，赉银币。继光乃议立车营。车一辆用四人推挽，战
则结方阵，而马步军处其中。又制拒马器，体轻便利，遏
寇骑冲突。……蓟门军容遂为诸边冠。

蓟镇长城墩台即南兵所修，墩台参考了台州府城、桃渚所城的
样式。戚继光终究依靠南兵建设、守卫长城，后南兵及其家属留居
在长城下。
戚继光撰《练兵实纪》，大部分是李超等根据戚继光的口述记
录的。

台州府城

四、张居正给谭纶的私密信件

隆庆年间，北边安定，在于执政的张居正决策、用人正确。张居正用人不疑，对戚继光绝对信任，解除其一切障碍，就如浙江总督胡宗宪一心一意任用戚继光。当戚继光提出练习新兵，胡宗宪二话不说，立即答应。戚继光提出"久任责成"，胡宗宪让戚继光一心一意对付倭寇，部下进谗言诬陷戚继光，立遭胡宗宪怒斥。

张居正对戚继光的重用，引起朝廷疑忌和北方边将的妒忌，于是张居正去世不久，戚继光就被排挤，原因是张居正对戚继光过于信任，引起他人妒忌。

张居正与谭纶关系密切，下信是张居正回复谭纶的。张居正是首辅，十分关注边境安危，他回答谭纶的问题，并与之商量解决办法。此信私密，张居正没有让秘书代笔。信约写于隆庆二年上半年。

> 戚帅以总理改总兵，诚为贬损，缘渠当仆以书相问之时，不急以此意告我，而本兵又仓卒题复，故处之未尽其宜。然及今尚可为也，望公于议疏中委曲为言。不但体面降，抑为下所轻，且督抚摽兵皆欲付之训练，若不兼总理何以行？便乞特致一书于阁中二公及虞坡、思斋，仆得从中赞之，更易为力也。倘得如意，当于敕书中增之，其关防当改铸矣。

> ——《又与蓟辽总督谭二华》

张居正说自己没有考虑到戚继光任职的官职升降，他解释说，自己问过戚继光，戚继光没有把自己的意愿坦露出。而兵部仓促回复，没有任命戚继光原总理的职位。任命书确实不妥，但可挽回，他叫谭纶向其他二位内阁大臣先通报，让他们提出，他作为首辅就自然可拍板。适当时，发文重新任命，官印改铸。

张居正还说，戚继光如不兼总理，如何指挥总督、巡抚以下的官兵。"总理"是居经略以下的一线军事主官。在朝鲜战场，杨镐、万世德任经理，仅次于经略邢玠。

　　昨议增筑敌台，实设险守要之长策，本兵即拟覆行。但据大疏，谓一台须五十人守之，则千台当五万人矣。不知此五万人者，即以摆守者聚而守之乎？抑别有增益乎？聚则乘垣者无人，增则见兵止有此数，不知又当何处也？守台亦须五十人，然此制诚为狭小，又四面周广才一丈二尺，虽是收顶之式，度其根脚，当亦不过倍此数耳。以五十人周旋于内。一切守御之具与士卒衣粮薪水之类，充牣其中，无乃太狭乎。便中仍望见教，万万。

　　张居正向谭纶询问筑台戍守的事情。他对不明白的事提出质疑：一是兵员的数量，二是敌台的大小似乎太小——张居正是认真对待国防事情的。

　　山东民兵徒有征戍之劳，而无战守之益，若折解工食银两，则一岁中即可得十余万，以此十余万之赀，召募土著精壮之人，便可得胜兵五六千，比之千里遣戍，功相万矣。仆久怀此意，未有以发，公熟计其便，再疏言之何如？凡仆所白皆密要语，故不敢令人代书，极知草草。

　　张居正委托谭纶上奏自己不方便讲的话——由下属出面，一旦不符合皇帝意图，有转圜余地。他要求谭纶上疏：外地迁戍兵士费用大，不如以此费用直接在边境招兵买马。此系个人私密信件，他嘱咐谭纶不可泄密。谭纶自任台州知府积极抗倭，经历浙江、福建诸地，当时称"谭戚"。四百多年后清末戊戌变法，慷慨就义的谭嗣同是谭纶的后裔。

　　张居正当政期间，北方名将仅两人：戚继光、李成梁。李成梁以战功知名，戚继光以安边闻名。张居正赏识戚继光，为让戚发挥才能，毫不犹豫撤销巡抚一职，减少边将的掣肘。上信中，张居正完全站在戚继光的立场看问题，真心解决戚继光的职位——关系将令贯彻与否——军权不重则难以制约诸将。

张居正实践了信中的承诺，让戚继光任总理。隆庆二年（1568）二月戚继光任神机营副将，五月即任总理蓟、昌、保练兵事务，在蓟镇统一管辖三镇军务，节制三镇的职权如同总督。三年正月，破例以戚继光为总理，兼任蓟镇总兵，镇守蓟州、永平、山海关。

谭纶于隆庆二年（1568）三月任蓟辽总督，成为戚的后盾。四年十月谭纶为兵部左侍郎，协理京营军政，六年七月任兵部尚书。张居正把北方军事交给谭、戚，边境从此安定。

张居正全力支持戚继光，没有考虑北兵的感受，北兵认为自己是后娘养的，不受重视，于是对南兵抱怨气。南北兵不相能（不和睦），是历史原因造成的。张居正一旦去世，戚继光失去依靠，立即离职。

壬辰倭乱中，围攻平壤一役，南兵首先冲上城头，北兵斩首最多，于是互不服气。季金领南兵入驻蓟镇，宋应昌提出南北兵不同待遇，奏疏称："南兵月饷照例一两五钱，北兵比照天津事例月饷一两。"南兵待遇高，加剧了南北矛盾。不要小看一两五钱银子，当时足以养家糊口。大学士王锡爵的母亲赴京途中，亲眼看到灾民忍痛将子女以半两至七分银子卖掉，王母为此而痛心。

北兵对南兵抱有歧见，为蓟镇总兵镇压南兵埋下了伏笔。

五、朝廷决意调集南兵

壬辰倭乱初，宋应昌提出蓟镇防务计划，招募南兵，在登莱建船舶，设抚顺港口等。当时防倭形势严峻，辽宁、山东紧邻朝鲜半岛，倭寇入侵的威胁时刻存在，北方原以防虏为主，此时，宋应昌提出"守海急于守边"，新增一位游击将军专门防海，招募防海兵，防御倭寇从海上的突袭，防海兵即驻蓟镇。

《明神宗实录》记载了调遣南兵的朝议结论，大臣倾向招募南兵。隆庆年间，戚继光稳定了蓟镇的军事形势，给朝臣留下了深刻印象。季金步戚继光的后尘来到蓟镇。

对南兵的军事能力，朝臣没有异议。对是否要调遣南兵，如何调遣，选兵还是选将，调兵数量多少，朝臣的意见很不一致。

是否要出兵朝鲜？大学士王锡爵持反对态度，他从国力、民众经济承受能力分析，出兵朝鲜对明朝压力太大，他赞成出兵到边境，以武力威胁日本，只要不侵犯明朝就可以了。他建议朝廷，应鼓励朝鲜君臣如越国的勾践卧薪尝胆，自己图强复国。对调遣南兵到北方重镇蓟镇，他也持反对态度。

王锡爵的态度，代表了相当一部分朝廷官员的观点（《答魏见泉论东事》）。反对理由有两点。

王锡爵对支持招募南兵的官员说，你们只考虑到天津、蓟州、辽东的安全，殊不知淮海地区也应当担忧。如同咽喉与双臂，你能偏重一方吗？（但急于天津辽蓟，而不知淮海之更可虞也。此肩臂、咽喉之分也。）

南部沿海倭寇到处可入侵，防备地方广，调集南兵，南方防务谁负责？且南兵习水战，远调北方进行陆战并不合适。（闽广浙直处处通海，师多习舟，岂宜远调，责使陆战。）

还有的朝臣提出的建议是，只调遣南方的将领，让南方将领训练北方的士兵，戚继光在蓟镇练兵的时候，仅调遣三千南兵，多数是北兵。

朝廷讨论的结果体现在出兵数量上，宋应昌提议调集浙兵六千，被调减至三千。

总之，季金领南兵驻防蓟镇了，这是壬辰倭乱之初由宋应昌提议的。

不幸的是，历史上南北兵互不相能的仇隙，被贪婪的总兵所利用，万历二十三年蓟镇总兵王保血腥镇压了南兵，朝廷听信了谗言，将南兵遣散回南方。季金为南兵呼冤，朝廷加派游击将军护送南兵。

六、南兵哗变了吗？

《明神宗实录》卷二百九十，记载了朝廷加派陈云鸿与季金将军共同押送防海兵，回南方原籍。朝廷的命令十分严厉，如果不听命，就以军法从事。原文如下：

　　万历二十三年十月乙丑，加京营佐击陈云鸿游击职衔，与原任
游击季金统押防海南兵，发回原籍，有不听命者以军法从事。

　　南兵被遣散，起因在南兵哗变。《明神宗实录》揭示了所谓南兵哗变的
真相。朝廷大臣揭露蓟镇总兵王保杀戮南兵的残暴行径，王保一手炮制出所
谓"南兵哗变"。

　　1. 哗变的导火索是南兵"要赏"。军队赏罚不公，历代都有。"要赏"就
是南兵士卒向总兵王保提要求："我们南兵为什么没有赏金？"王保故意挑
起矛盾，仅发北兵赏金，不给南兵，看你如何？而巡海的南军士卒，面临待
遇不公必然不满。王保威胁南兵，引起南兵强烈不满，从而南兵结聚——聚
会抗议。南兵鼓噪聚会的原因，就是王保克扣军饷、赏罚不公。王保镇压南
兵目的在于掩盖贪污丑行，军官克扣军饷自古就有，朝廷的赏金，不会只给
北兵，肯定有南兵的份，王保独吞赏金，南兵如何会不激愤？

　　2. 王保的阴谋及步骤。一是到处宣扬：南兵在集聚预备谋反，为镇压行
动定调子。二是扬言要杀南兵，让南兵急愤而骚动。三是一手导演抢掠，事
变前夜让亲信部下乘势抢掳，恣意抢掠商家，以嫁祸南兵，为大开杀戒制造
借口——计谋十分卑鄙。事后，有朝臣就认为南兵"本无逆谋"。

　　3. 杀戮南兵。南兵本没有动乱，没有抢劫，当他们还不明就里时，王保
向南兵挥起了屠刀。次日王保命令南兵交出武器，南兵乖乖听从命令进入校
场，王保竟大开杀戒，命令手下大肆屠戮。发泄淫威后，王保继续点名杀南
兵。可以设想，如果南兵在前晚去抢劫商铺，犯下大罪，还敢放下武器吗？
以下情节更让明南兵的无辜，王保对南兵"乱斫"，竟没有反抗，王保命令
南兵"分队过堂，按籍点名，随点随斩"。南兵简直就是任人宰割的羔羊，
哪有一点暴徒的样子？

　　4. 王保杀戮南兵部下，比白起、项羽更残暴。朝臣评论"滥杀之惨，何
可胜言"，"虽长平、新安之杀降坑卒，未为过之"。长平是秦军杀赵军的降
卒，新安是项羽坑杀秦军的降卒，均有数十万降卒被杀，二者都是历史上被
人诟病的杀降事件。南兵并非降卒，是王保的部下，王保杀害无辜的南兵，
他比白起、项羽更加残暴。

　　5.《明神宗实录》没有忘记警告此事的教训，即长官贪污腐化是导致士

兵闹事的根本原因。所谓南兵哗变，其实是王保为掩盖贪污而蓄意制造的冤案，兵科都给事吴文梓等要求朝廷严行查勘。

> 言南兵以要赏结聚，本无逆谋。及总兵王保令各纳军器，赴教场听处分，南兵已唯唯听命，及甫入教场，而王保挥兵乱斫，死者无数。乱斫之后，令分队过堂，按籍点名，随点随斩。虽长平、新安之杀降坑卒，未为过之。且传言杀南兵之夜，官军乘势劫掠抢掳，恣淫被害诸商，确有的证。滥杀之惨，何可胜言。因请亟选风力科道一人往蓟镇，从公详勘。兵科都给事吴文梓等亦乞敕兵部，转行按关二臣，严行查勘。

王保的阴谋终于得逞——南兵被驱赶。阴谋得逞的原因是：

一是王保教训南兵，杀南兵，不会激起北兵愤怒，同时可教训部下——不要无视总兵的权威，杀南兵是杀鸡给猴看。

二是北兵与南兵的历史性矛盾，被王保所利用。蓟镇练兵起于戚继光，戚继光以南兵教育北兵如何操练军事，对北兵自尊心有损伤，北兵感到羞耻。宋应昌招募南兵时，对南兵施以特殊待遇，让北兵愤愤不满。王保则对南兵责问赏金一事而恼羞成怒，他想借屠杀南兵而立威。处置南兵，北兵不会出面，尽管南兵、北兵没有根本的利益冲突。

三是昏庸的朝廷及朝臣袒护王保。朝政衰败，朝臣腐化，巡关御史马文卿极力声言"南兵之大逆有十"，把王保蓄意制造的事件，称作王保预先看到逆谋，是有功的举动。兵部据马文卿的意思回复朝廷，称"各兵逆状已著，当阵擒斩有数"，即把南兵造反的罪状坐实，并称是在现场镇压的——简直颠倒黑白。让南兵进入校场后大屠杀，这是当阵吗？"按籍点名，随点随斩"是当阵的吗？南兵"本无逆谋"，而马文卿武断称南兵造反，他不是受贿，就是昏庸。兵部后对季金有隙，不让季光浙荫职都指挥使，降级任都指挥佥事，是因为季金在案件处理中反映真相，得罪了兵部老爷。

四是草率定案。贪官、昏官草菅人命，皇帝随意下旨。兵部报告皇帝："实乞赐独断，免行勘复，首恶到京即速行枭示，以正典刑。"意思是南兵的确造反，让皇帝自己决定，不必再调查，把首恶的杀头了事。于是草草了结此案。

季金被指派遣散哗变的南兵，朝廷另派人协助的原因。

季金是南兵游击将军，深得军心，这从浙直水师在韩国保宁鳌川的驻军情况就可知晓。季金与哗变南兵没有矛盾，否则他也无法带兵——闹事兵士首先杀戮虐待自己的将领，只有仁慈的将军才可以对话。季金肯定为南兵说话，讲述事由原因，反映事件经过，但朝廷另一种声音掩盖了南兵的声音，南兵终究被当作哗变处理——遣散回乡。

季金肯定汇报说，士兵认为冤枉而不服。既然不服，就加派游击将军从事遣散，于是朝廷有了圣旨：新派陈云鸿为游击将军，与原任游击季金统押防海南兵，发回原籍。

《明神宗实录》卷二百九十一，记载的内容已经隐含了南兵哗变的玄机：

> 十一月己巳，……时防海南兵鼓噪，既已命将押回，兵科给事中吴文梓等复恐首恶未必正法，撤留未必宜合，欲敕兵部严饬该镇将，解京首恶务得真正主谋，回南各兵官军加意防范，俱毋苟且容纵，兵部覆请报可。御史马经纶复言：南兵屡噪乃蓟镇痼疾，然向来鼓噪止挟众要恩，今则渐成逆乱，若复过为姑息，不行尽数驱逐，贻患必深。

上节所说"鼓噪止挟众要恩"，就是南兵哗乱一事。"渐成逆乱"是捏造的罪名。南兵"尽数驱逐"成为现实，诏书下达，季金已送南兵回去了。

在南兵遣散后，御史马经纶针对哗变事件，提出五条防范建议，均为针对军队弊病而制定。"以杜科索"，"南兵免科索之害"，明写了南兵被敲诈勒索。下级军官"辛苦数倍，乃有罪辄入刑章，有功不登荐版"，这是赏罚不明。"索贿滥收而致偾事"，即军队索贿而坏事。军心不稳，谁来干事？于是"缓工颓圯"败坏长城。军官一意对上拍马屁，而疏于防备。这些都是向朝廷提出的警告：

一裁冗将，以杜科索。蓟镇三协各设南兵营游击一员，统南兵三千操备，今兵皆发守边台。宜即本协路将官领之，而革其游击并中军、把总等官，则南兵免科索之害，而国家省冗滥之费矣。

一荐台官，以示鼓舞。台烽千把总，视随营官辛苦数倍，乃有罪辄入刑章，有功不登荐版，即有勇略出群之士，无由自效，宜确访其谋勇特异者破格举荐一二，以备擢用。

一选壮军，以重台烽。将官不得以索贿滥收而致偾事。

一茸台墙，以严守御。路将不得以缓工颓圮而弃金汤。

一宽参罚，以明侦探。守提不得以专意援取而疏虏防。

南兵守台是戚继光留下的义乌兵，他们已把城墙台当作了家，这个地方的守卫是北兵替代不了的。至今，在蓟镇附近留下 158 个自然村落均为南兵的后代，他们每年均祭祀祖先，也祭祀其先祖的统帅戚继光。

兵部覆请第以南兵守台，北兵备操。缘南兵以台为家，堪资瞭望，故台兵有缺仍以南兵补之，如欲汰其老弱，以操兵之精壮者补之，恐南北相杂易以推诿，仍应旧便。上如部议。

朝廷的议事官给事中毛一公，他提的问题令人深思，南兵撤后，要练土著——即用当地人，但毛一公强调"须用廉将，当重惩贪污者"以振军心。遣散南兵后，特意说这些话，应是相当羞臊那些兵部老爷的——底下的意思很清楚：正是王保一类贪官造成了南兵哗变。事件尽管用暴力镇压了，如果不改贪污本性，事件还会继续发生的。

> 工科给事中毛一公言，南兵既撤，不须更募，当急练土著以代
> 之，而练土著须用廉将，当重惩贪污者以振之，兵部覆报可。

《明神宗实录》卷之三百一，记述了处理南兵哗变事件，奖赏有功人员
情况。季金也被列入名单，这是因为安定军心，防止事件扩大，季金肯定尽
了大力。昏庸的朝廷颠倒黑白，表彰了刽子手王保等人。

> 万历二十四年闰八月壬辰，……兵部题乱兵平定等事。上命
> 给赏，蓟辽总督孙矿大红飞鱼一袭、银五十两，俟辽东捷功并叙；
> 顺天巡抚李颐升兵部右侍郎，照旧巡抚，赏纻丝二表里、银四十
> 两；总兵王保升实授都督同知，荫一子，试百户不世袭，仍赏银三
> 十两；其余副总兵陈霞、李如樟，游击陈云鸿、季金，参将管一
> 方、方时辉，游击王必迪、兵备方应选、郎中李开芳各升职，赏银
> 有差。

也是明朝气数已尽，军队贪腐屡见不鲜。低级军官向上级送礼成风，如
刘綖曾因送礼，被廉洁的御史告发而免职。高层靠贿赂而加官进爵，杨镐贿
赂大学士张位而任经理，在邢玠一人之下，十万人之上。杨镐无能，败坏军
事，神宗曾当面责问张位。这样一个无能之辈，下台后又奇迹般上台，在抗
后金的战场四路丧败，为明朝开辟灭亡之路，他的起家无非是向首辅行贿。
万历二十七年六月，明军返师入关，刘綖已久入关，"川中土汉等兵营聚通
州，日夜击斗纷扰"——川兵闹事，原因：上司克扣。皇帝下旨"严催速
来，随营宣谕，督率前发，如营官果有扣克，宜从公处分，……毋得逗留观
望"。皇帝还说："川兵留聚纷扰，其素无纪律可知。……中间如有扣克、要
挟等情，小则随宜处置，大则军法从事。"

上层贪污腐化堕落，下面军纪松懈闹事——这就是明朝军队的现实。

第六章 季金入朝

万历二十五年（1597），中日议和失败，日军大规模入侵朝鲜，战争再起，是年为农历丁酉年，史称丁酉再乱。经略邢玠"以朝鲜兵惟闲水战"，再次提出调遣水军。上半年，首批水军——浙直水师赴朝，领军的是季金。朝廷终于认识到水军的重要性，决意派水师入朝。自季金率浙直水师入朝，主力水师时隔了近一年才到朝鲜。

一、议和失败

丁酉再乱前夕，朝廷备战声音强烈——连一贯主张议和的沈惟敬也看到形势不妙，建议备战。宽奠副总兵马栋报，加藤清正拥二百艘屯驻在机张营。皇帝大怒，命逮石星、沈惟敬审问。沈惟敬私下与小西行长交通，私送所谓朝廷的礼物，原使节李宗城因贪淫失职而被免职。

《明史·朝鲜传》记述了日本关白丰臣秀吉不满朝鲜贡品微薄的记述，而未及第一天秀吉刚接到诏书时的高兴劲。丰臣秀吉关心的封贡市各项条款，明廷没有应允。第二天他拿朝鲜来撒气，明确表示：日军还在釜山等候。

《朝鲜传》载：

> 二十四年九月，封使至日本。沈惟敬抵釜山，私奉秀吉蟒玉、翼善冠、地图、武经、良马。李宗城以贪淫为倭守臣所逐，弃玺书

　　夜遁。（略）以方亨充正使（略）及是奉册至，关白怒朝
鲜王子不来谢，止遣二使奉白土绸为贺，拒其使不见，语
惟敬曰："若不思二子、三大臣、三都、八道悉遵天朝约
付还，今以卑官、微物来贺，辱小邦邪？辱天朝邪？且留
石曼子兵于彼，候天朝处分，然后撤还。

　　翌日，日本遣使奉献贡品，赍送两道表文，随明朝的册封使渡
海至朝鲜。明朝廷议遣使去朝鲜，取表文查验，其一道表文是谢恩
的，一道表文乞求明朝皇帝处分朝鲜——因为朝鲜轻视日本，导致
日本不高兴，战争无法避免——完全是一副无赖的嘴脸。

　　杨方亨当初上报称，丰臣秀吉于大阪受封，日军就回和泉州。
此刻，借口朝鲜礼物薄、使节官位卑，看不起日本，日本要留兵在
釜山。明朝封国王爵号，秀吉没有答谢表文，使节空手而回，议和
失败。

　　议和失败，皇帝怪罪，正使杨方亨汇报了赴日册封丰臣秀吉的
经过。

　　1. 万历二十三年（1595）十二月前，杨方亨是副使，一切听
凭正使安排。从北京至汉城，沈惟敬屡次派中军请杨方亨说："一
入釜山，倭即撤还。"催杨方亨快去，以带动正使李宗城。杨方
亨从密阳出发至釜山，未几，李宗城也到釜山，日本人对使节很
客气。

　　2. 二十四年（1596）正月，沈惟敬忽然提出预行教礼，撇开
正使李宗城，独自与小西行长渡海往日本本岛。沈惟敬住南戈崖，
小西行长往见关白，二三月间音信杳然。其间，李宗城与谢隆争
道，被谢隆追杀，丢失诏书，杨方亨说李宗城"被谢隆之惑，蓦然
潜出"。杨方亨禀报兵部"倭情狡诈"，请兵部查勘，决定封事继续
与否。石星称文臣在阻扰封事，不必调查。副使杨方亨改任正使，
沈惟敬任副使。

　　3. 和谈条件随意变更。原议让日本人撤出釜山"一倭不留"，
然后封秀吉为国王。过后，兵部有札子（文件）称"釜山倭户务安

插得所"，即留在釜山的日本人要安排得当，言下之意：日本人可以继续留在釜山。

4. 拖延时间是兵部造成的。兵部以等候"钦补物件"为由，让杨方亨等待，并由小西行长通知他住对马岛或南戈崖，杨方亨六月十五日渡海，3个月后的闰八月十五日"钦补诸物"才到。日方的接待让明朝使节感到满意，旅舍设施是新的，供给很充足。八月初四日，至和泉州，秀吉差倭将迎接慰问送礼。

5. 丰臣秀吉于大阪受封，先喜后悔。九月初二日丰臣秀吉受封。沈惟敬先教过礼节，丰臣秀吉"行五拜三叩头礼，呼万岁"。第二天，秀吉到使节的寓所说"谢恩礼物俱被地震损伤"，即回礼的礼品被地震毁坏了。其实是秀吉变卦了，他不满意没有"贡市"条款。

6. 丰臣秀吉催明使节回去，石星则以完成议和仪式为目的。九月初四日，丰臣秀吉就催杨方亨回去，说"渡海不便"，并责备朝鲜礼节太薄。杨方亨汇报："倭奴狡诈百端，志在蚕食"，石星让使节"谢表完事"。杨方亨认为关键是退军，日军仍驻釜山，有谢表也没有用，并说日本表文没有写万历年号，是对朝廷的不恭。兵部辩解说，日本与琉球、朝鲜不同，没有颁发过历书。日本的谢表没有写万历年号是事出有因，不能责怪日本。

7. 使节杨方亨与石星相互攻讦，推卸责任。杨方亨上交石星"本兵密书十三纸"，让其"苟完封事"，不要让督抚破坏。石星让沈惟敬买猩猩毡、天鹅绒，诡称日本国王秀吉所送，连小事也欺罔皇上。石星则称杨方亨是反复小人，拿出杨方亨的十五封密信，称孙矿（或鑛）行贿加藤清正，让其入犯，以破坏和议。杨方亨否认自己检举孙矿勾结日将，验对密信不是杨的字迹。

8. 石星被朝廷免职。朝廷认定石星一心求和息兵，轻听误国，革职等候发落。加藤清正复来，不是总督孙矿所致，但杜门逃避"恐失事机"，孙矿被革职。

石星检举孙矿与加藤清正勾结，有人责问石星，孙矿对石星（枢臣）有何仇？为何要把破坏和议责任推给孙矿。石星说孙矿写信让加藤清正犯境以破坏和议，理由牵强。石星行贿数万，不能让小西行长退兵；孙矿仅用四纸（信）就招徕加藤清正？孙矿与倭寇对阵，怎能招敌？战斗一旦失利，督臣孙矿是要负责任的。石星行贿让倭寇退兵，孙矿身为前线督臣让加藤清正犯境——再笨的人也不会干。

> 夫督臣何德于清正，何仇于枢臣？枢臣挟数万之贿不能使行长去，督臣以四币之力何能使清正来？试问石星：倭而入寇，督臣与之战耶，枢臣与之战耶？战如失利罪，坐枢臣罪耶，坐督臣耶？盖督臣职专节钺，身在利害之中；枢臣责止运筹，身在利害之外。人情孰不趋利而避害，彼坐观者贿倭使去，乃当事者复诱使来？矿虽至愚必不其然。

朝臣分析，石星是被敌人玩弄了，因为"清正主战，行长主款"，二人表面不同，暗中相通，把石星玩弄于股掌。石星被小西行长出卖，反诬总督与清正私通，是落入圈套而不知。御史陈遇文奏，"孙矿果有四币遗清正以坏封事"，石星当时为什么不举报？

沈惟敬与日西路军小西行长有过默契，愿意讲和，他们撇开朝鲜，不考虑朝鲜君臣的感受，朝鲜君臣对沈惟敬切齿痛恨。朝鲜想依靠宗主国明朝的力量赶走日寇，而不希望拿国家主权作交易。

二、朝议调浙直水师入朝

二十五年（1597）一月丁酉，日本施反间计，李舜臣被诬，革职下狱。

二月，朝廷再议东征。朝鲜称丁酉再乱。日本加藤清正的战船驻扎机张营，已预备进攻了。杨方亨吐露议和本末，把责任推给沈惟敬，兵部尚书石星写给使节的手书也呈上皇帝。神宗大怒，"命逮石星、惟敬按问"，石星、沈惟敬对议和失败负责。

内阁张位请任命邢玠为朝鲜经略，并说"东方兵寄无逾邢玠"，负责朝鲜军事没有比邢玠更加合适的人选了。邢玠由兵部左侍郎（国防部副部长）升任尚书（国防部部长），总督蓟辽保定军务兼理粮饷，经略御倭——防御倭寇的前线总司令。

二十五年二月，朝廷商议浙直水师入朝等事宜。壬辰倭乱初，督臣孙矿所征官兵只有一万九千余，比前经略宋应昌的兵马不及三分之一。朝廷商议遣兵调将，浙直水师被重点提及，有的朝臣认为，部分南兵也是市井少年，没有打仗锻炼过，还是请南将教练北兵，北兵的体力好。但浙江抗倭的兵器、用具都经过实战，必须带上。朝廷商议在开城、平壤建立巩固基地，开通海道——通登莱入辽的海路，从登莱到抚顺就可连接。

> 言者欲转浙直舟师从海入辽，北海风高少山屿，无栖泊所，不若从内地至登莱，驾登莱之舟以入辽，此安稳之计。又今言兵者动称南兵，南兵非经战之士，尽市井少年耳，体力不能过北人，独其击刺之法与器械之利，本为制倭设者，不可不循仿，而用彼方老将犹能言之。臣等以为，招南兵不如求南将，教练甚易，与所募南兵参而用之，此亦长久之计也。

此后，季金入朝的线路就是：登莱——抚顺。

大学士张位、沈一贯奏陈朝鲜的战事，朝鲜要自固，先择要害适中处立下根基，就是开城、平壤这二处开府立镇，西接鸭绿、旅顺，东援王京（汉城）、鸟岭。使进可以战，退可以守，始为万全之计。

> （略）既定此策，即当通登莱入辽之海路，从此转饷以资军兴，渡军以讲水战，使往来之人不疲于陆，且令二镇联络可以相援，又可以通朝鲜之黄城岛，跻釜山而窥对马，此为长策，当急行者也。

三月，兵部奏报，日加藤清正欲移驻庆州，请命令吴惟忠、杨元各领兵前往朝鲜扼险守卫，相机战守，催总兵麻贵兼程前进。张位极力推荐经理朝鲜金都御史杨镐，吹捧他"才兼文武，精敏沉毅，一时无出其右，请亟赐点用"。但后来杨镐的表现实在太差。

兵部左侍郎（副部长）李桢上奏经理朝鲜的事宜，建议筑城，繁重劳役成为朝鲜百姓的沉重负担。

平壤、王京、釜山三处乃朝鲜要地，必城池高深可恃无恐，各宜修建大城，（略）建城控险，联络屯聚，诚为保属长策，（略）仍行朝鲜国王速为计处，并申谕该国臣民，俾知朝廷悯彼陷溺，代为经营，务各争先劝工，克期竣事，以振积衰之势。

朝鲜国王李昖上疏求援，称倭寇不撤兵是借口，请求明朝抓紧发兵。

言倭贼不撤余众，要遣陪臣，既非天朝原约，及陪臣随册使前去，又以官卑不纳，盖欲借此为辞开衅动兵耳。（略）乞速发南兵数千为声援，随调大军运粮饷水陆夹剿。

为了长驻朝鲜，减少军粮物资运输及财力，朝臣建议屯田，皇帝同意，但是朝鲜推托不便，只得别议。兵部"请行朝鲜国王同司道官详议具奏"，神宗对大臣说：

设官经理朝鲜，原为保全属国，（略）待彼力能自立，官兵即当撤还天朝，不利一民一土。督抚官传示国王，俾知朕意，作速计议奏报，以图自全。

神宗让朝鲜决定是否让明军屯田。朝鲜担心中国吞并，上疏称：汉城、开城、平壤都残破了，汉城也荆棘未除，开城、平壤不足固往。同时说，日军的粮道在对马、釜山间海洋，应当在庆尚的要害处设险，屯积兵饷，以轻兵相机攻剿，在陆地挫败倭寇之势，用利舰、锐卒出没于海上，从背后袭击日军。如需屯田也应到南方去，（若屯田，则土地峣山甬，终不如南方）那里是前线。而明军在南方没有驻军，于是屯田一事不再提及。

川兵入朝后，朝廷一度命令王士琦督促屯兵，皇帝要求"该道地方便宜行事"，择地垦地屯田，督促军兵"设法布种"，充足军饷，"年终核查收获的数题报，以便酌减内运"，减少军粮运输。目的明确："屯政大修，兵食裨益。"尽管圣旨没有执行，却反映当时的史实（《章安王氏宗谱》）。

> 万历二十六年七月十四日敕令
> 敕山东布政使司右参政王士琦
> 　　近该督理饷臣酌议，要将东征将士分种屯田，以便持久。该部议复相应，今特命尔不妨监督朝鲜全罗道兵马专责。仍查照近题事理，屯务在于该道地方便宜行事，相择可垦地土，督率南北军兵设法布种，以克本道之饷，年终核查收获的数题报，以便酌减内运。仍广开事例，有能获垦助饷，以次拜官。至于犯罪人员除遇不赦宥及人命强盗外，俱得以屯获赦免，果有成绩破格优叙。
> 　　尔受兹委任，须持廉秉公，悉心殚力，务使屯政大修，兵食裨益，斯称任使。如或虚文塞责，法不容贷，尔其慎之。故敕。

三、经略邢玠的调兵计划

五月，邢玠至辽。倭寇已作长期驻军准备，"行长建楼，清正布种，岛倭窖水，索朝鲜地图"。邢玠决意用兵。而前锋将领麻贵自鸭绿江出发，统兵仅一万七千人，急切请求增加援兵。

邢玠注意到水军的作用，提出让水师急速入朝。邢玠认为"朝鲜兵惟娴水战，乃疏请募兵川、浙，并调……福建、吴淞水师……"，邢玠还提到四川狼土兵及老部下刘綎、王士琦。邢玠认为，宋应昌入朝时，领兵七万多，现在倭寇有十余万，前总督孙矿仅调不足三万兵力，另行招募，则乌合之众难以训练。于是，邢玠想选调一万狼土兵，刘綎、王士琦二人就是邢玠点名要求调来朝鲜的，王士琦时为川东副使。

> 往岁救援朝鲜，经略宋应昌督兵七万有奇，今倭兵不下十余万，而前督臣抽调各兵总计不及三万，欲再行召募，恐乌合之众教习为难，事定之后，解散不易。议选调川东施州卫八司酉阳石砫土司邑梅、平茶二长官，司湖广永顺保靖土司兵一万名，不足再于叙

> 马泸道属土司土妇奢世续下选补，分为三营，令参游吴文杰等三员各领一枝，而以临洮大将刘继统之，以川东副使王士琦监之。

后来，邢玠减少了川湖土兵的选调数量，仅选六千人，他最终对狼土兵有些不放心——"川夷叛服靡常"——有时服从朝廷，说不定又会叛乱。带队的王士琦等被任命新职。

> 但查川夷叛服靡常，应量选六千名。得旨，刘继以原官充提督土汉官兵御倭总兵官，王士琦加参政监军将官。

邢玠上疏陈述倭情，对倭乱初仓促议和、退兵提出批评，以前撤走了川兵、南兵，致使战争重起时措手不及。他建议调集南兵，认为朝鲜的地形适宜于招募南兵，合计招募南北兵万人，让南将训练新兵。

> 严整兵粮为三年计，万不可希侥幸、图节省（略）先年议撤川兵、南兵，致今日仓皇无措也。至所调边兵皆骑兵，而朝鲜之地利于步不利于骑，步兵惟南人可用，宜南北兼募，（略）召北兵之有武艺者各二千，共足万人，用南将总领分练。

六月，邢玠重新上疏，陈述调兵事宜，他说宋应昌东征时调兵七万余，今只有三万八千余。邢玠认为已招浙直水师三千，浙江调兵够多了，不能继续调发。邢玠说水师仅浙直水师三千人，加上朝鲜水师只有五六千，还得调集水师两千。

邢玠议调四川土司的土兵，朝廷议论不甚赞同。邢玠解释原因：土兵是土司自卫的兵员，其职能就是作战，他们以报效朝廷为荣，乐意作战立功。土兵退伍后没有安置问题，哪里来，回哪里去。有人认为土兵强悍难制，其实在于驾驭有道——看你怎么带领。邢玠还提及川兵、浙兵到朝鲜的路程相差不远。邢玠也谈到了军纪问题，"官兵东征，朝鲜苦之甚于苦倭"。明军骚扰朝鲜民众而引起反感，这在朴现圭的论文中也有表述。

> 土兵则土司所以自卫，其人以兵为业，以战为事，以立功报朝廷为荣，（略）凯旋各归其业，非若四方无籍之徒，原无归着者比。（略）谓其悍而难制，是在驭之耳。夔州水路至荆州只三四日程耳，（略）与浙兵赴辽地里亦不甚相逮也。（略）文武将吏以各兵之扰不扰为功罪，至于倭奴水陆皆有备，而我水兵止浙之三千及朝鲜水兵壹枝，共止五六千耳，须再得二千稍可……，但浙兵调发已多……。
>
> 又先年官兵东征，朝鲜苦之甚于苦倭，今已行经理镇道各官严禁部军，不许秋毫扰害，乞再颁明旨，著为军令，庶节制之师称矣。

招募狼土兵是朝廷不得已而为之的选择，因为浙江兵员不能再调了，当地海防不能没有人。邢玠指出，约束狼土兵的军纪，主要在于驾驭有道的将领，于是王士琦被选作了监军，监军的作用之一，就是监督军纪。王士琦的父亲王宗沐早就讲过狼土兵不好管理，而他的儿子偏偏就摊上此事。不仅王宗沐，戚继光早就不想用狼土兵，宁可自练新兵，于是有了戚家军。军情紧急，邢玠权衡利弊，决定调集狼土兵，他了解老部下王士琦，让王士琦监督军纪，王士琦不负厚望，出色完成了出征任务。

后来，皇帝同意邢玠的征兵计划，川兵、水兵都如数调发。并专门下旨约束军纪。

> 得旨，川兵、水兵如数调发……约束将士，不许纤毫骚扰，犯者即行斩首示众。

万历二十五年七月初八的敕令，讲清楚派遣王士琦的缘由。皇帝下旨，由王士琦做监军，专门强调了监军的职责（《章安王氏宗谱》）。

季金与王士琦肯定相识，王士琦的官阶在季金之上，他们同为台州人。

王士琦地位仅在总督、经理下，与提督、总兵平起平坐。他在刘綎出击不力的情况下，挺身而出，责罚中军以督促主官。

皇帝下达的圣旨如下：

敕四川布政使司右参政王士琦

近该蓟辽总督官题称，朝鲜釜倭势众，原议兵额不敷战守，欲调川兵以备征剿，该部议覆相应，今特命尔充监军道，监督土汉官兵，沿途及到朝鲜地方，俱要严加钤束，务令安静，秋毫无扰。如官兵不守纪律，重则会行总兵官即以军法从事，轻则行移该管将领酌量惩治。若经过地方有司，不催行户备办各兵食物，于经过处所两平易买，即会该省司道，将经承员役径自拿治，重则申呈彼处抚按参究。三营中军并各粮管等官，俱听尔节制；尔仍听蓟辽总督、经理朝鲜都御史节制。凡战守事宜，须与提督、总兵官熟议停当而行，一应粮饷严加稽察。如有将领不法等事，分别重轻，参呈总督究处。尔尤须廉以律己，恩以抚士，同心共济，无负委任，方称厥职，尔其慎之。故敕。

万历二十五年七月初八日

圣旨对约束军纪，沿途公平买卖，稽察粮饷均有明确指示。

川军真正入朝在次年七月，比浙直水师晚了一年。

二十六年（1598）三月，王士琦在领兵出川途中，其兄刑部主事王士崧卒于京师。闻讣，王士琦"痛几绝也"，他想挂冠离职，邢玠不答应。后驻防朝鲜南原。王士琦为西路军的监军，他督促刘綎出战，在《明史》中有记载。水军监军也是王士琦，在决战露梁一事上，王士琦的力争有很大作用。朝鲜国王、领议政李德馨、李舜臣均有书信致王士琦，十分尊重王士琦。朝鲜国家领导人金日成以及韩国领导人均对王士琦有较高评价。王士琦是文职官员，是属于决策阶层的。

季金则是武官，是直接决战疆场的武将。季金得到国王的多次接见，露梁海战胜利后，国王把海战的胜利归功于季金——贼之败遁，皆大人之功也。

四、浙直水师守卫汉城

万历二十五年六月，倭寇数千艘船先后渡海，分泊于釜山、加德、安骨、安窟，敌舰放丸如雨，歼朝鲜郡守安弘国。不久，倭寇又往来于竹岛，渐逼近梁山、熊川。沈惟敬率营兵二百，出入釜山。邢玠假作慰藉，命令杨元突袭捉拿沈惟敬，缚至麻贵的营地关押。《明史》称"惟敬执而倭向导始绝"——这是痴人说梦，即便沈惟敬是间谍，不见得就没有朝鲜间谍，沈惟敬哪能比朝鲜人更加熟悉朝鲜。

七月，倭寇夺取梁山、三浪，遂入庆州，侵入闲山。夜袭恭山岛，水师三道统制使元均闻风而逃，闲山失。闲山岛在朝鲜西海口，右障南原，为全罗道的外围屏障。闲山一失守，南部沿海无备，倭寇至天津、登莱皆可扬帆而至。

闲山失守，战情紧急，朝廷调遣的浙直水师到了。

　　而我水兵三千，甫抵旅顺。闲山破，经略檄守王京西之汉江、大同江，扼倭西下，兼防运道（《明史纪事本末》）。

汉城今貌

汉城南城墙

浙直水师的任务十分明确，就是保卫汉城。七月浙直水师赶紧从抚顺赶往汉江口，阻击倭寇，保障登莱至汉城的粮道安全。

为什么会派浙直水师首先入朝？这与朝鲜国王的请求有密切关系，国王请求紧急救援时，曾提出应以水师为主——并指明要南兵，国王对明朝抗倭有所耳闻，知道戚继光率领南兵抗倭之事。国王还提出调拨紧急战备物资一事。兵部则严令水师立即入朝，"迟延以逗遛论罪"，兵部还通知"兵行粮从，势不可缓"，让朝鲜备粮，"中国再从便发粮由山东海运接济"不得临期相互推诿误事。此时战事紧急，连沈惟敬也说要备战了。

> 朝鲜国王李昖上疏求援，言倭贼不撤余众，要遣陪臣，既非天朝原约。及陪臣随册使前去，又以官卑不纳，盖欲借此为辞，开衅动兵耳。况蒙天朝大恩诰命诞颁，而驱迫册使克日渡海，又不遣一倭恭谢，悖慢之状此亦可见。清正素慓悍，今复领兵狂逞，决不可以他计麾之。若天朝救援少迟，则全庆忠黄被贼蹂躏，鸭绿迤东遍为贼窟，乞速发南兵数千为声援，随调大军，运粮饷，水陆夹剿，并乞给觔角、硝黄等材以备战用。部覆，得旨，救援兵将立限催发，迟延以逗留论罪，兵行粮从，势不可缓，该国备办本色预待境上应用，中国再从便发粮由山东海运接济，毋得临期推诿误事。
>
> 且沈惟敬素主和议，亦云调兵设兵以防未然，彼此情形大略可睹。援救朝鲜诚不可缓。

军情紧急，邢玠指令浙直水师入朝，容不得半点迟疑。八月，季金肯定已经入朝，驻汉江口。朴现圭认为季金入朝在1597年十月，二月接敕命，原定四月到平壤，因故推迟至六月渡海。三月奏闻使郑期远奏称，游击叶鳝转达广宁巡抚李化龙的消息，季金率两百艘船舶将于四月初至平壤。五月李德馨在平壤会见总兵吴惟忠，得知因造船等，浙直水军推迟于六月后渡海。浙直水师六月从山东登莱出发，与明史记载水师于七月抵达抚顺时间较为衔接。浙直水师的船只并不全由登莱提供，按宋应昌的计划，八十艘苍船就满足需求，每艘苍船载兵员四十余，并不需两百艘。

杨时显告诉郑期远，登州莱州正在造船舶，船舶可能没有全部造好，所建船舶也不一定全给浙直水师，因此季金到了登莱，可能仅接受部分新船。还有一说，季金在江阴造船，这与镇江或金山卫的总兵身份较吻合。保宁鳌川忠清南道水军营地的《清德碑》记载，季金是浙直水师游击将军，浙直水军为独立编制，季金名为将军，实为其帅。据叶鳝、杨镐、邢玠、白振南等人的论述及《清德碑》《象村集》、申炅《再造藩邦志》《海东绎史》等文献综合分析，朴现圭考证明军水师为三千三百人。季金职务是"钦差统领浙直水兵游击将军"，官衔是"都指挥佥事"。

五、闲山、南原先后失守

季金入朝正是战事危急时刻。先是七月朝鲜三道水军统制使元均丢失了闲山战略要地，南原的大门打开。此后扼守南原的杨元于八月弃城而走，汉城危急。前锋麻贵向主帅邢玠提议，放弃汉城退守鸭绿江。邢玠严责麻贵坚守，日夜兼程奔赴汉城。

季金驻防汉江口，时值闲山失守至南原失守的时间档口——是明军最危急的时刻。

以下回顾闲山与南原失守的原委。

万历二十五年（1957）七月，朝鲜三道水军统制使元均丢失闲山，元均溃败而亡。元均既无统兵才能，且妒贤嫉能。年初，日军蓄意散布谣言，称李舜臣按兵不动，与日军有约。元均不满屈居在李舜臣之下，也极力诋毁李舜臣，他取得李舜臣与口军勾结的"铁证"——日军信件，国王听信谗言，将李舜臣革职，由元均统领水师。国王成为日军的傀儡，为日军扫清战场障碍。资料载，7月7日，日安宅船、大关船突袭朝鲜海军，元均以为谈判期间而不备，战船大多被毁，仅余12艘军舰，元均被火炮击中身亡。据朴现圭文载，7月元均前往釜山，日舰队回避决战，因天气恶化元均回师漆川梁，途中遇袭。

不管战事经过如何，朝鲜水师已无法与日军抗衡。极具讽刺意味的对比：壬辰倭乱初，李舜臣取得闲山大捷，丁酉再乱中，元均丢失了闲山——将领的优劣彰明较著。

至今韩国统营市每年举行闲山大捷节，就是纪念英雄李舜臣。

朝鲜水军溃败，李舜臣重新被任命为三道水军统制使。

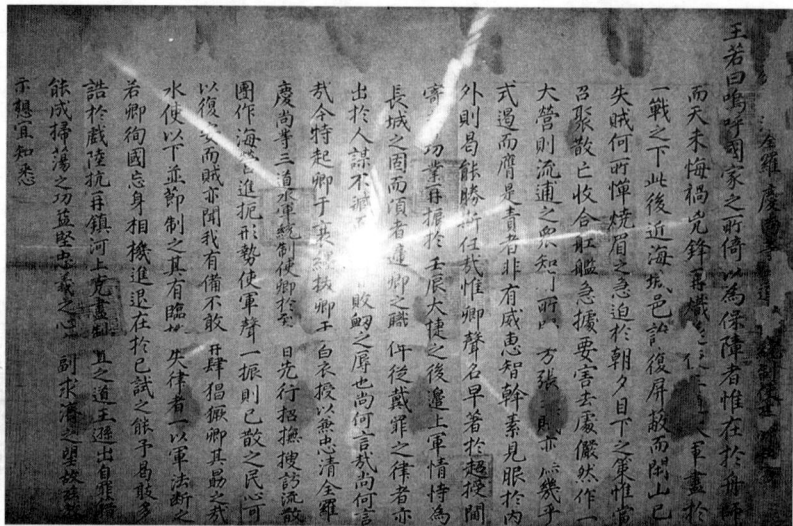

任命书

八月，加藤清正部趁夜猝攻南原，守将杨元连鞋也不及穿——跣足而逃（1599 年杨元被朝廷处斩）。全州守将陈愚衷懦弱而不发兵救援。日军继续攻克全州，北上，明军退守汉城，依靠汉江天险。麻贵请示放弃汉城，退守鸭绿江；邢玠亲赴汉城，军心始定。邢玠命令浙直水师至汉江口江华岛。参军李应试提出，要向日军表明"沈惟敬不死"，言外之意即和谈有希望，日军就会退。果然，日方希望谈判以求开放中国港口——形势得以缓和。

杨元驻南原，原是邢玠的一着"妙棋"。七月邢玠向朝廷报告其方略：总兵麻贵密报，等宣府、大同的兵一到，乘倭寇未备，先取釜山。釜山下，小西行长被擒，加藤清正会逃跑——这是一着妙棋。于是命令杨元赴南原布防，吴惟忠暂住中州。入夏，大雨如注，麻贵行军缓慢，七月初始至碧蹄馆（汉城附近），离釜山一千四百里，距南原、中州数百里，南奔奇袭无从谈起——麻贵的计划根本不可行。原为奇袭日军，结果反被加藤清正所袭。

六、季金与李舜臣失之交臂

季金再三请求与朝鲜水师合营，李舜臣没有回音。这让明军经理（前线指挥）杨镐感到很没有面子，他对朝鲜使臣发牢骚，国王为安抚明军将领，分别会见了杨镐、季金。

季金调到汉江口保卫汉城，没有朝鲜水师配合，怎么进行战斗？季金希望杨镐向朝鲜方面提出。杨镐不敢怠慢，十月初就提出中朝水师联合的事宜。经略（总司令）邢玠认为李舜臣的水兵不过两千名，浙直水师也只有三千三百名。他建议朝鲜官员李仁陪同季金，与李舜臣合营。杨镐也建议季金与李舜臣面商行兵一事。三道水军统制使李舜臣在南海，陆路被倭寇拦截，来汉城不易，杨镐建议朝鲜方急遣办事了当的官员传信，让李舜臣从水路中迎见季金，商量水师联合作战事宜。季金急切地希望与李舜臣见面——三千三百浙直水师与两千朝鲜水军协调合力，才能有力抗击倭寇。直至年底，季金一直无缘与李舜臣会见。

十月份，李舜臣在忙什么事情？忙得连与明军合作的事情也顾不上？

原来，李舜臣正谋划在鸣梁海峡伏击日水师，他无暇顾及合营。李舜臣独立性较强，不会仰人鼻息——他不听国王的命令去攻击釜山，以致被革职。遇到战机，自

板屋船

然不听杨镐的吩咐去迎接季金。10月26日，李舜臣伏击倭寇，用13艘板屋船迎战133艘日本战船，击沉31艘，取得鸣梁大捷。（韩电影《天军》称13艘舰船击敌330余艘）鸣梁海峡地势独特，在潮涨时引敌入峡，潮退时峡口底凸，阻止了敌船退却。海峡之内，战船接触面窄，敌船众多的优势难以发挥，这一以少胜多战役，列为世界海战史著名战例。鸣梁大捷后，李舜臣补充人员、船只，修筑军事设施。季金极想与李舜臣见面，但始终未能如愿。

为安慰明朝水军，11月4日，朝鲜国王亲赴馆舍接见季金将军。《宣祖

实录》："仍幸陈参政［愚闻］、季游击［金］所馆，行接见礼。"

国王接见，并没有平息明军将领的不满。11月7日，朝鲜接伴使报告国王：杨镐让人询问李舜臣，浙直水师驻军去何地，还让季金与李舜臣商议联合用兵事宜，而李舜臣一个月不予答复。杨镐埋怨说："日子已近，朝鲜事事迟误，教我甚么处置？李舜臣处使问驻兵处所及行兵之事，而经月无回音。"杨镐的埋怨，无疑有季金的心声——中朝合兵，既是明军统帅部与国王意志，也是季金分内事，客军要得到主军的支持，战场不清，如何作战？国王接见季金，是对怠慢浙直水师表达歉意的友好表示。季金不发牢骚，只要再提联合一事，杨镐也难堪——这是统帅部的无能，杨镐怎能不发牢骚呢？而国王难以对李舜臣指手画脚，他已经全权委托李舜臣指挥朝鲜水师，他只能讨好李舜臣。

直至11月17日，李舜臣才见了杨镐的差官。

九月明军取得稷山战役胜利，日军从庆尚道的蔚山退至顺天倭桥，沿海建8座倭城，小西行长在倭桥建城。汉城战局趋于稳定。而此后战况却不容乐观。

七、二十五年末，明军战绩不太妙

青山、稷山大捷——冒功事件

九月，倭寇至汉江。杨镐遣张贞明持沈惟敬的手书，前往责日军动兵，违背了和约规定的"静俟处分"。小西行长、正成亦埋怨加藤清正轻举妄动，小西行长退屯至井邑，离汉城六百里。加藤清正亦退到庆尚，离汉城四百里。张贞明在返回途中被刺。日军退兵，麻贵报青山、稷山大捷。萧应宫写报告揭露："倭以惟敬手书而退，青山、稷山并未接战，何得言功！"日军是按沈惟敬的约定而退，并非战功。邢玠与杨镐恼怒，弹劾萧应宫"恇怯"——胆小鬼，没有亲自解送沈惟敬，把萧应宫一并逮捕。

蔚山、岛山之战

十一月，总督邢玠征兵大集，分三协，左李如梅，右李芳春，中高策，都以副总兵分领。经理杨镐同麻贵率左右协，自忠州鸟岭向东安、庆州，专攻加藤清正，另外由全州、南原而下，大张旗帜，诈攻顺天等处，以牵制小西行长东援加藤清正。

十二月，麻贵对加藤清正行贿，称与其约和，后率大兵突至清正营地。清正屯据蔚山，南有岛山，山都不高，城皆依山险。麻贵欲专攻蔚山，恐釜山倭寇来援，令高重、吴惟忠等扼守梁山，董正谊等赴南原，布置疑兵，遣卢继忠兵两千，屯西江口防水路援军。

二十三日，进攻蔚山，游击将军摆寨以轻骑诱日军进入伏击圈，斩获首级四百余。倭寇逃奔岛山，连筑三寨。次日浙直游击将军茅国器统领浙兵先登岛山，连破敌寨，斩首级六百六十一。倭寇见其攻势凌厉，坚壁不出。部将陈寅身先士卒，冒枪林弹雨勇呼而上，连砍两重栅栏。日军主将加藤清正穿白袍跃马军阵，督促拒守。明军进至第三栅，眼看攻下最后一寨，杨镐突然下令割取首级，明军将士放弃攻击敌人。战事贵在一鼓作气，明军一松，倭寇加固了寨围。茅国器看主将李如梅未到，攻寨取首功，将置李如梅于何地？于是命令鸣锣收军。第二天李如梅到军，继续攻寨，敌寨早就加固，攻之不拔。岛山比蔚山要高，新筑的石城十分坚固，明军仰攻城堡多有损伤。

《明史》评论此战，把杨镐的肉割了也不解恨。下文"金都"即金都御史杨镐，三协指左中右三路明军。杨镐哪像一个领兵打仗的统帅！首辅张位竟然推荐这样的人。

> 蔚山之捷，三协度师，势相犄角，砍栅拔寨，锋锐莫当。而割级之令，解散军威，金都之肉，岂足食乎！

明军商议断倭粮饷，困死敌寇，"清正可不战缚也"。围十日夜，倭寇发炮击伤明军，后来用假约降拖延时间，希望小西行长来支援。

小西行长不敢轻进，他顾虑明军偷袭釜山。小西行长派遣疑兵声援岛山，"锐卒三千，虚张帜蔽江上"。朝鲜李德馨"讹报海上倭船扬帆而来"，杨镐"不及下令，策马西奔。诸军无统御，皆溃"。杨镐弃军，清正纵兵逐北，战场形势逆转，明军死者万余。杨镐、麻贵逃奔星州，撤兵回汉城。杨镐恬不知耻，竟然贴布告称"蔚山大捷"。

下面报告"士卒亡者二万"，杨镐大怒，称仅百余人。丁应泰向杨镐问后计，杨镐拿出内阁张位、沈一贯的手书，还炫耀功绩。丁应泰怒，向朝廷揭发：

> （张）位、（沈）一贯交结边臣，扶同欺蔽，（杨）镐附势煽祸，饰罪张功，及麻贵、李如梅按律悉当斩。并镐驳改阵亡兵马卷册封进。
>
> 上览之，震怒，欲付法。辅臣赵志皋力救，乃罢镐听勘。因遣给事中徐观澜查勘东征军务。上怒张位以其密揭荐镐，削籍为民。以天津巡抚万世德代杨镐经理辽左。

杨镐尽管被撤职，后钻营内阁而免予处分。新任明军经理万世德也不是什么好鸟，他畏敌如虎，半年不到前线。露梁大捷后，万世德才日夜兼程奔赴朝鲜南部，到处树碑立传，把不相干的人统统列入祝捷嘉奖名册。朝政腐败，将领钻营内阁大臣处以取高位，军队根本无战斗力可讲。

徐观澜弹劾张位，张位露出一副可怜相，恳乞皇帝"矜察处分，以全国体"，张位说自己"臣心一毫无愧"。神宗很恼火，就是你密揭推荐的杨镐，败坏了东征大事，还说"一毫无愧"，你还有没有忠义？

> 上曰：杨镐乃卿密揭屡荐，夺情委用，专任破倭，今乃朋欺隐匿，致偾东事，辱国损威莫此为甚，尚言"一毫无愧"，忠义何在？

万历皇帝口头上严厉批驳张位，不久就免除了对杨镐的处分。万历四十七年（后金天命四年1619年）杨镐任经略，明朝、后金的军事实力对比彻底改变。萨尔浒一役仅四日，四路明军二十万，三路丧败，丧师十余万。东路屯萨尔浒，垒破，主将杜松被杀。西路努尔哈赤促军登山下冲，主将马林遁，"全军奔溃"。南路勇将刘綎击败后金戍将五百人，乘势深入。杨镐竟然没有告知东西两路败讯，后金军假冒明军混入阵中，刘綎死于皇太极的冲锋。杨镐急令北路李如柏撤退，遇后金游骑二十人，登山鸣螺呼噪，明军奔逃自相践踏死千余。一路明军四五万人，竟然被二十个后金（清朝）骑兵吓跑，明朝的气数已尽。

朝廷又差兵科给事中徐观澜往朝鲜会勘东征将士的功罪。

季金与李舜臣没有联系上，无法联营。邢玠命季金驻防忠清南道水师营地，十一月浙直水师到达鳌川港。十二月，季金率部往南原时罗山援陆军。此时，麻贵专攻蔚山的倭寇，布置各路阻击敌援军，左协董正谊等赴南原布置疑兵，季金就是其中一支疑兵。季金的浙江同乡茅国器正在岛山攻击敌垒。

第七章 从鳌川到古今岛

1597 年 11 月至 1598 年 4 月，季金驻防忠清南道水师营驻地保宁鳌川，浙直水师向朝鲜民众展示了一支仁义之师的形象，得到百姓的普遍赞誉。1598 年 4 月，当浙直水师从鳌川移防古今岛与朝鲜水师合营时，保宁百姓自发地为季金树立"钦差统领浙直水兵游击将军季公清德碑"（简称清德碑），以颂扬功德。在古今岛，季金与李舜臣合作亲密无间，在组织露梁海战时，李舜臣与水师主将陈璘发生矛盾，李舜臣上疏国王，提议让季金负责明军水师，以协调作战。季金在西线战场奋勇杀敌，赢得水师将领尊重，朝鲜白振南赋诗歌颂季金。

一、入驻鳌川

万历二十五年（1597）七月入朝的季金，正遇闲山失守、明军杨元弃南原而逃，汉城危急，浙直水师担负起保卫汉城外围的重任，在汉江口阻止倭寇从西线对汉城的袭击。九月，季金一直试图与朝鲜三道水师统制使李舜臣沟通，以联合抗击倭寇。而李舜臣忙于在鸣梁海峡组织一战，没能来得及联系。邢玠命令季金率军沿海南下，没有前往李舜臣的全罗道，而入驻忠清南道的水军营地——鳌川。邢玠让浙直水师驻军鳌川，依然考虑了汉城的形势——如军情紧急，浙直水师可以回援南原。11 月 29 日，明军游击马呈文的差官王才向李舜臣转达了季金水军到达的消息——此时李舜臣才知道明军有一位游击将军叫季金，浙直水师驻在鳌川。（马呈文于 1598 年 9 月临阵

脱逃而被斩）（照片：鳌川水军营）

鳌川内海

水师营地官衙

军营城门

山坡营地近海

浙直水师的船队到达鳌川港口，在船队停泊的过程中，发生了一件意想不到的事：海面忽起飓风，船舶被掀翻于港口，朝鲜艄公跌落海中浑身湿透，季金立即脱下衣服披到了艄公身上。此事虽小，却在百姓中传开，这位中国浙直水师的将军爱民如子，善待百姓。浙直水师移防，百姓依然传颂，并记入《清德碑》。

> 统帅浙直水兵三千艄士，一皆当百，鲸涛万里天风送便。乃以上年（万历二十五年 1597）仲冬，湖面未下碇，海飓猝起，多船淙没，将军色不动，觇本国篙工冻湿者，解衣衣之，仁之至渥也。以至下卒，见人蓝褛无衣褐，辄为之制套，化至神也。

季金的仁义影响了士兵，当看到衣衫褴褛的百姓，兵士就自动为穷苦百姓添置衣服。而此后的日子里，更令百姓佩服的是，浙直水师军纪极严明，对百姓秋毫无犯。军令严肃，买卖公平，不敢欺负儿童与妇女，这让保宁百姓看到了希望——这是一支与其他明军完全不同的军队。是的，季金是按戚继光领兵纪律来约束部队的。你看，浙直水师在解开船缆出发时，竟没有动静，如同骏马衔枚而不出声响。白天船队只听得摇橹声，夜里只有巡逻敲击的刁斗声，军纪严明，在市场上不敢强买强卖，连儿童也不敢欺负。季金管理士卒，比三国时的吕蒙高明，吕蒙通过斩杀违法军纪的士兵约束军纪，而季金平时已申明纪律，让士兵自觉遵守而不敢违纪。至于妇女更不敢碰，连玩笑也不敢开。季金约束军纪简明而有效。

> 逮及解缆下营，无哗若御枚；昼听襖霭，夜警刁斗而已，令至肃也。要酒馔者，银布有准，尺童莫之欺，不待阿蒙之斩覆铠，推其廉也。男女偪侧不相猜贰，而罔敢侵犯风诱，御以简也。

季金对部队纪律的约束确实超乎寻常。

看看倭寇侵略朝鲜，对百姓犯下的弥天大罪。壬辰倭乱中，倭寇进入朝鲜国土，以杀戮百姓为功绩，割了数万民众的鼻子，腌渍在木桶内，置放于日本京都的寺庙前，成为炫耀武功的所谓"耳冢"。倭寇随心所欲烧杀抢掠，杀戮百姓如同儿戏，其残忍令人恐惧。其实，这就是倭寇的一贯作派，壬子倭乱时，侵犯临海桃渚的倭寇拿怀孕妇女的胎儿性别打赌，竟然剖开孕妇的肚皮。壬辰倭乱中，明军帮助朝鲜打击倭寇，而部分明军对百姓侵扰厉害，也令百姓反感。除朴现圭指出明军骚扰百姓，《明史》也颇多记述。浙直水师以自己的行为，扫除百姓心中的阴霾——这里的明军不扰民，结果闻讯而来的百姓聚集鳌川，成为朝鲜半岛的一块阳光之地。

二、援助南原、湖南

《功德碑》记载："将军从旱路，在南留丁、朱两千总，以视余卒。"据朴现圭查证，季金于1597年12月23日出军，前往南原时罗山驻军。

邢玠征兵三协，以杨镐、麻贵的左右协专攻加藤清正，为防小西行长援救，在全州、南原大张旗鼓，诈攻顺天。邢玠调游击司懋官、宋大斌、董正谊、季金等赴南原伊彦、时罗山（现南原大山面中心区），让小西行长不敢离釜山东援。

二十三日季金率部出发，就是虚张声势做给小西行长看，是疑兵，是季金在配合攻击蔚山的明军主力作战。同在二十三日，杨镐、麻贵等进攻蔚山。明军摆寨伏击日军，斩首四百余，倭寇弃蔚山，逃奔岛山。二十四日浙直游击将军茅国器领兵登岛山，连破敌寨，因杨镐下斩级令，明军丧失军机，敌垒难破。明军围困加藤清正，断其粮饷欲迫其投降，日军被围十余日。小西行长也遣疑兵两千，驾舟虚张声势要截断杨镐的后路，朝鲜领议政李德馨未核实军情报告了杨镐，杨镐竟弃军而逃，全军溃退，被加藤清正追杀，丧军两万。事后，杨镐还宣布蔚山大捷，向朝廷请功领赏，时值万历二十六年（1598）一月。

蔚山一战，季金是配角。1598年初季金回到鳌川，司、董二游击仍驻在南原。

季金的浙直水师是水军，他只能率领部分军队入驻南原，而留下的部队由前营千总丁文麟、左营千总朱守谦负责带领。季金不在，水师军纪依然严整，两位千总都能体会季金将军的意志，不对部下、百姓施加威风，已形成军纪严明的风习。军队向百姓借用牛马用于运输，不用时，按借时记载的毛色、牙口（齿龄），归还百姓。百姓均十分信服浙直水师，对军队没有一句闲话。

> 将军从旱路，在南留丁、朱两千总，以视余卒。两千总咸能体将军意，毋动威，素行也。湖南再经贼，驼驮不受递者，尽籍其牛马齿毛，各令计还。由是，远近悦服，翕然无异辞，德施普也。

湖南在韩西南，即今光州广域市，为全罗南道首府，在忠清南道以南。"湖南再经贼，驼驮不受递"，递是传递、运输之意，这表明浙直水师是负责中转运输物资到全罗的，鳌川与山东登莱、辽东抚顺均可直接交通，前线物资在鳌川中转，季金三千水师担任护航任务，完全没有问题。全罗再次被倭寇侵扰，陆路运输中断，停运时水师归还了百姓的牛马。战争期间，征用骡马运输军用物资，百姓能够理解，浙直水师将借用的车马登记在册，按原物归还，这让百姓口服心服。

1598 年 1 月，日军踞南海八九百里，经略邢玠排兵布阵，由总兵周于德率水军防备旅顺。山东总兵李成勋守长山岛，防御登州、莱州。保定军士转移天津，声援旅顺及登莱。

在朝鲜前线，邢玠确立了四路推进战略。2 月 3 日决定：东路麻贵，中路李如梅，西路刘綎，水路由陈璘负责。后李如梅转辽东总兵，中路改任董一元。四路推进，水师配合刘綎围攻小西行长。在此情况下，浙直水师作为先遣队赴古今岛与李舜臣合营。

三、百姓心目中的西海保护神

2014 年中，季金的后裔为追踪祖先足迹到鳌川、牙山访问，韩国东亚电视台作了专访。记者许慎石报道：季金将军在自己驻扎地，给予朝鲜百姓很大的帮助，所以很罕见的，在忠清南道—保宁市建了他的《清德碑》。在季金到朝鲜四百多年过后，保宁市组织了文化界人士三十余人赴季金的故乡温岭松门，探寻将军的遗迹，访问其后裔，并向松门镇政府赠送了鳌川水师营地"钦差统领浙直水兵游击将军季公清德碑"的拓本。访问团怀着无比崇敬心情访问松门，在他们心中，季金以及他率领的浙直水师是一支仁义之师。季氏访韩，是对保宁市的回访。

鳌川位于浅水湾浦口处，百济时称回伊浦，今为忠南渔业港口。《季公清德碑》系保宁百姓自发为季金将军而立，1598 年四月户曹郎安大进撰文，判官朴思齐书。1597 年十一月至 1598 年四月，季金除了赴南原，大多就驻鳌川，碑立于四月——季金离开鳌川之时。此碑在鳌川面初等学校——鳌川镇小学的大楼后的山坡上，原忠清水营城练兵场。"面"是韩国的一级行政单位，相当于乡镇。

《清德碑》正面题"钦差统领浙直水兵游击将军季公清德碑"，旁立忠南道有形文化财产第 159 号的标识牌——这是韩国文化遗存，国家文物保护单位。

百姓为什么为季金歌功颂德？因为季金仁义，他治军严明，对百姓秋毫无犯。百姓均乐于依附于鳌川水军军营——浙直水师入驻十多天，营地附近

清德碑

聚集了数千户人家。名士白振南赋诗作跋称："都护季爷，奉天子命，将越甲三千余人，东抵小国。时贼势方炽，人民远窜，及公至，严令军士，抚循人民，人民喜附公舟师而居之，不旬月以至数千家。"这与一些明军骚扰百姓形成显明的对比。

明军将领大多傲慢，水师主将陈璘殴打朝鲜官员，连国王都不放在眼里。柳成龙《惩毖录》记载：陈璘的部下当国王的面，用绳索套住官员的头颈责打，不听劝解。明军违反军纪，抢掠骚扰屡见不怪。万历二十五年（1597），朝廷派遣王士琦率渝州（今重庆）万名狼土兵赴朝鲜，神宗颁发诏书："监督土汉官兵，沿途及到朝鲜地方，俱要严加钤束，务令安静，秋毫无扰。如官兵不守纪律，重则会行总兵官即以军法从事，轻则行移该管将领酌量惩治。"（万历二十五年七月初八敕令）狼土兵"骄悍，所过残掠，百姓苦之"，他们以为抢掠只是小事。

战争胜负由民心向背所决定。季金父亲季堂是戚家军水军将领，季金目睹戚家军军纪，知道如何带兵，他仁义治军深得民心。《清德碑》称季金"既仁而化，令以廉简，威与德并济，得三千同德之士，其与田家之五百，孰为之多少"。百姓的心目中，三千浙直水军比历史上知名的义士——汉田横五百壮士更仁义。万历二十六年（1598）四月季金调离鳌川。保宁百姓感念不已，希望浙直水师成为明军的榜样。百姓热切地盼望浙直水师船桅上悬挂敌酋丰臣秀吉的首级——胜利归来。

> 行见枭秀吉于樯竿，落帆前浦，重寻旧寨，宁不题与？是宜竖石通衢，以为陵（邻）师倡。而城中父老皆欲私之曰：我独有将军惠，且西海神最狞，身行过此者祷之，假其威以求福，不亦可乎！是为铭。

鳌川面临西海，百姓期望季金的神灵保佑渔民。西海风浪大，渔民惧怕狰狞的西海神，渡海时，他们心中默默祈祷："季将军保佑！"屡试不爽，季金成为海上保护神！鳌川百姓的愿望终于实现了——十一月季金取得露梁海战的最终胜利。

说来奇怪，《清德碑》已历四百余年，至今碑文字迹清晰可辨；同年

恤政厅

末明军经理万世德在釜山所立功德碑连残碑也早已不存。笔者在思考：世间冥冥中是有灵异的——季金是百姓衷心爱戴的明军将领——在百姓心中的功德碑文是永世也难以磨灭的，历史将永远记得季金。而万世德的碑，尽管代表的是明军统帅部，看万世德的样子——自受命任经理就一直躲在后方，一听露梁海战取胜，马不停蹄地赶赴前线，庆功、报捷、立功德碑，忙得不亦乐乎，这样的碑文有什么意思？老天也看不惯。

至今，忠清南道鳌川水军营遗址有恤政厅——抚恤百姓施粥的地方。

游击将军季公清德碑

钦差统领浙直水兵游击将军季公清德碑

通德郎前判官陪臣朴思齐书

林守荣

督阵旗牌官周焕　张邦达

把总　陈子秀　戴起龙

前营千总　丁文麟

把总　杨永　龚琎

左营千总　朱守谦

中军官　王启予

右营千总　江鳞跃

把总　许龙　施胜

后营千总　吴惟林

把总　侯应连　陈国敬

监官保助将军训练正陪臣

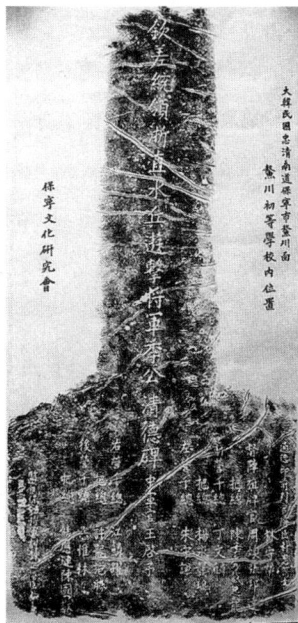

清德碑碑面拓文

钦惟圣天子御寓之二十年（壬辰1592），海寇犯东边，不月已据平壤。天子赫然怒若，曰：朝鲜，朕东藩，世虔职贡不解，朕视之如内服。蠢兹倭曷敢侵轶其疆土，若无中国者，然必急救

毋缓。于是，大发南北兵。越明年（1593），正月扫平壤，四月复王京，贼乃震叠，奔北喙息于竚海千里之外，犹复猖然不已，屯蜂结蚁，假和诈缓，迟延五六载。

天子思益奋，调兵船若千艘以截海路，特命将军实为其帅。将军姓季，讳金、字长庚、别号龙冈，浙江台州府松门卫人，中隆庆戊辰（隆庆二年1568）科武进士，历浙江、广东、山东参将。统帅浙直水兵三千艄士，一皆当百，鲸涛万里天风送便。乃以上年（万历二十五年1597）仲冬，湖面未卜碇，海飓猝起，多船淈没，将军色不动，觇本国篙工冻湿者，解衣衣之，仁之至渥也。以至下卒，见人蓝褛无衣褐，辄为之制套，化至神也。逮及解缆下营，无哗若御枚；昼听禩霭，夜警习斗而已，令至肃也。要酒馔者，银布有准，尺童莫之欺，不待阿蒙之斩覆铠，推其廉也。男女偪侧不相猜贰，而罔敢侵犯风诱，御以简也。将军从旱路，在南留丁、朱两千总，以视余卒。两千总咸能体将军意，毋动威，素行也。湖南再经贼，驼驮不受递者，尽籍其牛马齿毛，各令计还。由是，远近悦服，翕然无异辞，德施普也。将军既仁而化，令以廉简，威与德并

济，得三千同德之士，其与田家之五百，孰为之多少？於以仗皇灵征老寇，特在破竹中，行见枭秀吉于墙竿，落帆前浦，重寻旧寨，宁不韪与？是宜竖石通衢，以为陵（邻）师倡。

而城中父老皆欲私之曰：我独有将军惠，且西海神最狞，舟行过此者祷之，假其威以求福，不亦可乎！是为铭。铭曰：

氏分鲁三　季为徽音　秋阴属杀　名应西金

太白入月　敌可摧兮　永配诸贤　照后来兮

万历戊戌（二十六年1598）孟夏　日立　奉正大夫户曹郎兼承文院校理陪臣　安大进撰

四、入驻古今岛

万历二十六年（1598）正月，邢玠吸取岛山之役的教训，缺少水兵无功——杨镐因小西行长水师疑兵而败退，邢玠记忆犹深，于是继续招募江南水兵，专置水兵一路。二月陈璘率广兵，刘綎率川兵，邓子龙率浙直兵先后至。明军兵分三协，水陆四路，中路李如梅，东路麻贵，西路刘綎，水路陈璘。水路陈璘与陆路刘綎同属西路，对手敌将是小西行长。

二十六年（宣祖三十一年，1598）二月，朝鲜水军统制营从高下岛（木浦忠武洞）移驻全罗道古今岛。四月季金率浙直水师也到了古今岛，与李舜臣共同驻防。

四月，兵部文件称"征倭之兵水陆九万余，钦限五月终旬抵朝鲜矣"，皇帝命令各路赴朝部队要在五月底到达。兵科右给事中侯庆远奏章称，麻贵将骑，刘綎将蜀，陈璘将广——骑即骑兵，蜀为川兵，广为广东兵。原副总兵邓子龙"令戴罪管旅顺等处水营副总兵事"，邓子龙原被免职，现戴罪立功。邓子龙带领原部下水兵（管领水兵游击沈茂、陆斗优于水战，宜改从陆用之所领水兵，即以付之邓子龙）。广兵军纪松懈，陈璘领广兵至山海关，"各兵挟粮鼓噪，殴辱旗鼓官"。兵科侯庆远请巡抚查勘，"果缘月粮将匮（缺少），不妨再给，薄责首事示惩（惩罚），切责陈璘"，朝廷派"副总兵吴广协同陈璘行事，以安军心"。后陈璘在国王面前责打朝鲜官员，正是不重小节的表现，朝鲜宰相柳成龙将此事载入《壬辰录》，为后人诟病。

倭寇盘踞朝鲜七年，沿海千余里东西声援：东路清正据蔚山，恃釜山为根本；中路石曼子据泗洲，北恃晋江。西路小西行长据顺天要塞，栗林、曳桥（倭桥）建砦数重，水师依托海港为倭寇运粮补给。明军调集各路兵马，季金从鳌川移驻古今岛，与倭桥不远。五月，陈璘始到鸭绿江畔，季金已入朝一年。辽阳李如松战败阵亡，李如梅被召至辽东替其兄，中路主将改董一元。

浙直水师赴古今岛与朝鲜水师合营，李舜臣发现，季金是个为人随和、可以交往的将军。季金及其部下均向李舜臣赠送礼品，李舜臣笑纳，并在笔记中郑重其事记下其礼物。《乱中日记》戊戌年（1598）："季游击所贶，四月廿六日。青云绢一端，蓝云绢一端，绫袜一双，云履一双，香棋一副，香牌一副，浙茗二勒，香椿二勒，四青茶瓯拾介，生鸡四只。"

七月，李舜臣写信给负责后勤的朝鲜官员，信中透露他与季金将同往康津，迎接水师统帅陈璘（海事博物馆保管的李舜臣 1598 年 7 月简札）。信中称季金为"季爷"，与其他明将（如陈璘、皮承德）称呼都督、游击加职位不同，李舜臣对季金有亲近感。此时大队的明军水军即将到来。

季金与主帅陈璘的关系融洽。万历戊戌六月，陈璘在天津桥梦见关羽，并传授军机。秋，关羽再次托梦。其时季金率浙直水营官兵驻涌金山（与古今岛毗邻的岛，建庙后称庙堂岛），陈璘请季金的浙直水师在驻地建关羽庙。季金也信武圣人关羽。太平壬子倭乱时，倭寇袭击县城，官兵望白刃散去——士兵看到敌寇的刀刃就逃，民众恐慌，县令心里没有底。县人王庚出计谋：军民均敬仰武圣人关羽，让关公显灵，支持军民抵御倭寇。孔庙前大樟树下设下香案，祭祀并祈祷神灵降临，香烟升腾，烟雾萦绕，烟雾在树梢间如群神升起，有人惊呼："关老爷来了！"众人跪拜于地。崇祯年间，画师周世隆描绘《关公退倭图》，图中百姓正在祭拜关羽，后来关庙每年均举办仪式挂图祭祀关羽。四十年后，季金在古今岛与李舜臣合营，主帅陈璘提出建关公庙，季金自然赞成。壬辰倭乱期间，明军在驻地建关羽庙很普遍，如杨镐在汉城的南城建关庙。晚秋，古今岛的关羽庙成，匾额曰：威扬万里。

五、季金与李舜臣关系很"铁"

白振南好样的，朝鲜绅士不错！——季金这样赞誉朝鲜绅士，让李舜臣感到脸上有光，民族自尊心在任何国家都一样。李舜臣为协助明军水师先遣队解决后勤，让白振南进士等地方绅士帮助明军水师，驻军离不开当地百姓，白振南成为季金最好的帮手。于是季金当着李舜臣的面，赞誉白振南等。而季金本身就是儒将，与文人白振南自然形成和谐关系。

李舜臣十分恼火明军将领粗暴对待朝鲜人，所以李舜臣对明军抱有戒备心理，他迟迟不与明朝先遣军——浙直水师合作，独力在鸣梁海峡组织对日海战，就是出于这一心态。而通过与季金合作，他才发现自己误会季金将军了，季金是个值得信赖的合作伙伴。通过与季金的接触，李舜臣认识了一位热爱朝鲜人民、尊重朝鲜贤士、与朝鲜地方官员关系融洽的明军水师将领——浙直水师的统帅、游击将军季金，从此两人交往十分密切，甚至关系很"铁"——李舜臣向朝鲜国王建议让季金指挥水军。

李舜臣钟情于季金的客观原因有两个：

其一，李舜臣及朝鲜官员均认为明军水师统帅陈璘秉性暴躁，难以合作。

领议政柳成龙目睹陈璘的部下殴打朝鲜官员。柳认为李舜臣与陈璘的协作很难，预言陈璘与李舜臣的军事合作将败——朝鲜君臣商议战事，均对与陈璘协作持疑问，这恐怕是朝鲜方面的统一认识。

柳成龙的疑虑不是空穴来风：合营肯定会有议论不合处，依陈璘的性格，必然侵夺李舜臣的军权，对朝鲜军士施以暴力。李舜臣处于两难境地：抵制的话，陈璘会暴怒，影响两军关系；如过于顺从，陈璘会变本加厉——两军协作不由得不败。（《惩毖录》："璘性暴猛，与人多忤……余谓同坐宰臣曰：可惜李舜臣军又将败矣。与璘同在军中掣肘矛盾，必侵夺将权，纵暴军士，逆之则增怒，顺之则无厌，军何由不败？"）统制使李舜臣事先得到国王的密旨，热情接待陈璘，尽力克制，不与之冲突。

协作一事果然遇到麻烦。李舜臣几次上呈报告国王，称陈璘不许"水路遮截夹击之计"——即露梁海域伏击日本水师事，李舜臣担心"舟师之事去矣"。李舜臣果断提出让季金指挥水军——李舜臣建议国王设法将陈璘编入陆军，而让季金指挥水军。因为季金清楚战场形势，赞同露梁海战计划。朝鲜是附属国，提建议的办法是旁敲侧击、曲线救国。李舜臣编好了说辞，一是让朝鲜接伴使向明军主帅邢玠露出口风：让主帅督促陈璘同意伏击日军计划，让邢玠督促实施"水路遮截夹击之计"。李舜臣还为国王拟好第二套说辞：水师有季游击与李舜臣协作就可以了，朝鲜希望陈璘回到陆地领军以当一隅，明军声势更壮大——表面为明军着想，实际是朝鲜君臣有苦说不出口——他们不乐意陈璘领军水师，高调劝说邢玠调离陈璘，让季金主事水师。对此，朝鲜君臣感到底气不足，称"事必不谐"。

1598 年 9 月 8 日《宣宗实录》：

> 前后见统制使（李舜臣）状启，则陈都督（陈璘）所为如果不许，极为寒心，自此舟师之事去矣，而水路遮截夹击之计左矣。本司宜善图之，令接伴使或微露其迹于军门（邢玠）。此若为难，则或善为措辞曰：水兵有季游击，小邦愿回陈都督于陆地，以当一隅，则天兵之势益壮矣云云，如何？然事必不谐，此外恐无可去其害之策。

最终，第一套说辞起了作用，经李舜臣争取，王士琦全力支持，邢玠督促陈璘组织了露梁海战——一次围歼顺天倭桥小西行长，伏击日水师援兵的海战计划实施，并取得成功。

其二，李舜臣十分愿与季金结交——英雄惺惺相惜。

李舜臣力荐季金任水师统领，原因是：季金的军事组织能力强，作战勇敢，他为人谦逊厚道，尤其是深得军心、民心。绅士也愿结交季金——中国有访贤求贤的传统，季金谦恭下士，自然深得民心。

从四月至十一月合营近八个月，季金与李舜臣配合默契。李舜臣在日记中记载季金馈赠的鞋袜、手绢及茶叶等土特产，还记载季金负伤一事。李舜臣唯一存世完整的公事信件，就是讲述他与季金交往的事情。季金对朝鲜绅士"不胜佳誉，钦叹不已"，李舜臣感到"为国家有光"。李舜臣称呼"季爷"，既表明季金年长于李舜臣，也是两人无拘束关系的明证——李舜臣称呼其他明军将领均加官衔。

季金尊重友军，与友军协调，访贤求士，爱护百姓。且季金作战勇猛，身先士卒，其一系列的举动无疑打动了李舜臣，更令李舜臣敬佩。

季金看到李舜臣创建的龟船，甲板镶铁甲、铁钉，船首喷火壮观，不由得惊叹："督戎（李舜臣）觚而深入，协天将而前驱，立盾避丸，陈璘叹其制变，涂甲冒火，季金服其出奇。"（《李忠武公全书》）后来井邑李舜臣的故居建祠堂，季金赞叹李舜臣："盖舜臣苦诚大节，伟勋壮烈，……泽被天下，则都督陈璘、参将季金之称服。"李舜臣于闲山、鸣梁大捷负盛名，在露梁水战中牺牲，谥忠武。

李舜臣与明军水师的主帅陈璘的关系明显不好。由于陈璘的军纪不好，朝鲜方面文献多记载负面的资料。陈璘南下古今岛与李舜臣合营，柳成龙《惩毖录》中记载，陈璘就是一个暴虐的将军：

"性暴猛，与人多忤，人皆畏之。""上（国王李昖）饯送于青坡野，余见璘军人殴辱守令无忌。""以绳系察防李尚规颈曳之，流血满面，令译官劝解不得。"

李舜臣则处理好他与陈璘的关系。首次与日军遭遇战，明军不熟悉海域，没有斩获。李舜臣将首级让功陈璘，令陈璘心服，称呼李舜臣为"李爷"。

陈璘属下我行我素，军纪松弛，侵犯百姓事件屡屡发生。李舜臣见此，拔营离开。陈璘发现朝鲜军队移营，事先没有告知，就忙阻止。李舜臣告诉陈璘，陈璘的军队入驻，军队暴掠，居民思避，纷纷撤舍，他不想驻军此地。李舜臣向陈璘提出，如果军队纪律由他约束，他可以留下，不然将离开驻地。他说："明军谓我陪臣，少无忌惮，倘许以便宜诃禁，则庶得相保。"陈璘同意李舜臣的请求，让李舜臣负责监督军纪。

六、季金与朝鲜文士结下深厚情谊

在古今岛，季金善吟咏，朝鲜文士乐与将军酬唱。白振南秉承家风擅诗文，书法绝妙，1597 年即投李舜臣幕下，被指派协助明军后勤。1598 年 4 月季金抵古今岛，与白振南经常接触，两人结下深厚友谊。季金有着松门人豪爽不羁的性格，他们饮酒赋诗，唱酬不已。《松湖集》录多篇白振南与季金唱酬的诗文。季金在曳桥（倭桥）作战，右臂中丸负伤。事后，季金与白振南聚会不减豪情，赋诗赠白振南。在白振南的心目中，季金是一位儒将——勇猛作战、体恤爱民，且像一位才华卓越的诗人。白振南赋和诗《又次老爷赠韵》，称朝鲜人民会记住季金的功绩。

　　将军神箭定溟澜，不用区区弄一九。誓扫目中残虏尽，志同天下泰山安。
　　长江会与东风便，壮士谁歌易水寒。却笑当年临岘首，沉碑要使后人看。

临岘首记述晋征南大将军羊祜的事，羊祜镇襄阳常临岘山。咸宁四年（278）羊祜病逝，百姓于岘山建碑立庙，岁时飨祭。(《晋书》卷三十四《羊祜列传》)沉碑事出杜预，也讲后世对前人功绩的评述。

李舜臣指派白振南进士为浙直水师提供后勤服务，季金则欣赏白进士兢兢业业工作态度，非得拉白进士等乡绅儒士一起饮酒赋诗。白振南《松湖集》记载，季金是个儒将，喜文章，与白振南酬唱诗文，两人成了莫逆之交。季金酒量好，劝酒不已，白振南不胜杯棬——被灌醉了，季金为白振南泡茶以解酒气。季金这一脾性颇似今日松门、石塘一带的乡风——客人不能尽兴而酩酊大醉，则是主人还不够客气。于是主人不停地劝酒，为劝客人多进酒，主人不惜把自己灌倒——以体现诚意。主人盛情款待，客人哪能无动于衷，无不被鼓舞而欢饮，于是主客皆大欢喜。

赋诗饮酒，豪爽而不失风雅。季金的酒量肯定是海量，白振南如何能够应酬得了。白振南是这样记录他与季金交往的：

> 《即席又次老爷》老爷以余稍饮，例以礼字，金斟劝之，每不胜杯酌，欲退，则以茶汤劝之下气，曰：此乃虏同之所嗜云，盛陈百戏以示余。

温岭至今有饮茶解酒的习惯，可见四百年前地方饮酒的习俗至今未变。

与季金有过交往的朝鲜文人也喜与季金将军酬唱诗文。海南的尹光启于 1589 年（宣祖 22 年）增广文科及第。丁酉乱时，在全罗道与季金见面酬唱。《橘屋拙稿》收录他与季金和韵的诗文。卷上《次天将韵季金》：

> 虏船曾截岭湖澜，当日军书报蜡九。乍观干戈来浙路，会闻歌舞入长安。
> 既无暴雨能终夕，须有阳春替苦寒。千里坐销妖祲气，太平从此喜重看。

诗人描绘了丁酉再乱时情景：倭寇战船横行岭、湖南的大海。季金率浙江水军前来，不久凯旋。倭乱的暴风雨终于宁歇，苦寒消失，春回大地；千里弥漫的妖气消除，百姓喜迎太平。湖南就是全罗地，季金驻防鳌川，担负自鳌川向全罗转运物资的任务，所以他与全罗的儒士也有了交往。尹光启还代舅表兄弟郑龄作《上天将季老爷三十韵　代郑龄》：

> 浙路初飞楫，湖防已寝烽，……雄威凭讲猎，微意为除兇，……壮节曾镌石，肤勋庶冶钟。

诗文赞誉季金的功绩。尹光启说，自浙直水师到了湖南（全罗），敌人的烽火被熄灭了（寝烽）。他赞誉季金的功绩必将被铸在钟鼎上，镌刻在岩石上。肤勋指大的功绩。

七、王士琦奔赴全州、南原

万历二十六年（1598），王士琦升山东参政，与刘綖一同出川，从邢玠援朝。

七月，朝廷招募的川兵，正在奔赴朝鲜的路上。尽管圣旨在上年已下达，而军队的召集与集结，并不容易。"重茧万里，经年昉至"，军士的脚磨出重茧（老茧），经年行走万里方至朝鲜。此时督军王士琦领川兵（狼土兵）上万人，马不停蹄冒暑急行军十余日，七月渡过鸭绿江，途中大雨水暴涨，马没腹而渡，过汉城、经全州，直向南原进军。川兵经王士琦约束军纪，万里赴朝鲜，军纪严明，为前所不见。下为《章安王氏宗谱》记载的东征实录：

题东征图始终全录

一、渝州重庆拜命

先生由渝州守转拜观察。逾年即奉简命，以参知监督土汉官兵御倭朝鲜，盖异数也。

二、万里督师

所部兵皆土司诸苗，性顽犷不可驯，先生以恩威鼓舞操练，无不悦服。历蜀、楚、梁、齐、燕、蓟、辽、沈，重茧万里，经年昉至，无敢乱行而哗，金谓纪律严明，千古所仅见也。

渡过鸭绿江，风平浪静，预见战争即将平息。

三、鸭绿江击节

鸭绿为朝鲜辽左之界。渡此者金谓：强寇无殄灭之期，孤征多离索之感。先生独击楫啸歌，誓捐七尺。是日也，和风霁色，江波如熨，识者已占贼之不足平矣。

从鸭绿江渡江后，军队冒暑急行军，旬日达汉城。大雨水暴涨，马没腹而渡。接近汉城时，大雨渐止，于是驻节（巡视停留）更衣登车，旭日当空，万里晴空无复纤翳。朝鲜的侦察兵飞骑而至，讲述中路泗川的败状。南原邻近泗川，民众闻听泗川败，逃匿"势如崩波"，城中阒寂无人。随军官员跪求王士琦退守全州："全州不居，何为自困此空城（南原），蹈杨元屠戮覆辙也？"王士琦作为监军，深知责任重大，监军无故下令退兵，军队就将溃散。于是，王士琦严正回答诸将："倭能至南原，独不能至全州耶？且大军方与贼对垒，而监军使者（即王士琦自己）无故先遁，万一讹传而师溃，谁任其咎？"王士琦表达了誓死报国的决心：如有将领再提退兵，立斩以徇！当晚军心稳定，军马大张旗鼓前进。南原民众也逐渐回城。

当年九月，中朝军队组织三路进军。西路军士勇夺曳桥倭寇据点，斩数百，入倭城，王士琦监军功不可没。后来在露梁海战的决策中，王士琦支持露梁决战，这在国王、李德馨等信件中均有反映。国王称朝鲜被兵七载方才得胜，称颂王士琦的功绩。朝廷称王士琦的边才，升河南布政司。

四川杨应龙重新叛乱，王士琦降职。万历二十三年，王士琦劝降了杨应龙，杨子在官府作人质，结果杨子死了，激怒杨应龙，促其叛变。后面的事与王士琦不相关，杨应龙是痛子之死而叛乱。但事起于王士琦招降，杨的叛变，成为王的责任。不久，王士琦因前事而被撤职，回乡里听候处分，降职为湖广右参政，回到赴朝前的官职。

八、明军三路丧败

1598 年 2 月 3 日，邢玠就决议四路推进战略：东路麻贵，中路李如梅，西路刘綎，水路由陈璘负责。中路后改任董一元。七月明军水师主力方到，真正的战事均在下半年发生。

7 月 15 日，陈璘在康津召开军事会议，季金、李舜臣也参加（李舜臣信件）。军事会议后，陈璘水师主力到古今岛，接伴官文大忠、通事韩彦协等帮助季金。七八月间，水师战事不停，明军逐步熟悉朝鲜水战要领。

李舜臣在海战中亲临前线指挥，下为李舜臣记载的十六日战事。

当日侦探报告"贼船不知其数，直向我船"。李舜臣令诸船起锚出海。贼船三百三十余只，围住朝鲜军船。诸将看众寡不敌，便生回避之心。右水使金亿秋退在远地观望不前。李舜臣促驾船突前，乱放"地玄各样铳筒"——各类火炮，发如风雷，"如雨乱射，贼徒不能抵挡"。敌船围困数重，势将不测，一船人相顾失色。李舜臣从容对部下说："贼虽千只，莫敌我船；切勿动心，尽力射贼。"见诸将船退在远海，观望不进，李舜臣想回去斩杀中军金应诚，但帅船一回头，诸船均后退，"贼船渐迫，事势狼狈"。李舜臣命令角立中军发出旗语，立招摇旗，中军将弥助项、金使金应诚的船渐靠近李舜臣。巨济县令安卫的船先至，李舜臣在船上亲自喊："安卫欲死军法乎？汝欲死军法乎？逃生何所耶！"李舜臣严命安卫不得逃生，否则以军法治罪，安卫慌忙又冲入敌阵。李舜臣又对金应诚高呼："汝为中军而远避，不救大将，罪安可逃？……贼势又急，姑令立功！"中军逃避而不救大将是死罪！他让金应诚将功赎罪。于是两船直入敌阵交锋，倭寇将领指挥三只船，蚁附攀缘争登安卫的船，船上人拼死杀敌，几至力尽（《李忠武公全书》）。

朝鲜水师与日军交战场景

7月18日，日军一百余艘船舶入侵金塘岛（现莞岛郡金塘面），朝鲜水军伏击取首级71颗。南海多岛，海流复杂，明军船舶尖底，吃水深，而沿海水浅、滩涂多，易搁浅。明军不熟悉水路，不知日军作战方式。朝鲜板屋船平底可原地回转，行动自如。

7月19日，折尔岛（现高兴巨金岛）海战中，水军击溃8艘敌船，活捉 69 人，明军适战能力明显提高。八月中旬兴阳战斗，接伴官文大忠呈奏折，季金水师活捉 11 名敌军，斩获 17 颗首级。

《李忠武公全书》记载了李舜臣让功事，同时说陈璘让李舜臣指挥明军，"每临战，乘我板屋，愿受制于公。凡军号指挥皆让之"。陈璘多次让李舜臣到明朝朝廷做官。此说显为夸耀，李舜臣素与陈璘矛盾，甚至离营而走，陈璘怎会让李舜臣指挥？李舜臣英勇善战，不见得陈璘就是窝囊废，事事听李舜臣的。《李忠武公全书》系经后人编撰，其中必然掺杂他人的溢美之词。

　　十八日，闻贼船百余只来犯鹿岛。公（李舜臣）及都督（陈璘）各领战船至于金堂岛（金塘岛），则只有二贼船，见我遁走。公及都督经夜乃还。公留鹿岛万户宋汝悰以八船伏于折尔岛，都督亦留其船三十只待变。二十四日，公为都督设酒于运筹堂，方酣，都督麾下千总者自折尔岛来告，晓来遇贼，朝鲜舟师尽捕之；天兵则因风不顺，不与相战。都督大怒，喝令曳出，因掷杯推盘，有忤于色焉。公知其意，解之曰，老爷为天朝大将，来讨海寇，阵中之捷即老爷之捷也，我当以首级全付于老爷，老爷到阵未久，奏肤功于皇朝，岂非善乎。都督大喜，就执公手曰："自在中朝，饱闻公名，今果不虚矣。"遂醉饱终日。是日，宋汝悰献所获船六只，贼首六十九级，送之都督，具启达之。上以公有光于天将，嘉谕之。

　　都督（陈璘）在阵日久，熟见公（李舜臣）之号令节制，且料其船虽多而不可以御贼。每临战，乘我板屋，愿受制于公。凡军号指挥皆让之，必称公为李爷，曰："公非小邦人也。"劝令入仕中朝者，数矣。

九月，邢玠向朝廷报告"东征进取大略"：水陆官兵七万，分三路，围困日军"绝其粮饷……"。朝廷指示"邢玠刻期相机进剿"，立即进攻。将在外君命有所不受，朝鲜战场的事就听邢玠的——

"阃外事务俱听便宜行事"，让邢玠决断而不必请示，"不必疑惑，致误军机"，一切以敌情、军机为重。

兵科都给事中张辅之等报告，中国与倭寇相持七年，始和后战，其间御史上疏，参劾抚镇、总督、监军等不尽心尽责，官员无不"凛凛震恐"。明军誓师词令人泪洒，军士"感激思奋，矢心歃血，期共灭倭"，决定九月二十日诸路进兵，总兵刘绖、董一元、麻贵各统率陆兵，陈璘督水兵，诸路夹攻，以求一举荡平倭寇。

准备攻击之际，朝鲜国王撂挑子，不干了。

原来，丁御史上疏触犯了国王。国王负责后勤供应，没有国王组织粮草，如何打仗？对国王不能用明朝法律治罪，军队没有粮食，倭寇袭击必然失败。张辅之让皇帝赶紧安抚国王，以安心尽力。词称：

> 然师行粮从，我师数万分道远出，多不过持十日粮，再多不过半月耳。所有转饷多藉鲜人，而四方之人有从朝鲜来者，臣数访之，咸云国王闭门待罪听勘，该国大小臣民拥众数千，赴各衙门痛哭叫号鸣冤，勘官监院差官宣布皇恩，催出视事，国王犹忧懑不出。臣民相视解体，水陆粮饷何人走□赞运，绳以汉法，祗重怨咨，万一王师乏食，倭奴乘虚袭我，一路失守，诸路咸溃。则我皇上七年之宵旰，帑藏数百万之金钱，三军郊外之暴露，中外臣民朝夕之想望，将遂令其决裂至此耶。臣之所大惧也。乞速发明诏，宣谕国王，以安其心而藉其力，此不可旦夕缓者耳。

神宗皇帝安抚国王说，马上要打仗了，国王要负责督促军饷，不能延误军纪。

> 上曰：朕念朝鲜屡勤援救，今水陆进兵，破倭在即，军饷时刻不可缓，便著兵部马上差人传与总督邢玠，宣谕国王，星速催督本国兵饷，协济共期成功，毋支吾推诿，致误军机。

于是，东征将士分三路进兵。

一是东线的明军主帅麻贵，领兵至蔚山，据险地防守，然后割取日军的粮稻，颇有斩获。倭寇假装退兵以引诱明军，麻贵领兵进入敌寇的空垒，倭寇的伏兵一起，旗帜蔽空，明军中了敌军的埋伏，遂败——东路败绩。

二是中路的董一元进取晋州，乘胜渡江南，接连捣毁永春、昆阳两个寨子。倭寇退保泗州的老营，经鏖战攻下泗州，游击将军卢得功战殁于军阵中。明军向前逼近倭寇的新寨，新寨三面临江，一面通陆地，引海域为战壕，上千海船就泊于新寨下，筑金海、固城营垒为左右翼，中通东阳仓。倭寇阵地十分牢固。十月，董一元派遣步兵游击茅国器、彭信古、叶邦荣向前攻城。这茅国器是浙直游击将军，上年在东路蔚山、岛山战役中奋力攻击，即将下第三寨，被杨镐制止，功亏一篑。本次茅国器任中路主力先锋，骑兵游击将军郝三聘、马呈文、师道立、柴登科继进。上午八时至下午二时（自辰至未），游击蓝方威攻倭寇新寨的东北水门，彭信古用火横击寨门，击碎城垛数处，步兵竞前拔下寨门木栅，敌营中间横破，忽火药爆发，烟火涨天，倭寇引爆火药攻击明军，乘势冲杀，新寨右翼固城的援倭也到了，明军受到两面夹击。谁料，骑兵游击郝三聘，马呈文竟率先逃跑，明军大溃，奔还晋州。中路先胜后败——中路败绩。

三是西路的刘綎与水军陈璘。不幸的是，西路也是败绩——先胜后败。

水军主要配合西路军刘綎，西路军主帅刘綎与水师陈璘均想把握军令权，互不服气。刘綎是一位勇将，十分自负，曾要求朝鲜太子前来自己阵营。陈璘作战也很勇猛，但性格粗暴。指挥不统一，合力难成。

刘綎想以假和约的方式，活捉小西行长。刘綎与行长约定时间，在营帐周围设下埋伏，令部将假扮自己。刘綎则扮士卒，执酒壶在酒桌旁服侍。刘綎下令：等我出帐就发火炮，围歼倭寇。次日，小西行长果依约赴会，行长率五十骑来，假的刘綎迎候帐外。行长回头看执壶的侍者说："此人殊有福。"刘綎惊愕自己已被识破，放下酒壶就出帐。司旗鼓的急令发炮，小西行长已随刘綎一起出帐，与从骑腾跃上马，列一字雁列，"风剪电掣，旋转格杀"，快速夺路而去。明日，小西行长派遣人谢刘綎的宴会，刘綎遣官道歉，说昨天登上席位放炮，是敬客的礼节，被客人误生疑心。小西行长遣使节送巾帼给刘綎。

活捉小西行长的计谋不成。监军王士琦追究中军迟延进军的责任，逼迫刘綎立即攻击倭桥。刘綎迫于严令，开始攻城。9 月 20 日，刘綎西路军、朝鲜权慄军攻顺天倭桥，对峙近两月。水军配合刘綎部截断敌退路。

日军结营自海边至倭桥数十里，栗林"丛箐蔽日，咫尺不辨，外多崇岗"，倭寇轮番瞭望，明军一到倭桥就被发现。刘綎与王士琦密计兵袭倭桥，他们诱小西行长出，焚栗林，夺曳桥，擒斩百余。9 月 20 日刘綎西路军夺曳桥，使日军柴火、用水都困难；而明军直逼倭巢，胜算在握（《王士琦东征图》）。

浙直水师配合刘綎截断小西行长海上退路，白振南称赞季金"公功实居多焉"。9 月 20 日，季金任水军的前锋，进攻獐岛——倭桥城的入口。季金将军勇猛作战，缴获三百余石军粮、牛马等，营救被俘朝鲜人三百余名，清扫了顺天倭桥的外围。

水军攻至倭桥，"石城五重，木城三重，每城皆树敌楼、浚壕堑，负山襟海，虽有攻具不能施也"（《王士琦东征图》）。

倭桥内城

9月22日，季金率浙直水师又攻倭桥，海水潮差大，滩涂开阔，退潮时船舶搁浅，小西行长乘机猛攻，炮弹密集如雨，11名士兵中弹而死，季金的手臂中弹。20余名敌军涉水拦截船舶，季金鼓舞军士反击，斩获10余颗首级。白振南描述季金激战的情形：季金身先士卒，身被创伤，依然裹伤力战，极大激励士卒斗志。《再造藩邦志》载：

> 二十二日，舟师乘潮而上，鼓噪而进，贼悉兵出城观，游击季金所骑船阁（搁浅）于浅淑，岸上之贼放丸如雨，天兵从船上亦放大铅子。行长挥兵督进，贼二十余直涉浅淑，拦止其船，季金鼓其军抗战，斩十余级。贼少却，遂刺船而去。

李德馨记录了此次战斗情况，并报告季金负伤的消息，启呈国王。

> 右议政李德馨驰启曰：舟师进逼曳桥，倭贼出战，季游击金右臂中丸，不至重伤。（《宣祖实录》）

九、十月倭桥战事

十月倭桥的战事中，李舜臣也记录了激烈的战争场面。《李忠武公全书》载：

> 陈都督与统制使李舜臣乘潮来攻，督战曰：各船各拿数船来，今夜必尽灭此贼无遗也。舜臣以潮退白之，都督不听。各船迭相进夺贼船，不觉潮退，沙船号船二十三只胶于浅滩，贼见之垒集各船，围之。船上人乱用刀枪下斫之，贼死者不知其数，天兵亦多死。我国兵用片箭从暗中射之，贼始开一面。天兵陷于浦口泥中者一百四十人，至是俱得脱。天兵船被烧者十九艘，被攘者四艘。

陈璘的水师是协助攻击倭桥（即顺天），李舜臣记载的九月二十一、二十二日的战事。其中有监军王士琦、邓子龙、季金等。当时，刘綎造战车，等待了十余日。

> 陈璘率舟师协攻顺天之贼。参政王士琦监军，与邓子龙、季金、梁天胤、福日升、王元周、沈懋、李天常及我国统制使李舜臣等，从古今岛开洋，以九月二十一日，令诸将会攻水栅。二十二日进攻，斩获甚多。时刘提督（刘綎）方造攻城楼车，待其讫工，将攻城，故都督亦敛兵等待者十余日。

在十月初的战事中，李舜臣记录了西路刘綎与陈璘不睦的情况，陈璘进攻开始了，而刘綎迟迟不至。因为刘綎不同意陈璘马上进攻的意见。最后是刘綎私下退兵了。

> 翌月（十月）初一日，提督（刘綎）约与相见曰：我造梯冲未完，军门添兵及邓子龙水兵亦未到，我欲待诸军俱到举事。都督（陈璘）曰："师徒暴露已久，贼必窥我情形，不如速战之为愈。"提督（刘綎）不得已从之。初二日，提督（刘綎）将进攻贼穴，都督（陈璘）领诸船乘潮而上。过午，陆兵不进。初三日，又乘晚潮大战，而陆兵又不至。初七日，又进，而提督已撤陆兵矣。都督愤曰："我宁为顺天鬼，不忍撤兵不要攻城。每战杀倭数百，倭亦尽矣。"连日进攻皆捷。

后来，陈璘的水师协助陆军堵截倭寇，击毁倭船百余。小西行长暗中派千余骑攻击明军，刘綎两面受敌，战不利，退军。陈璘的水师也弃船而走。

三路进军，战事不利。御史丁应泰等督察征战，上报军机损失事，上司不同意他作的报告。大将与首辅上下其手，大学士张位、沈一贯压制不同声音，直白言事的御史被停职。将领与辅臣已形成默契——私下协调，而后上报皇帝。

邢玠报告朝廷，西路刘綎本月初二日用战车斫倒木栅，烧毁倭巢六十余间，杀伤无数，我兵亦有损伤。又报，初三日水陆夹攻，陆兵互有伤损，水兵失利。东路总兵麻贵遣兵袭剿，焚寨烧粮，斩获首级，夺回鲜人，得获畜器。又奏中路将帅轻敌失防，因惊丧师。明军的损失，的确以中路为大。

邢玠的报告不敢多讲败绩，而御史则过分夸大了失利。神宗见报而恼，他说：

> 东师三路进取，方望奏功，如何中路有此失事，明是法令不肃，各将骄恣轻敌所致，若不明正军法，何时得收荡平。著兵部从重参究，详加议处以闻。

最后，朝廷把失利的罪过记在中路的骑兵逃将身上，游击马呈文、郝三聘被斩。

十月，御史丁应泰怀疑"坚城得志，启朝鲜异日之患"，提出"筑城屯守之议为杨镐罪业"。丁应泰的意思是，杨镐让朝鲜国王筑城防守，朝鲜有了坚城，以后会叛变明朝，这是杨镐的罪行。丁应泰明里批评杨镐，暗带指责了朝鲜国王没有一心忠于明朝。国王则极力表白自己对明朝绝无二心，国王李昖奏言：

> ……虽流离颠沛危急存亡，惟一心拱北，……以臣节见疑于天朝，……臣不惟获罪圣明，将得罪祖先，且无以自解于臣民，岂不痛冤。

神宗明确表示，自己完全信任朝鲜国王：

> 朕连年用兵发饷，不惜劳费，原念尔国世效忠顺，极力保全，不必因人言疑惑。

第八章 露梁海战

福建都御史金学曾向朝廷报告，丰臣秀吉已经于七月九日死，各路倭寇俱有归意。二十六年（1598）十一月十七日夜，加藤清正弃蔚山驾舟先跑，官军分道进击。麻贵遂进入岛山、酉浦，刘綎则攻夺曳桥，斩杀倭寇百六十。

中朝联合水军取得露梁大捷。倭桥小西行长与南海日军联系，由岛津义弘、宗义智、立花统虎、寺泽正成等率六万余名水军、五百余艘战船前来解围。陈璘获悉情报，将军队埋伏在露梁海峡左右侧。11 月 19 日，水军击沉两百余艘敌船，击破一百五十余艘，截获一百余艘。朝鲜李舜臣、李英男等 10 余名将领，明朝邓子龙、陶明宰等牺牲。

《明史》则强调日军主动撤退，轻视中朝联合组织的露梁海战，战事不予详细记载。《明史》忽略露梁海战，反映了明朝大臣对此战的态度。

> 石曼子引舟师救行长，陈璘统苍唬船邀击之，得级二百二十四。副将邓子龙、朝鲜统制使李舜臣冲锋，没于阵。子龙，骁将也。诸倭扬帆尽归。
>
> 自倭乱朝鲜七载，丧师数十万，糜饷数百万，中朝与属国迄无胜算，至关白死而祸始息。

《明史》对壬辰倭乱的评价是，如丰臣秀吉不死，战事就不会结束，胜利就没有希望。在名将刘綎的传记中，露梁海战是这样记载的：
"石曼子引舟师救，陈璘邀击之海中。行长遂弃顺天，乘小艘遁。"
小西行长最后是驾小船逃跑的。

明朝一些大臣以为战争是日军自动撤退的，无所谓明军的胜
利。则自九月起，西路明军围困倭桥，进行一系列浴血奋战均是没
有任何意义的，李舜臣、邓子龙、季金诸将军的功绩与明军、朝鲜
水师的功绩均被一笔勾销，在朝鲜战场上对日本的胜利根本不存
在，这是十分荒唐的。

一、海战前夕

万历二十六年九月明军开始三路进军，但是都遇到失利，尤其
中路遇伏，骑兵游击将军带头逃跑而溃败，御史问责，明军处于战
败后士气低落的不利境地，战事也停滞不前。而倭寇在丰臣秀吉死
后，已失去主心骨，急于退兵。在这关口，明军又开始商量军事计
划，朝鲜方面阁臣李德馨极力主张围攻倭桥。明军水师统帅主张攻
击南海。李舜臣则主张对倭桥倭寇实施围困，以便吸引援敌，从中
围歼倭寇——围点打援。战场形势急剧变化，战前各方活动频繁。
以下是李舜臣回答王士琦的信件，其中有当时形势的记述。

李舜臣告诉王士琦，按照他的指示，已将地图交付水师统帅陈
璘（陈督府），同时与派遣至日军中的细作李文彧密议。十月二十
六日南海人报告，日军援救倭侨的平义智对当地百姓宣示，明军已
败退。而探问敌情，日军的动向值得注意，倭寇已打算撤兵了，他
们把"周江浦煮盐釜子十余个撤载，空船先送对马岛诸倭"，煮盐
釜子是牢盆（大铁盘），即古煮盐工具，倭寇不驻朝鲜，才撤走战
略物资。"诸倭于我买马贸布，或裁牛为食，似异前日"，倭寇把牛
马都处理了，或换布匹，或杀牛食用，一切为了便于撤退。倭寇的
翻译和士兵说：南海的倭寇撤移釜山，倭桥的倭寇撤移南海，李舜
臣认为这些话均不可信，李舜臣已预见倭寇要退兵了。

李舜臣密札

起复统制水兵李舜臣顿首百拜，伏承恩台下谕，即将地图面议于陈督府，督府亦以为然。方修船上挨牌，昨又蒙委遣李文彧，当密议善处去。二十六日，南海人朴琮、金烈希等入本岛，回称，贼将平义智自天兵撤退后，自倭桥还，招集本处人民晓谕曰：大明兵与朝鲜兵皆败走，今患焉在，百姓安住云云。探问贼情，则周江浦煮盐釜子十余个撤载空船先送对马岛。诸倭于我买马贸布，或裁牛为食，似异前日。倭通事与倭卒等或言：南海之贼彻撤移釜山，倭桥之贼彻撤移南海，此亦未可信也。李文彧作密书寄与其妻兄，其答时下未到，即更差朴琮、金烈希等还入详探。伏乞台鉴。

万历戊戌十月二十八日

海战前夕，陈璘与李舜臣对海战的部署计划发生争执，矛盾十分尖锐。《乱中日记》《忠武公全书》等文献，甚至称陈璘受日军的收买，朝鲜民主主义人民共和国文部省有关壬辰倭乱的书籍也依据李朝时代的文献记载，取此说。

文载，陈璘要讨伐南海的倭寇，放弃对倭桥小西行长围歼。李舜臣明确说，南海是被倭寇俘虏的朝鲜民众，并非倭寇。陈璘说，既已依附倭寇，也是贼子；且讨伐南海，可多获敌人的首级。李舜臣义正词严反驳，皇帝命令讨伐倭寇是为了拯救民众生命，现不去救援，反而杀戮被俘的民众，这违背了皇帝的意志。陈璘以皇帝尚方宝剑加以威胁，李舜臣不予理睬，说一死不足惜，身为大将"绝不可舍贼（倭寇）而杀我人（朝鲜民众）"。

都督（陈璘）多受贼赂，欲开其去路，谓公（李舜臣）曰：我欲姑舍行长，而先讨南海之贼。

公曰：南海皆是被掳之人，非倭贼也。

都督曰：既已附贼，则是亦贼也。今往讨之，则不劳而多斩。

公曰：皇上之所以命讨贼，欲救小邦人命也。今不救还，反加诛戮，恐非皇上本意。

都督怒曰：皇上赐我长剑。

公曰：一死不足惜。我为大将，绝不可舍贼而杀我人也。

李舜臣不屈服于主帅陈璘之威逼。终于，陈璘同意切断顺天倭寇的海上退路。

对于朝鲜的文献，不必全盘采信，部分文献已经后人记载或修改。说陈璘受贿并没有依据，不然，何以解释他在露梁海战中的奋勇作战，何以解释他在海战之后全力搜索乙山的残余倭寇。而朝鲜方对陈璘不满的态度却在这里全盘暴露了。

在战场上，为瓦解敌方的阵营，蓄意制造谣言，离间敌营，对这样的伎俩是无需过多分辩的。丁酉再乱起，日军蓄意制造李舜臣与之勾结的谣言，李舜臣被免职，随即元均丢失了闲山，而事实证明李舜臣是一位抗倭英雄。陈璘是明军水师主帅，他在战场上的表现，《忠武公全书》记载的露梁海战就已表达得十分清楚了。主帅受贿是不负责任的传言，应当澄清。

陈璘可能对组织露梁海战有不同意见，所以李舜臣要求国王向明军统帅邢玠请求换将，调遣季金为水军的统领，这是朝鲜方面无奈的选择。从朝鲜国王、领议政李德馨致西路明军监军王士琦的信中，也可以看到，在组织露梁海战中，的确遇到了重大的阻碍，这一阻碍不可能来自邢玠，只能是陈璘。

二、国王对露梁海战的期待

朝鲜国王李昖给西路军监军王士琦写了多封信件，感谢他对露梁海战的支持。王士琦在决定朝鲜前途命运的决战关头，坚定站在朝鲜的立场上，支持中朝组织露梁海战。最终，中朝军队实施了阻截倭桥西路倭寇的战事，引诱倭寇救援小西行长，从而围歼大批敌人，取得对日战争重大胜利，彻底消除日寇垂涎朝鲜的妄想。

前面已论述了李舜臣与陈璘在组织露梁海战计划上的分歧，而最终海战计划是必须通过邢玠、王士琦的。王士琦的决断至关重要，王士琦是西路陆军及水师两支部队的监军，与陈璘是一个级别的，他不必顾虑陈璘，而按自己的意志行事。当刘綎延误军机时，他以绑缚中军的形式震慑主帅——他是可以直接向皇帝报告的。在水师，他同样可以发挥作用。海战之前，李舜臣再多的争辩，不如王士琦的决策。王士琦是邢玠一手提拔的，在四川他就是邢玠的下级。正因为邢玠欣赏王士琦，才抽调他到朝鲜战场来，所以邢玠肯定听王士琦的。国王、李德馨肯定要走王士琦的路子，向监军诉说，请监军出面支持露梁海战计划。尽管没有这方面的记载，但从国王致王士琦的信中，已经可看到王士琦的重大作用。

朝鲜国王李昖在致王士琦的信中，把三路倭寇的遁逃，称作王士琦的功绩，"今日三路窨穴之贼一时宵潜。……实大人宣力之效也。"国王重点提到露梁海战，小西行长虽然逃跑了，但中朝联军在露梁海战消灭了数百倭船（行首虽网漏遁诛，而楼船之师扼贼露梁，血战竟日，碎其累百之艘），朝鲜终于"海氛廓清"天下太平了，这是王士琦"功绩赫然"，国王称海战胜利，"疆土再造，而余民始有息肩之望"，历经战乱的朝鲜人民终于可以喘口气了。国王十分感激王士琦，称"大人之惠顾小邦"，就是指王士琦同意组织露梁海战。

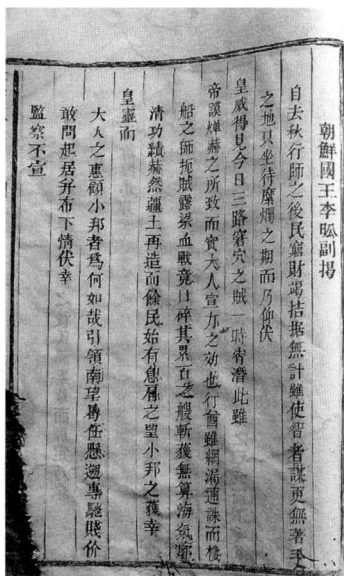

国王致王士琦的信

朝鲜国王李昖副揭

自去秋行师之后，民穷财竭，拮据无计，虽使智者谋，更无着手之地，只坐待糜烂之期，而乃仰伏皇威，得见今日三路窨穴之贼一时宵潜。此虽帝谟燀赫之所致，而实大人宣力之效也。行首虽网漏遁诛，而楼船之师扼贼露梁，血战竟日，碎其累百之艘，斩获无算，海氛廓清，功绩赫然，疆土再造而余民始有息肩之望。小邦之获幸皇灵，而大人之惠顾小邦者，为何哉？引领南望，曷任悬遡；专驰贱价，敢问起居并布下情，伏幸监鉴察。不宣。

国王另一封信，更直白地表示感激。国王说："监督横海之师，激励诸将扼之露梁，贾勇先登"，国王直接提露梁海战是王士琦督军，激励将士在露梁围歼倭寇。海战的意义，国王认为将威慑日寇不敢再犯（丑贼袭伏天威，必将相戒不敢再犯矣）。国王对王士琦只有感激："荷大人之拯济而得以再造于今日也。"国王以及李德馨等朝鲜大臣对王士琦的感激之情也是十分诚挚的，以致数百年后，朝鲜、韩国的领导人都能记得并感恩王士琦。

> 耸听捷音，竭胜忻忭。小邦之被倭祸，累岁而靡定。乃蒙圣天子简命，大人奉明旨远临小邦，威名固已惊破贼胆而壮我声势矣。比监督横海之师，激励诸将扼之露梁，贾勇先登，送死游魂歼灭殆甚。此役之后，丑贼袭伏天威，必将相戒不敢再犯矣。殆天意哀怜小邦之祖先而不弃其孤，殆不毂荷大人之拯济而得以再造于今日也，沥肠隳肝岂足为谢。专驰贱价，仍问起居，伏幸鉴察。不宣。

国王的第三封信，特别强调露梁海战的胜利，"备闻大人督楼船之师，扼贼露梁，碎其馀艎，俘斩无算，……被兵七载，始见斯捷，沦亡之忧变为愉快"，在国家沦亡之际，露梁海战挽回败局，令朝鲜国人"愉快"。国王把王士琦的功绩与对皇帝的感恩，两者相提并论了——衔皇上之湛恩，佩大人之功德。国王认为王士琦的功绩可以"勒金石而垂丹青"，而《明史》仅在其父王宗沐的传记中附记了一笔，他督促刘綎出战的事情，也仅在刘綎的传记中提了一笔。还是朝鲜君臣没有忘记王士琦。

> 续得陪臣之报，备闻大人督楼船之师，扼贼露梁，碎其馀艎，俘斩无算，妖氛廓清，威灵远畅。盖小邦被兵七载，始见斯捷，沦亡之忧变为愉快，衔皇上之湛恩，佩大人之功德，宁有穷哉。勒金石而垂丹青者，想大人为首戡。时下严寒，伏惟珍卫万倍以慰瞻系。不宣。

朝鲜国王遇到了两位贵人，王士琦在决策时帮了大忙。而露梁战场前线，季金奋力跳跃上敌船杀敌，鼓舞全军奋战取得决战胜利，国王感慨："贼之败遁，皆大人之功也。"

这两位贵人都是浙江台州人。

三、左议政李德馨与王士琦商议战事

李德馨是朝鲜政府的枢臣，与明军统帅部的官员都十分熟悉，他与杨镐有过密切交往，杨镐在蔚山、岛山战役中，就是听了他的通报而弃军逃跑的，最后明军惨败，丧军上万。在中日议和过程中，朝鲜方面是由李德馨代表的。日本丰臣秀吉以朝鲜礼物薄、使节官卑位轻为由，称朝鲜看不起日本，从而毁约。明朝有官员说是李德馨指示送微薄的礼品，还有责怪李德馨的意思。当时，李德馨是代表朝鲜方面对外交涉的政府大臣。在日军预备撤军之际，李德馨十分关注西线战场，对露梁海战提出自己的看法，这也是朝鲜政府的意见。下面一信是致王士琦的，此信谈了与海战相关的若干问题。

一是海战之前，对敌的侦探与情报工作。季文或是朝鲜方面潜伏在日军内部的密探。

二是讲述了刘綎与小西行长进行和谈的消息。李德馨对刘綎是不满的，同时讲述了此时的战场形势，认为小西行长也想借和谈机会率精兵逃跑。李德馨认为小西行长如与其他倭寇合兵，"入他处并力，则水兵失形胜，是使贼离危地而就万全之所也。""纵贼而贻悔，岂非大可虞乎？"李德馨认为刘綎有纵敌逃跑的嫌疑。从王士琦威逼刘綎出战的情形分析，王士琦肯定受到李德馨此说的影响，起码王士埼是认可李德馨意见的。

三是李德馨要求王士琦堵截海口组织海战。他说："乞老爷飞马行会陈大将军陈璘星夜进阵，作速堵截海口，无致失机误事。"陈璘只能听王士琦的。李德馨还汇报了敌人预备逃跑的消息，"贼连日驾小船探看水兵远近"，军情紧急，如不及时堵截，敌将逃遁，而我"水兵方在兴阳罗老岛，虽欲急进，必待二潮汐方到倭桥海口，贼如快去，其势何及矣"。

四是忧虑"兵有战心，将无斗志者"。将领已生退兵思想，"行计之心或胜，死战之心渐解"，"三军之气已索然"，即军队缺乏斗志，李德馨提醒"东事之差失多坐于此"，"东事"指朝鲜战争，"差失"指以前求和事，军队缺乏斗志，于是求和，李德馨说"诚不可不深虑"。

五是以赞誉刘綎、陈璘两大将军勇略，求西路军出手歼敌。李德馨称小西行长、沈惟敬也仰慕刘陈两位名将。小西行长"深怕水兵来攻，朝暮欲退去者，亦恐海路见截耳"。敌人就怕海上退路被截，如真让敌人逃跑，两位将军英名将受损。

六是分析形势，以西路攻击小西行长为长策。东路加藤清正"形险难攻，水陆均有应援"，不易攻击。中路明军刚惨败，此时即使增加兵力，"兵气难据振作，兼又水陆无协攻之势"。李德馨认为东路、中路战事"不可再举"。李德馨建议"只在西路水兵之便用事"，他恳请王士琦"愿老爷商量，速赐吩咐"。

七是迫切希望调兵攻击倭桥。李德馨提出"请调东中两路精兵各一万来会于此，攻破倭桥"，报告明军统帅"得蒙准许议处"——邢玠回答说：商量，商量后决定，但是"至今未闻有上司处置"。李德馨如同热锅上的蚂蚁，他担心"时日渐晚，机会易失"，以致"每晨夜彷徨不知所措"。李德馨希望明军决策组织海战的心情是极其迫切的。

当露梁海战胜利之际，李德馨对王士琦的感激是发自肺腑的。

朝鲜国议政府左议政李德馨谨禀

南海之举，职长费苦心节。续差人往探，昨季文或有报，已差倭通事金云鹤等前去密图。此不可草率为也，须得真的情形，万分可成方好归报。俟金云鹤探来，星夜登岸，面告其说亦是矣。

近闻刘大将军（刘綎）欲哄行长离其巢穴，差委往来，至于遣质为约。职料此贼虑孤城为我水陆协攻，欲退据形险，则谅出实情。但今因我之哄他，而试我之浅深，既得质官，乃留假苴瞒我与讲，先机率精兵而跳逃，或据南海，或入他处并力，则水兵失形胜，是使贼离危地而就万全之所也。我之经营捉风，终不兑纵贼而贻悔，岂非大可虞乎？况贼连日驾小船探看水兵远近，而水兵方在兴阳罗老岛，虽欲急进，必待二潮汐方到倭桥海口，贼如快去，其势何及矣。倭桥海口外有突山岛，道里颇近。乞老爷飞马行会陈大将军陈璘星夜进阵，作速堵截海口，无致失机误事。唐李靖有言："用众在乎心一，心一在乎去疑。"职看今日之举，各兵以不得擒行长、馘正成为大慨恨，而有时闻将领之绪论则使人心如死灰，所谓"兵有战心，将无斗志者"，其无乃不幸而近之乎！其故何也？行计之心或胜，死战之心渐解，此心被他牵引旁走，则触事有害，而三军之气已索然矣。自壬癸年（壬辰、癸巳年为万历二十、二十一年，即 1592、1593 年）来，东事之差失多坐于此，诚不可不深虑也。昔年，刘大将军（刘綎）驻大邱，仰成李提府（李如梅）委官谭宗仁在釜山，行酋（小西行长）惯听大将军威名，沈游击沈惟敬对行长必盛称刘、陈（刘綎、陈璘）二大将军勇略，故季文彧初自贼巢来，亦说倭奴匏闻刘、陈二老爷天朝名将。今日之事不可不慎重，小有差失，所损非细。目今，行酋深怕水兵来攻，朝暮欲退去者，亦恐海路见截耳。倘此着差了，则贼益生心姑退，目前非喜而滋大忧矣。

为今之计，急令水兵来守海口，则贼死命而操纵之，方无后虞。愿老爷商量，速赐吩咐。且东路之贼非但形险难攻，水陆均有应援，虽有累万兵，一手多碍。中路则我兵挫败，此时虽添兵，兵气难据振作，兼又水陆无协攻之势，两路之不可再举也。如此且贼之不敢发，则职必保矣。然则多留大兵，亦奚以为今之结局。只在西路水兵之便用事，尒无若倭桥行酋久在此城，则天送死也。曩者，职请调东中两路精兵各一万来会于此，攻破倭桥，水陆直向中路等情，具禀于副府，得蒙准许议处，至今未闻有上司处置，时日渐晚，机会易失，每晨夜彷徨不知所措云。

四、决策

李德馨提出与日军决战，迫切希望王士琦出面干涉海战部署。他提出攻击西路小西行长，在海上堵截倭寇退路。三路倭寇中，李德馨选择西路为打击目标，因为明军在西路有水陆两军，方便攻击。李德馨的计划，与实际露梁海战存在明显差异，海战过程是围点打援，李德馨提出的是调兵攻击倭桥。李德馨希望调东中两路精兵各一万攻破倭桥，但倭桥城坚，守敌顽强，如果强攻，伤亡肯定惨重，而且调兵将影响整个战场形势。明军东路、中路没有参加围城攻击倭桥。此后，实际的战事是按李舜臣的计划进行的，李德馨也改变了自己的初衷，郑重向王士琦提交了李舜臣的军事建议。

下面李德馨致王士琦的信件，可以了解两人交往的一些情况。

一是王士琦也迫切希望了解前线的实际军情。此为李德馨回信，前面回答王士琦的问题。李德馨说他"荷蒙老爷密帖"去探问倭将狡计，但倭寇狡猾，根本问不出有用线索。李德馨问了朝鲜各处无数被倭寇俘虏的人，他们供述各异，但都不知倭寇的实情。李德馨说"倭奴奸甚，去则示留驻之状，留则为撤退之语，虚而为实，实而为虚"，李德馨说他反听倭寇的话，倭寇说去就是要来，倭寇说来那就是要去。李德馨说这样判断倭寇动向"多不差矣"。

王士琦肖像

二是继续要求明军攻击倭桥。李德馨说倭寇正试探我军，待机集结兵力组织反扑，"欲试我深浅之时，缓我数月，厚集其兵力"。这是李德馨的判断，其实不然，倭寇根本不想拼命，只想安全退兵。李德馨说倭桥"地形孤绝，我水陆堵截，则贼路断势窘"，依然讲他的围攻计划：水兵扎阵在海口，轮班乘潮进攻，陆兵扎阵在险地，频挑精兵扰乱，让倭寇骚动而趁机攻击——这一计谋并没有实施。

三是推荐了李舜臣的海战计划。李德馨把李舜臣的计划告诉王士琦，李德馨也认为"哄他离穴，截杀海中，最是奇计"——这就是李舜臣的计划。对倭桥硬攻，明军已损失惨重，明军不会再采纳，李舜臣也认为不妥。"哄他离穴"就是调虎离山计，"截杀海中"就是趁敌人不备而攻击——露梁海战的经过就是如此。此机虽妙，李德馨却不看好，他认为"行酉必其见万保而后肯出，此岂易成哉"，然而正是李德馨不看好的事情最终成功了。不过，李德馨依旧把李舜臣的密札也一起呈览给王士琦。

四是李德馨反对刘綎、陈璘先取倭桥，而后战南海之战略意图，他说"职之妄意恐不然也"，但是他也知道兵无常势，他说"唯老爷吩咐"，朝鲜战场上只能听明军主官的意思。

很幸运的是，王士琦采纳了李舜臣的计划，西路军最终实施了露梁海战。战争的进程就是先取倭桥，后战南海——露梁海战胜利后，接着扫荡南海的倭寇。

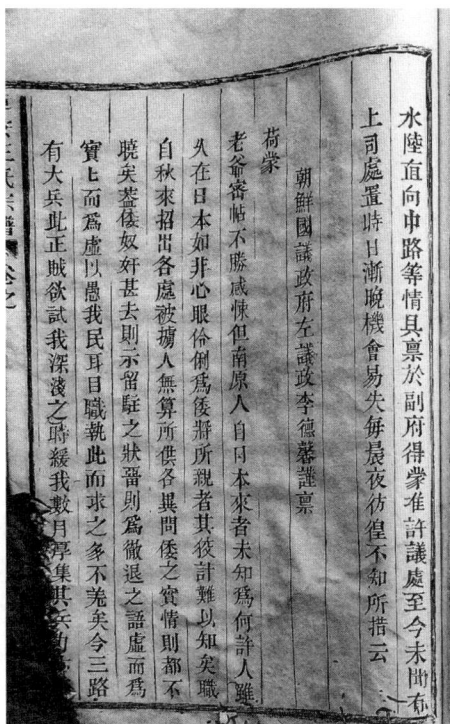

李德馨禀文

朝鲜国议政府左参政李德馨谨禀

荷蒙老爷密帖，不胜感悚。但南原人自日本来者，未知为何许人，虽久在日本，如非心眼伶俐为倭将所亲者，其狡计难以知矣。职自秋来招出各处被掳人无算，所供各异，问倭之实情，则都不晓矣。盖倭奴奸甚，去则示留驻之状，留则为撤退之语，虚而为实，实而为虚，以愚我民耳目。职执此而求之，多不差矣。今三路有大兵，此正贼欲试我深浅之时，缓我数月，厚集其兵力，亦不可不戒也。但倭桥之举，地形孤绝，我水陆堵截，则贼路断势窘，不须进逼城下，方可言围困也。水兵扎阵海口，轮班乘潮进攻，陆兵扎阵形险，频挑精兵出奇而挠乱，则倭奴虽狡而素轻急，自中骚动，我必有可乘之会矣。若哄他离穴，截杀海中，最是奇计，行首必其见万保而后肯出，此岂易成哉。南海之事，晨夜在心。李舜臣密札同封呈览。

第水陆大将军俱有先倭桥而后南海之意，职之妄意恐不然也，兵无定期，唯老爷吩咐，为此密禀。

万历二十六年十一月初三日

五、露梁海战

二十六年（1598）七月九日，日本丰臣秀吉死，倭寇思返。西线明军一直围困顺天倭桥的小西行长，而机警的小西迟迟不入明军包围圈。明军水师占领猫岛，封锁光阳湾，截断小西行长的退路。部分中朝水师在露梁海峡以东海域巡逻，监视泗川石曼子（岛津义弘）的动向。

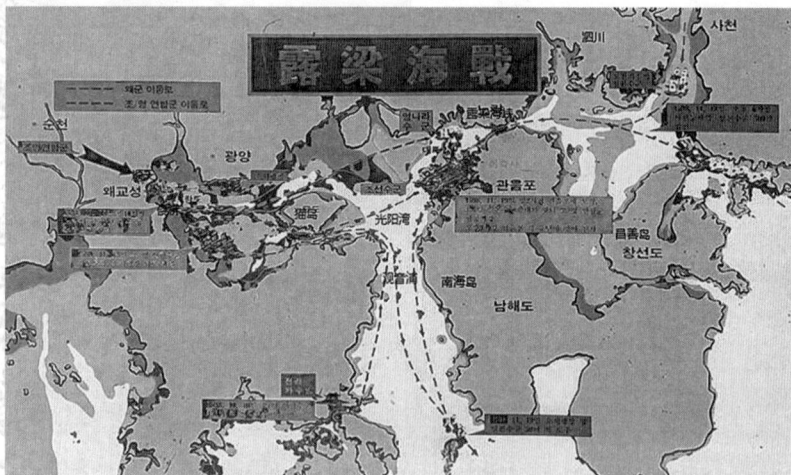

露梁海战示意图

十一月十七日夜，倭寇在南海举火示意，此是接头暗号，表明南海倭寇欲往露梁海域，接应顺天倭桥小西行长撤退。十八日夜，石曼子引船队掉头向西进入露梁海峡，突入光阳湾，而宗智义的水师从南海来，合军救援小西行长。

夜十时许，倭寇进入露梁海域。中朝水师联军乘夜色掩护，袭

龟船

击日军水师。柳成龙《惩毖录》详细记载次日凌晨二时的夜战："月挂西山，
山影倒海，半边微明，我船无数，从阴影中来，将近贼船，前锋放火炮，呐
喊直驶向贼，诸船皆应之。贼知我来，一时鸟铳齐发，声震海中，飞丸落于
水中者如雨。"

　　日军水师失战船五十余，其余逃观音浦。战斗中，邓子龙船误中火器，
李舜臣赴救，二人均壮烈牺牲。李舜臣临死前，遗命为不可泄露其牺牲的信
息，在副将的提醒下，李舜臣之子李荟指挥朝鲜军队。明军水师伏军在附近
小岛旁隐蔽待机，日军败退之际，季金与副将陈蚕率援军及时赶到，全歼了
日军船队。

　　《李忠武公全书》记载了露梁海战，按此书记载，季金是随陈璘一起作
战的，这与《明史·陈璘传》记载的不同，季金是在邓子龙、李舜臣先后牺
牲，倭寇即将遁逃时，与副将陈蚕一起赶赴战场的。此战，小西行长是乘乱
从外洋逃跑的。但不知为何该书称李舜臣在二十二日还在组织战斗——明显
有违史实。

十九日夜，贼（倭寇）船见于南海，李舜臣告都督（陈璘），都督与季金前行，诸将继之。舜臣先导出屯前洋。二十二日，贼船来犯前军，舜臣击败之，焚其船五十余只，斩二百余级。二十四日，贼悉船来战于观音浦，战酣，行长乘船从外洋脱去。

《李忠武公全书》记载了陈璘与李舜臣在战场上相互救援的事情。先是陈璘救李舜臣，倭寇转而围困陈璘，陈璘以火攻敌船。继而李舜臣突围救援陈璘，合力血战。此事与《明史》记载的李舜臣为救援邓子龙而中弹牺牲，明显不同。书中这样记载：

都督陈璘亲自督水兵鏖杀。当倭寇围住李舜臣船数重，陈璘换乘朝鲜船冲入敌围，救援李舜臣。于是，倭寇又围住陈璘，两个倭寇跳上船头，明军刺其胸膛，投入海中。陈璘主帅吸引了众多倭寇，"贼船鳞集于都督船下"。陈璘令下锚，王元周，福日升二将也换乘朝鲜船，两边挟护陈璘。陈璘令军中呐喊，放大炮，倭寇船小，仰放鸟铳。陈璘令诸军紧靠盾牌伏于船上，倭寇见明军伏在船上，就挺剑向上刺，明军以长枪俯冲刺敌，上千倭寇坠水而死。诸将拼死近战，陈璘摇铃收军，"船中寂然无声"。倭寇疑虑而稍稍退却。明军从高处向倭寇散喷火筒，"风急火烈，贼艘数百顷刻煨烬，海波尽赤"。李舜臣望见陈璘被围，即突破重围而进，合力血战。邓子龙的船也误中火器，军士避火惊扰，"贼乘之，杀子龙，烧其船"。朝鲜庆尚水使李纯信的先锋船烧倭船十余只。一个布置红幕的倭船，上有三个披金甲敌将在督战，李舜臣领众合攻倭将，射中一个穿金甲的。倭寇各船都放弃围攻陈璘，来救倭将，陈璘的船队围解，与李舜臣兵合势，发虎蹲炮，击碎倭船，焚烧殆尽。这是两军主将合力杀敌景象。

都督督水兵鏖杀泗川之贼，贼围李舜臣船累重，都督换乘我国船，犯围直入，救之。贼又围都督，二贼跳上船头，天兵（明军）以锐钯刺其胸膛，投海中。贼船鳞集于

都督船下，都督令下碇，王元周，福日升二将亦换我船，挟都督
船。都督令军中呐喊放大炮，诸贼仰放鸟铳。都督令诸军依挨牌而
伏，诸贼见之，一时挺剑以上，天兵以长枪俯刺之，坠水死者以千
数。诸将出，死力薄战。已而，都督摇铎收军，船中寂然无声。贼
疑之，稍却。天兵从高散喷筒于贼船，风急火烈，贼艘数百顷刻煨
烬，海波尽赤。舜臣望见都督被围，亦冲围而进，合力血战。邓子
龙船火起，一军避火惊扰，贼乘之，杀子龙，烧其船。我国庆尚水
使李纯信先锋船又烧贼船十余只，有一贼船甚高，上施朱幕，被金
甲者三人督战。舜臣悉众合攻，射中金甲者一人。贼船舍都督来
救，都督军因是得出，与舜臣诸兵合势，发虎蹲炮，碎其船，余贼
褫魄，焚烧殆尽。

两军交战场景

《李忠武公全书》为突出李舜臣的功绩，人为将李舜臣牺牲时间，安排
在战斗结束之时。并称朝鲜水师按李舜臣遗命追击敌人，追烧敌船二百余
艘。而此后事件却不是英武之师所为——手下在抢夺首级与财物。见此，陈
璘说李舜臣已牺牲了，部下没有节制了。似此，依靠李舜臣之子独挽狂澜的
可信度就不足。此书还说刘綎放走了小西行长。海战结束，陈璘于二十六日
就班师回汉城。

　　翌日，舜臣中九卒，麾下士匿不发丧，吹角偃旗，督战益力，
追烧贼船二百余只。贼或遁入南海，或从露梁津而走，都督在船

上，望见统制船士卒争取首级、倭货，曰："统制必死矣。"问之，果然。行长从弥助项外洋遁归，其不得捕斩行长，刘提督（刘綖）误之云。二十六日，都督（陈璘）振旅，由陆路抵王京。

另据文献载，李舜臣援救邓子龙时中弹，铅弹从腋下穿过，其子李荟、侄子李莞急扶住，李舜臣临终交代："战方急，勿言我死。急命以防牌蔽之。"用盾牌遮蔽身体，以免泄露去世信息，影响士气，这如同《三国演义》中诸葛亮在五丈原临终交代，将遗体安坐在轮车上。副将宋希立将盔甲披挂于草人上，似乎李舜臣依然指挥，朝鲜军队士气不减，持续作战（山西人民出版社《帝国最后的荣耀》）。

朝鲜文献为我们适度恢复战时情景，由于过分强调朝鲜及李舜臣，忽略了季金等其他明将。国王是局外人，当时他听到的汇报是：季金带头挥刀跃上敌舰，主帅冲锋在前，将士无不奋勇，全歼灭了日军。季金在兵袭栗林夺曳桥时，身先士卒，负伤力战，"士卒奋勇，无不一当百，贼大败逐北"。海战中邓子龙、李舜臣牺牲，日军仓惶退兵，危急之际陈蚕、季金率军赶到，挽回了危局（《明史卷二百四十七陈璘传》）。李舜臣牺牲，朝鲜水师如果真有能力消灭二百余敌船，国王就不会挽留季金继续留在朝鲜，这是显而易见的。

露梁海战胜利，对朝鲜至关重要，战事一结束，李德馨就向王士琦祝贺。他说听哨探走报，海战"破响终日震海，想因血战等因得此"。别将洪大邦等向参政报告洋中血战事状，李德馨称"不胜感泣"，经七年苦难，朝鲜得到新生，他怎能不感慨？

　　朝鲜国议政府左议政李德馨谨禀
　　职昨据哨探军役走报，水兵船上破响终日震海，想因血战等因得此。续别将洪大邦等面称洋中血战事状。职闻来不胜感泣，备将事情具禀军门启知。寡君外随当进谒面谢老爷。为此，理合具禀。

李德馨的另一信则更加卑恭，他对王士琦说"发纵指示都在老爷"。而且告诉王士琦朝鲜将为其立"去思碑"，他说：

> 职曾在西路蒙老爷恩眷，且念水陆之功非他路比，发纵指示都在老爷，职欲图报不朽，岂有限哉。第以各衙门俱会城中，恐妨体面，只得三缄隐默。俟各启程时，小国君臣谋竖去思碑于西郊周道傍，以表一时之盛，永百世之思。为此理合预禀。

六、露梁大捷的英雄——季金

在朝鲜国王的心目中，季金才是露梁海战真正的英雄。《宣祖实录》载："上（国王李昖）幸季游击金馆，行酒礼。上曰：'大人于露梁之战，先登力

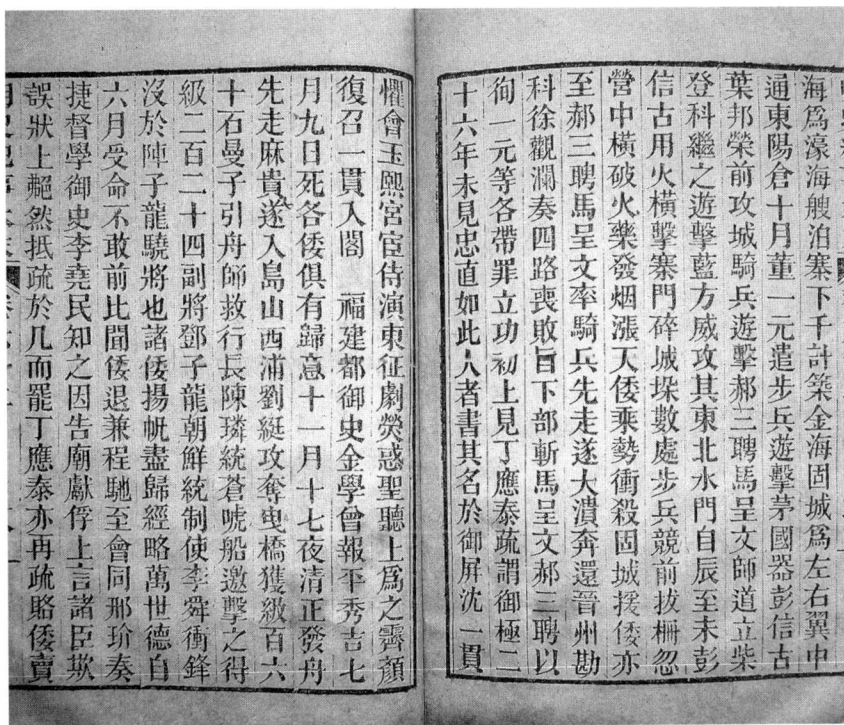

《明史纪事本末》记载的露梁海战

击，贼之败遁，皆大人之功也'。"国王当面称赞季金："皆大人之功"——评价极高！国王把露梁海战的功劳完全记在季金的名下，这是完全正确的——全军将士看在眼中，记在心中。在明军主力已撤军，季金作为水师统领留驻朝鲜时，国王前往季金官邸慰问季金，向季将军说出发自肺腑的心里话。如果在国王宴请归国明军将领会议上，国王不会说这样的话，他要顾及留守朝鲜的主帅万世德的面子，不能让万世德难堪。

露梁海战中，邓子龙、李舜臣前赴后继血洒疆场，最终季金率浙直水师全歼了敌军，立下不朽功勋。日军撤离朝鲜，壬辰倭乱结束，历时 7 年。12 月，刘綎在倭桥驻军五千，率主力到釜山龙头山。陈璘先至南海，后退回古今岛。副将许国威等在巨济岛、闲山岛等布阵。季金则与朝鲜水军一起搜查岭南海边的日军残兵。

明军经略万世德自六月受命，不敢前进，听得倭寇败，兼程奔赴前线，会同邢玠向朝廷奏捷——报告胜利。邢玠晋升太子太保（三公之一），万世德升右副都御史（七卿副职，负责检察），陈璘、刘綎各加都督同知（大军区的副司令）。季金功绩也得到朝廷承认，原职游击将军，比邓子龙副将低一级。论功行赏，季金职位连升两级，直接升至都督佥事（军区参谋长），与邓子龙同级。

第九章 海战胜利之后

当倭寇的东线将领加藤清正从朝鲜遁逃而归时，总督邢玠就遣快马飞报朝廷。

兵部上奏神宗：自倭寇侵略朝鲜，令藩国朝鲜残破，倭寇在釜山经营了巢窟，三路倭寇进犯十分嚣张张狂。皇帝宵衣旰食，关注东部朝鲜局势，两次兴师，七年劳费，皇帝"圣武英断"，一意剿灭倭寇，天助朝廷除逆，将吏协心同谋，刚好遇到穷寇思归，明军乘胜攻逼敌垒，致使倭寇兵势窘促，空穴而逃，敌垒祸根被拔，倭寇被歼于海上，皇上终于达到"字小之义"——抚育藩属的小国有义，帮助属国复国，朝鲜效顺明朝之心更加坚定。

神宗听此而喜。

不几日，露梁海战一结束，邢玠上报朝廷，把功绩归之水师的陈璘。这与朝鲜把功绩全部记在李舜臣身上，是明显不同的。中朝联合水师是陈璘负责指挥的，而且陈璘在一线指挥战斗——首功应为陈璘。按朝鲜的文献记载，李舜臣军船被倭寇围困时，是陈璘率军赴援。当陈璘主帅的战舰被围，则是李舜臣赴救。陈璘命令用喷火装置攻击敌船，焚毁上百艘，主帅陈璘的功绩至伟，不可埋没。火攻也误烧了先锋邓子龙的战船，致使敌寇趁机对邓子龙攻击，李舜臣主动救援邓子龙，确是一个优秀的指挥员，智勇双全，顾全大局。战事不可预测，李舜臣不幸牺牲，为倭寇逃窜提供了极好的机遇。这危急时刻，副将陈蚕和浙直水师的游击将军季金率军及时赶赴前线，挽回颓势，彻底消灭了围困的敌人。

邢玠在捷报中说，最近倭寇两万余人，驾驶六七百只船，纠集釜山、泗川、巨济、闲山等处的倭将，全力援助西面倭桥的小西行长，陈璘身先将士，鼓动将士与敌大战，以铁铳击毙倭大将石曼子，又生擒一个部将，被焚溺死的敌寇不计其数，即便水中不能割取敌人的首级，仍旧斩获了三百余颗。战役全胜，妖氛已平。

兵部再呈邢玠的奏章，神宗喜说：釜山全部收复，倭寇荡尽，念将士劳苦，应当记叙功劳，依次确议将士功级，查明送报，以慰军心。去年蔚山战役的功罪也赶紧勘查上报。

朝鲜战场扫除残余倭寇的战斗继续进行。南海锦山一股彪悍的倭寇"愈匿愈深"埋藏得很深，官兵用计谋引诱也不肯出来，终于倭寇偷渡回国。在乙山川盘踞的倭寇崖深路险，比锦山更加隐蔽。陈璘亲自督促所部搜山，领兵潜入乙山，偃旗息鼓，包围倭寇潜藏的岩洞，天渐黎明，才发铳炮，官兵奋勇仰攻，斩敌首级十颗。十一日再进剿乙山，奋战良久，斩九十余名，陈璘督兵搜山，爬搜每个角落，无一余孽。自万历二十六年七月至二十七年一月，陈璘的首功一千一百余颗——战场上割取的敌人首级，落入露梁海域的不算。

兵部再呈报告，是总督邢玠关于余倭荡平的捷报。

神宗说：我看了奏本，朝鲜南海的余倭全部荡绝，东征朝鲜的战事这才算完局。

接着，一场针对朝鲜战场上将士功绩的大辩论在朝廷展开。

一、对露梁海战胜利的争议

万历二十七年（1599）正月，兵部再呈经略邢玠的边报说：以前的露梁洋之战，生擒倭将一名，诡称是石曼子的部下，今译审系丰臣秀吉的心腹大总帅平正成，希更正以前的误报，以向各边远少数民族区域（四夷）彰示朝廷的威严。

对战事论功行赏时，对战绩一向持怀疑态度的御史提出了不同看法，御史丁应泰、给事中徐观澜等多名实地考察前线的纪检官员，不仅不同意记功，且指责明军将领有罪。

徐观澜称东路敌酋加藤清正与西路小西行长已逃亡，"元凶未获"，敌人头目没有捕获，不得称胜利。徐认为国家耗尽财力，"皇上大发帑金，大征士马"，希望一鼓作气直捣敌巢（固望直捣长驱灭此而朝食也），只有把敌酋活捉于海上，在北京的街市上斩首才解恨。而明军久久停留在外疆，最后加藤清正、小西行长"二酋竟逃诛僇，臣与文武将吏俱不得辞其责"。他把两位敌酋的逃窜归罪于明军将领，这很没有道理，这个纪检监察官员有点吹毛求疵。

徐观澜在军队目击了战事，说自己不敢欺瞒朝廷。他说"东征的将士追亡逐北，虽有斩获，战胜攻取未合兵机"，就是说，胜利不是依靠兵谋将勇，是趁倭寇撤退侥幸取胜，他称明军请功是"欲贪天功以为己力，大张勋伐远勒威名"。徐观澜的议论有其可取的一面，从日方来看，明军胜之不武，趁人撤兵而攻。但徐观澜忘记了，明军如不出击日军，放弃对敌军的追击，才是犯罪。"二战"末期，日军节节败退，难道苏军、盟军就不该追击吗？

徐观澜从御史的角度看问题，揭示军队种种弊病——"师中积蠹，阃外虚文，则尤有可叹者"。蔚山战役后，杨镐撤职，他核查了东路军较完整建置的四个营，阵亡兵数近两千，军士"呼天拥告弊端"，杨镐当时竟谎报只损失数百人，虚文瞒报败绩。杨镐丧师辱国，且谎报军功。徐观澜仅查勘四个营，有十五个营没有查勘，其中奸弊更不知有多少。徐观澜说不敢"远避嫌怨"而不如实报告。对于军政，他提出"当今所最急者在善后之图，……水陆两兵酌留二万，即可扼釜山、闲山等岛"。

抨击更加厉害的是兵部赞画主事丁应泰，他上疏的内容骇人听闻：论总督邢玠等赂倭卖国，尚书萧大享与科道张辅之、姚文蔚等朋谋欺罔——主帅贿赂倭寇退兵，兵部尚书等均与邢玠勾结，欺瞒朝廷。丁应泰上一年任御史时赴朝鲜，他对国王、邢玠、杨镐均没有好感，他追究杨镐丧军之罪，这可理解，而提出筑城是"启朝鲜异日之患"——朝鲜筑了坚城，会叛变明朝，是朝廷的后患。丁应泰暗责国王，就没有道理了。今年丁应泰又检举说朝鲜暗中勾结日本，他援引《海东记》一书，及朝鲜与辽东争洲一事。丁应泰这些话对朝廷影响很深，到崇祯年间，大学士徐光启依然提出，朝鲜有与日本勾结的嫌疑，还说是明朝将领从朝鲜民间听闻的。

于是，御史徐观澜与主帅邢玠互相争讦。东征将士留在朝鲜，朝廷上在争论明军的功罪是非。御史与将领对立根源已久。军队将领贪婪冒功、隐瞒败绩、克扣军饷、侵扰百姓，这些弊病哪个朝代没有？上年麻贵报稷山大捷，萧应宫揭露，是日军主动按约退兵，何言战功？邢玠、杨镐弹劾萧"恇怯"，逮捕萧应宫。而徐观澜则夸大其事，对已胜战绩一笔抹杀，往军队统帅身上抹黑。

为平息御史与邢玠的矛盾，让东征的结果得到落实，大学士沈一贯上言提出一个折中的方案。沈一贯说："二臣仇恨已深，势如水火"，东征凯旋之时，应"释嫌去忌，先国家之事，而后私仇"，东征将士亟待凯旋，应及时抚恤阵亡将士，旌表立功将士。.

沈一贯奏章说，近日朝鲜赞画丁应泰上疏，诋毁征东将士。东倭发难七年，现一旦荡平倭寇，这是天地祖宗的默祐，也是国家无疆之大福；既是皇上独断智勇的大功，但前线十万将士披坚执锐，万里远征，功劳也不可泯灭。按丁应泰的上奏，说主将"赂倭卖国"，那么前线将士都有罪，不能称功了。现这十万人在外久劳，瞻望皇帝赐予的恩泽——封赏、加官进爵，心情如同农民盼望秋天收成，一旦失去封赏希望，对将士论罪，恐怕人心忿怨，强力是压制不了的。万一激变成为朝廷的梗头——违抗朝命，这就成了"一倭去而一倭生"，倭寇离去，国内倭寇——乱兵又起来了，这将严重损害国威，事变不可预知。丁应泰说的"赂倭"我怎能知道，但只要想到皇帝屡次下旨要求"责成，惟取荡平"，现倭寇荡平，应当从公论。如果丁应泰能激励将士，也应当记录他的功劳。古称"功疑从重，罪疑从轻"，这是"圣王治天下之要道"，现评论将士功绩，也应"宜务从宽"。沈一贯的意见是先论功行赏，不要追究什么贿赂买通敌人退兵的事情——事疑，不值得查勘。

东征将士的功罪廷争，终于向前线将士方面倾斜。

先是邢玠提出辞职，"总督蓟辽经略御倭兵部尚书邢玠自陈乞罢，不允"。神宗不答应邢玠的请辞，因为朝鲜军务还要他去主持。

兵部等衙门由尚书萧大亨等会集朝臣群议，诸臣认为，看了督（总督）抚（巡抚）的二疏，认为"以国体军情为重，竣事班师为急"。从国家大局出发，抓紧班师，结束军事。他们认为主事丁应泰的初疏不是没有原因的，但他太固执"求胜私意"，只顾个人意见，他对将士、对朝鲜罗织罪名，使朝鲜滋生惧怕中国之心，使将士离心，有损国体（致罗织之太苛，将士离心，属国复滋惧，诸臣谓其损伤国体）。

有的朝臣认为丁应泰的行为是要激起兵变，"倭未退则曰我军有罪，倭既退则曰我军无功，……百计陵轹，恐不激变不止也"。丁应泰的行为损害了国家利益，应让丁应泰回籍或回京，不要再查勘了。

萧大亨奏辩丁应泰的疏文，称丁应泰"求快乎己忿"，只顾私怨。因萧大亨与邢玠是同乡，丁应泰忌萧大亨署理兵部的事务，于是把萧大亨与邢玠列为一个党派，让他不好说话。萧大亨认为应顾全大体，抓紧记功，不失军心。同时减轻军费开支。

> 国家之大体当惜，将士之劳苦当叙。计倭败遁已近两月，军士暴露尚无归期，皆以应泰挠扰，既不叙其功，反加其罪，不知死者膏于草野，生者不获寸功，何以服数万军心。迟一月则费饷不止数万，失其心，将来何以用人。

定国公徐文璧主持了会议，结论是"功疑惟重，罪疑惟轻，著从优叙录，不必苛诘"。朝廷会议的结论出来了，与沈一贯的看法是一致的。

神宗皇帝下结论，称丁应泰"私忿妄讦"，"举动乖谬，几误大事"，皇帝同情将士"久戍劳苦"，朝鲜军民"泣吁苦情"。神宗对丁应泰所说的贿倭退兵提出看法，他说指责邢玠贿赂倭寇"自可理断"——可以用情理分析判断，七年的倭乱怎能用五千两银子将敌寇买通，让敌人退兵？（七年狂寇岂五千金能买其退败）丁应泰听风就是雨，缺乏御史应有的理智。皇帝下令将丁应泰革职回籍，皇帝让徐观澜赴汉城会勘，告诫徐观澜要"秉公持正"，而徐观澜还敢说以前那样的话吗？

> 上曰：国体军情，皆朝廷大事，朕岂以小臣私忿妄讦，不念将士久戍劳苦，与属国军民泣吁苦情。丁应泰举动乖谬，几误大事，姑令回籍听勘；徐观澜奉有专命，还赴王京，会勘务须秉公持正，

以称任使。

　　皇帝让徐观澜重新查勘，已定下调子：一是论功行赏，安慰将士之心。"倭氛荡平，宜叙功次以慰将士血战之心"。二是秉公持正，从宽论功。"仰体朝廷宽恤之意，勿得苛求"，即不必追究行贿退敌等疑罪。三是尽快班师，节省军费。勘察"事竣即回""令督抚会议善后事宜，亟班师以省劳费"。

　　四月，朝廷派遣刑科左给事中杨应文，代替徐观澜查勘明军战绩，杨应文复查纯属虚应故事，走过场，他说"仓卒难悉"——时间紧，难以全面调查。他说蔚山战役的功罪，由徐观澜清查，釜山等战役的功罪由监军陈效主持，且与其他官员一起查勘，有文档可查验（会同查勘，俱有册籍文卷可查）。杨应文不敢掺入个人意见，只把前查勘案卷带回，让朝廷"从公覆核"。

　　皇帝考虑大局，让丁应泰革职，以尽快结束战事。而可笑的吏科给事中陈维春上疏，论丁应泰"党倭误国乞亟处，以安军情"。明史评论陈维春此举："丁应泰以赂倭诋诸将，维春又以党倭诋应泰，嘻亦甚矣。"看到舆论倾向邢玠，陈维春说丁应泰与倭寇结党，祸国误事，要求查勘，这类趋炎附势之徒简直可笑。

　　邢玠弹劾赞画主事丁应泰诋毁东征将士，丁应泰被撤职。七月，给事中杨应文勘报东征功次，四路擒斩，首陈璘，次刘綎，又次麻贵。董一元始破三寨，终扫诸巢，也予以记功。

二、朝鲜国王也控告丁应泰

　　丁应泰对朝鲜国王、杨镐均没有好感，他称杨镐让朝鲜筑城是启"异日之患"。杨镐因蔚山岛山之役弃军而走，损师万人，犯罪撤职。国王极力为杨镐辩护。次年，明朝三路大军集结，国王撂挑子不组织军粮运输。神宗亲自向国王解释，明朝处理杨镐，这是杨镐自己的事情，与朝鲜没有关系，朝廷并没有怀疑朝鲜筑城的动机，他让国王组织后勤之事，不可耽误军机。

　　万历二十七年初，丁应泰在弹劾朝鲜明军主帅邢玠的同时，又检举说朝鲜暗中勾结日本，他援引《海东记》一书，及朝鲜与辽东争洲一事。于是，二月朝鲜国王李昖也向神宗提出申诉，逐一向神宗解释了丁应泰弹劾的事。

　　朝鲜王李昖奏辩丁应泰疏，大略谓，小邦服事之义，天下所知，正统癸亥迄嘉靖癸未、癸丑、丙辰等年，俱获入犯之倭，节次献俘，屡蒙奖赏，此皆小邦竭心殚力，以效藩屏之职者也。惟小邦不幸与倭为邻，岁为边患，对马一岛迫近于我，遂因其纳款，许其往来，初来之时寓于荠浦、釜山浦、监浦等地，所以有三浦倭户之说也。至正统庚午，戕杀佥使李友曾，小邦遂遣将剿灭，自后绝不许居焉。三浦之无倭户，今已八十九年，乃今谓小邦于万历二十年令世居倭户招诸倭同犯，言之不近人情乃至于此。至于《海东记》乃正统年间，因其来使，遣内陪臣申叔舟往日本通谕，验察彼中情形，得其国风俗世系地图，遂因其本薰，附以小邦馆待事例作为一册，以为异国奇闻。而今乃以覆瓿之断简，作为陷人之奇货，捃摭流闻，捏造虚辞，亦已甚矣。若所谓夹江中洲者，与小邦义洲只隔一水，彼此人民交通贸易，恐惹事端，故嘉靖年间移咨奏闻，立碑禁约。小邦不曾与辽民争讼，而乃云争讼，都司不曾以此事断案，而却说断案，至曰招倭同犯，夺取辽河以东，恢复旧土，言之罔极至于是乎。所自怜者，臣守义拒贼矢死不变，罹此丧败，而终以引贼反君受诬。臣谨奉天朝，一遵法制而终以不受正朔受诬；臣期灭仇贼义不共戴，而终以交通倭贼受诬；臣竭诚摅忠开陈无隐，而终以结党朋欺受诬；使先臣二百年事上之，诚至臣身而都丧，环东土数千里沦为禽兽之区，纵使仇贼尽灭，疆土尽复，恶名在身，持此安归，伏愿圣明将臣所奏，特下公庭查辩。上命兵部会廷臣看议以闻。

国王在上疏中，重点讲述以下几件事。

一是解释《海东记》来历，这是一本向使节介绍情况的小册子。国王解释说，正统年间，明朝来使，朝鲜派遣陪臣申叔舟往日本通使告谕，顺便考察日本，得到该国的风俗、世系、地图，这一本申叔舟考察的本稿，附上朝鲜接待外使的事例，是一册记载异国奇闻，向使节介绍日本的书籍，被丁应泰当作朝鲜勾结日本的证据。国王称丁应泰是收集流言蜚语，捏造罪名（捃摭流闻，捏造虚辞）。

二是奏辩朝鲜招引日本侵犯中国。日本对马岛迫近朝鲜，朝鲜同意日本对马岛与朝鲜釜山通航，"许其往来"。丁应泰说朝鲜于万历二十年令世居倭户——日本居民，招引日军同犯。国王十分委屈，说"小邦不幸与倭为邻，岁为边患"，自己"竭心殚力以效藩屏之职者"——他是忠诚于朝廷的，他说丁应泰"言之不近人情乃至于此"。

三是辩明"夹江中洲"一事。夹江中洲与朝鲜义洲只隔一水，彼此人民交通贸易时相往来，"恐惹事端，故立碑禁约"。朝鲜"不曾与辽民争讼"。

四是断然否定与日本勾结欲夺取辽东的谣言。历史上辽东一部分地方曾属高丽，丁应泰称朝鲜有收复辽东旧地意图，国王明确回答："至曰招倭同犯，夺取辽河以东，恢复旧土，言之罔极至于是乎！"国王说，这完全是谣言。而此说在数十年后依然被徐光启等提及。国王说朝鲜抗拒日本而效忠于明朝，而丁应泰说他勾结日本，他感到受诬而屈辱（终以引贼反君受诬）。国王坚定地表示"臣守义拒贼，矢死不变"。

御史不同意对朝鲜勘察。于永清认为，如果去勘察国王，这使日本喜，而令朝鲜疑惧。他指责丁应泰对明军的诽谤：倭寇不退称明军有罪，倭寇退兵则说明军无功，他不激变明军而不止，必待毁坏胜利的大业才歇手。

> 监察御史于永清奏辩，丁应泰疏以为方倭之据朝鲜也，宁独朝鲜危在旦夕，既我兵既集尚凛凛然惧也。此非救火拯溺同心并济时乎，乃丁应泰请勘朝鲜之疏至矣，臣愚不识忌讳，谓勘之是疑之也，疑之则朝鲜惧而倭奴色喜，是助倭也，臣于是有免勘朝鲜之请。（略）应泰既据

诸将之橐橐而掣其肘，复造不根之危谤而摇其心，倭未退则曰我军有罪，倭既退则曰我军无功，甚至刺眉割发，百计陵轹，恐不激变不止也。惟皇上洞烛奸谋，无隳已成之美业。疏下部议。

朝臣普遍不同意勘查朝鲜，要求朝廷下诏慰问国王，让朝鲜安心做好国内善后事宜。

> 兵部集廷臣会议东事，皆言朝鲜世笃忠贞，无背国通倭之理，乞免行查勘，仍亟赐敕谕，以安其心。
> 至于朝鲜陪臣，逡巡恐惧待命日久，乞降敕驰慰王心，举国安心共图善后，庶几于始终字小大义。

勘查朝鲜的事情就此结束，朝廷开始商量战后的善后事宜。

兵部再呈上兵科右给事中桂有根所陈述的东征善后七议。主要有：

设防守。禁约鲜人，不得片帆入海。朝鲜不得与日本通航、通商。

分兵马。釜山离南原不远，守住釜山、闲山、南海，倭寇不能登岸。朝鲜人被倭寇屠戮，人怀畏惧，不能支持，明朝的水师还要留下精锐部队与朝鲜协防，以后再逐步撤兵。

清粮饷、去冗官、久责任以底成功。

明赏罚以作士气。

却虚文以图实效。倭氛虽息，忘战则危。水陆兵士欲选调，马要用良马，舟楫需加固，火器战械要备修。

万历二十七年（1599），明军凯旋。四月，征倭告捷。

三、论功行赏

尽管季金的功绩最大，但是《明史》的史实不载，只在陈璘的传记中，记述季金与陈蚕一起指挥战事，取得胜利。尽管如此，依然可知道季金的功绩，因为在露梁海战的激烈战斗中，可不只季金一位游击将军，《明史》记述战事，把游击将军与副将并列在一起记述，算是最大程度上看得起季金了。事后，在协防朝鲜的安排中，也可以看到朝廷对季金的倚重，留任朝鲜协防的海军主帅换作了季金——其实朝鲜统制使李舜臣早就提出让季金出任明军水师统帅的建议了。

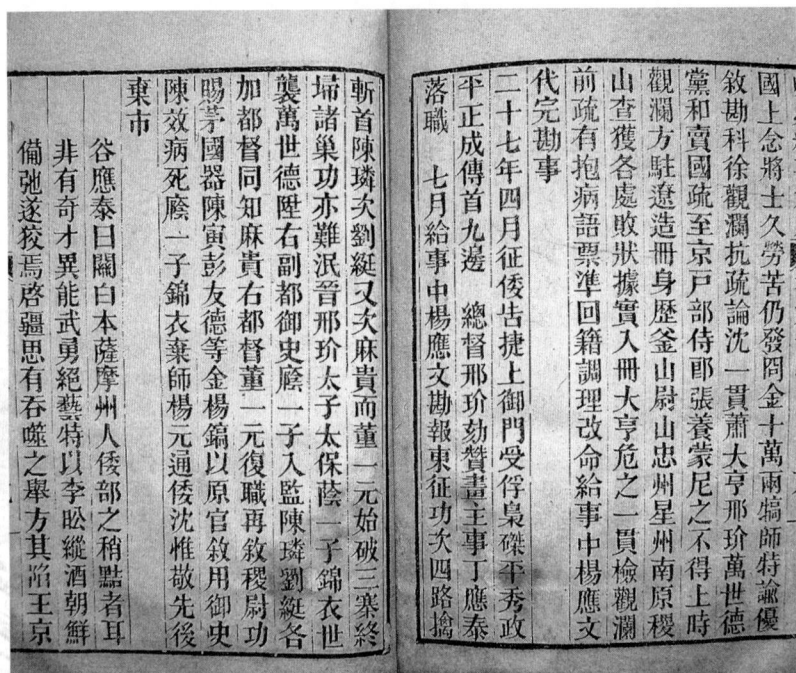

國上念將士久勞苦仍發問金十萬兩犒師特諭優
敘勘科徐觀瀾抗疏論沈一貫蕭大亨邢玠萬世德
黨和賣國疏至京戶部侍郎張養蒙尼之不得上時
觀瀾方駐造冊身歷釜山尉山忠州星州南原稷
山查獲各處敗狀據實入冊大亨危之一貫檢觀
前疏有抱病語票準回籍調理改命給事中楊應文
代完勘事
平正成傅首九邊　總督邢玠劻贊書主事丁應泰
二十七年四月征倭告捷上御門受俘梟磔平秀政
落職　七月給事中楊應文勘報東征功次四路搶

斬首陳璘次劉綎又次麻貴而董一元始破三寨終
埇諸巢功亦難泯晉邢玠太子太保蔭一子錦衣世
襲萬世德隥右副都御史廳一子入監陳璘劉綎各
加都督同知麻貴右都督董一元復職再敘稷尉功
賜茅國器陳寅彭友德等金楊鎬以原官敘用御史
陳效病死廳一子錦衣兼師楊元通倭沈惟敬先後
棄市
谷應泰曰關白日本薩摩州人倭部之稍黠者耳
非有奇才異能武勇絕藝特以李昖縱酒朝鮮
備弛遂狡焉啟疆思有吞噬之舉方其當王京

神宗参加了东征大捷的庆典活动

明军主帅邢玠晋升为太子太保——成为朝廷的三公之一。万世德升右副都御史。陈璘、刘綎各加都督同知，麻贵为右都督。二十六年九月三路进军而损失惨重的中路军主帅董一元获得复职。再叙上年稷山、蔚山之功，赐予蔚山战役的主将茅国器、陈寅、彭友德等赏金。丢弃军队而逃跑的经理杨镐恢复原官。御史被扳倒，所有的事情全部颠倒，即使是败军之将也得到宽恕。

经略邢玠上报露梁海战的功绩，他明确说海战功劳是陈璘的。但是，季金的功绩依旧没有被忘记，更何况朝鲜国王知道季金的功绩，以后还得依仗季金将军的声威。在朝廷议述提升职位时，季金爵位连升两级，职位提升后，他与牺牲的先锋副将邓子龙同为都督金事——军区参谋长，可以与都督——军区司令一起议论大事了。

二十七年八月丢失了南原的杨元被朝廷处死，与日本通使议和的沈惟敬被指称通倭，被杀头弃尸街头。

自任命明军经理以来，半年不到前线的万世德，则忙于到处树碑立传。明大中丞（副都御史）万世德在釜山立的碑，称《釜山平倭碑铭》，又名《万世德纪功碑》《釜山子城碑铭》，1599 年（宣祖 32 年）由兵部职方司郎中贾维钥建，参将陈蚕立。碑载明军的战功，碑阴刻万世德麾下 59 位将领的姓名，季金亦在。

朝廷令万世德会同总督邢玠以叙平倭之功，万世德不忘为部下亲信捞好处，功赏过滥引起了御史、给事中的反感。刘道隆驳斥了万世德的叙功疏，他说：倭寇荡平后论功行赏，不可刻板，但奖赏也不可太滥。万世德的叙功，对寻常调遣、督兵转饷、战备后勤、阵地防守的参将游击等都论功。把帅帐中从容坐镇的列入褒奖，推荐功名；而在枪林弹雨中捐躯的，海战波涛中殒命的却置之不顾。刘道隆说"孰缓孰急，孰轻孰重，亦须斟酌"。万世德的作派让前线将士灰心。

刘道隆还说，罪过大于功绩的将军，不能有功，就一概赦免其罪，明显是讲杨镐一类败将。杨镐是稷山战役主将，先前战役胜利，主将有功。但蔚山、岛山一战，在敌寨即将攻拔之际，杨镐命令斩级而丧失军机——连《明史》称杀了他也不解恨。此后，杨镐没有看到敌人，也不知敌人虚实，闻声弃军而逃，这样一位胆小如鼠的前线指挥，不追究其责任，已大大地便宜他了，而万世德将杨镐的罪过一概赦免，功罪不分，到了颠倒黑白的程度。

经理朝鲜万世德会同总督邢玠以叙平倭功，举督抚镇道部属司府等官孙矿等章下部议

甲申兵科右给事中刘道隆，驳经略万世德叙功疏，以为倭寇荡平，论功行赏，持议固不可太刻，而推恩亦何可太滥。夫节钺大臣比邻同舟，效有拮据之劳者可叙也，而事非宣力，止属寻常调遣者，是不可以已乎共事；司道其督兵转饷者固不可掩其尽瘁之劳，而分藩授敕未必尽系防倭，即不叙亦何损其望；各府州县其诘戎备器者固不可泯其竭蹶之苦，而专城拊循自有本等职业，即不叙亦何害其贤。其他协守参游以下多官并叙，虽义存激劝无嫌覃恩，第矢石捐躯者忠魂方栖于草野，而优游制阃者姓字概列于褒章；波涛殒命者义骨方葬于鲸鲵，而从容坐镇者勋名悉驰于荐剡；此中孰缓孰

急，孰轻孰重，亦须斟酌次第，以慰亡者死事之心，而无
灰生者任事之意也。若乃各总兵大将等官艰关战阵，虽云
百死一生，然就中功多于罪者，固不可以罪而并掩其功，
而罪浮于功者亦不可因功而并释其罪，盖国家用人既使胜
而任其功，亦必使败而任其罪，然后乃可以使人也。疏下
部议。

刘道隆也算是尽到他的职责了。给事中与御史都是清议官员，
给事中掌管侍从、谏诤、补阙、拾遗、审核、封驳诏旨，可驳正百
司奏章，监察六部诸司，弹劾百官，与御史互为补充。给事中还记
录编纂诏旨、题奏，监督衙门的执行等。

四、凯旋

季金返国，一波三折。

1599 年 4 月，明军主力凯旋。4 月 15 日，邢玠率领众将领在
弘济院接受朝鲜君臣的饯别，《世传书画帖·天朝将士饯别图》记
载了回国的将领，其中有季金。

此前，季金的父母去世，季金提出为父母守制。万世德准许季
金与主力一起回国。而实际上季金并没有随大部队回国，他留在了
朝鲜，协助朝鲜在南海防倭。

明军主力归国后，《宣祖实录》4 月 22 日、23 日记载，国王
去季金宿所，赐予酒礼，第二天季金回礼——这表明季金没有随主
力一起回国。而 8 月 29 日、30 日《宣宗实录》记载国王至季金官
邸行酒礼及季金回礼事，更清楚表明季金是作为留守海军的长官留
在了朝鲜——1599 年 8 月季金还在朝鲜。朴现圭认为实录可能重
复，细读实录并非重复之事。《宣祖实录》32 年 8 月 29 日录："巳
时，上幸季游击（金）所馆处，行酒礼。"30 日载："丙午巳时，
季游击诣时御所，行回礼而出。"这表明季金是亲自行回礼的——
并不是部下。

朴现圭教授认为季金为父母奔丧，不可能在朝鲜继续滞留 4

朝鲜王宫的花园

个月时间。父母丧事，官员理应守制，这是符合孝道的。而在中国官场有"夺情"一说——自古忠孝难以两全，为国家做事，可以"移孝作忠"。放弃小家，违礼夺情——为国忘家，遵守了更高的"礼义"。清朝的曾国藩就曾因与太平军的战事不休，朝廷令其夺情视事——继续负责与太平军的战事。朝廷重臣遇丁忧，即父母或祖父母的丧事，往往示意下属向朝廷提出夺情的请求，说朝廷上离不开他。而季金的确遇到了特殊情况——朝鲜的海防需要他，此时李舜臣的遗嘱犹在朝鲜君臣耳边回响，是李舜臣推荐的季金，事实证明季金有此能力与威望。

万历二十七年（1599），兵部尚书邢玠向朝廷推荐留守朝鲜的将领，季金成为水师统帅——从游击将军升任万人水师的统帅。留守部队中，水师主力列第二位，排前的是陆军茅国器的一万五千人。原议水师由季金、李大常留驻。无独有偶，国王李昖也向明神宗推荐，由季金任水师统帅，国王了解季金——他不仅是卓越的军事统帅，而且治军严明，对朝鲜民众、官员有恩义。《象村集》等记载季金于四月回国，可能摘自《世传书画帖·天朝将士饯别图》等资料，可靠程度不如国王的实录。

兵部对征东部队凯旋旅途上的优恤事宜，逐条予以明确规定。

一议粮料。师行粮从，下达文件到户部，指示地方沿途预备粮料，分给凯旋军队。

一议单薄。兵马原有定数，沿途必有损失，蓟辽巡抚在各兵入关时，责令有司查验，每营给一张应付账单，填明兵马实数，盖印挂号，由委派官员验单支付粮草。

一议程途。各军长途跋涉劳苦，每营给一张勘合（盖印信的符契，分两半为凭证），由陆路回程的，填写车辆数以装载衣囊。由水道回程的，支付给水手一些路资，让军士搭乘空载粮船返回。

一议犒赏。厚犒赏以鼓舞军心，应发马价五万两，等各兵入关，酌量多寡，委派官员于境上分给，让军士均沾实惠，体现朝廷体恤军士之意。

一议禁约。军队经过处应当秋毫无犯。督抚衙门大书禁约悬挂，告示从朝鲜归来兵士"不得恃强擅夺，以骚害百姓居民"，同时告谕地方商家不得故意抬价，"酿成衅端"，违者按律从事，对于明军将领、地方有司，没有尽到责任的也要究治。

尽管朝廷对遣返明军有明确安排，但兵士对朝廷安排难免不满。二十七年（1599）六月初一，兵部向朝廷汇报，近日部队从朝鲜回来，"先后入关，沿途俱称安静""惟川中土汉等兵营聚通州日夜击斗纷扰，以俟总兵刘綎为词"。川兵又开始闹事了，他们击打军中示警用的刁斗，在通州日夜喧哗闹事，说是等候刘綎。皇帝说："川兵留聚纷扰，其素无纪律可知。"神宗早知道川兵不好约束，现在纪律松懈的旧病复发。而刘綎、王士琦早就另就新职离开赴朝军队，川兵说等待刘綎是借口。据刘綎传记（《明史卷二百四十七》列传第一百三十五），此时刘綎正被派往征播前线，讨伐杨应龙（杨应龙重新叛变，王士琦被追究责任而降职）。神宗知道兵士闹事，一般就是克扣军饷等引起，要求从速处理"小则随宜处置，大则军法从事，不许迁延容缓，罪有所归。"（《明神宗实录》卷335）

如果是浙直水师归国，肯定不会发生此类事件，季金不会克扣军饷，军士也不会闹事，而临时纠合的土兵，在战时纪律约束下，一时可以听话，失去约束就将本性暴露。

总兵李承勋上言，登州原来招募的南兵，已练成有纪律的部队，希带往朝鲜。

五、捷报昭告天下

万历二十七年三月，大学士沈一贯向朝廷报告：请诏告天下，东征已经胜利了。

> 二十年宁夏献俘时，颁诏天下闻知。东倭发难已七载，征师索饷，远迩震动，夷狄盗贼莫不生心。今既荡平，宜颁告天下。

朝廷以《平倭诏》告示天下，其中讲到平壤之战，讲到议和，讲到最后的四路进军，讲到倭桥战役及露梁海战。诏文中"群酋宵遁，舳舻付于烈火"，指的就是露梁海战。"百年侨居之寇，举一旦荡涤糜遗"，指的是倭寇窃据釜山被彻底赶出。"箕子之提封如故"，指的是朝鲜国土被保留，箕子是商代迁居朝鲜半岛的，是朝鲜民族的祖先，就是说朝鲜与中国是同宗同文。"熊罴振旅"是明军凯旋的意思。最后公布被杀戮于午门的六十一个倭寇，首位是日酋大将平秀政。皇帝还传递了一个讯息，即与民休息，减少税赋与加派的钱粮——事实上并没有兑现。

> 诏曰：（略）东夷小丑平秀吉，猥以下隶，敢发难端，窃据裔封，役属诸岛，（略）伊岐对马之间，鲸鲵四起，乐浪玄菟之境，锋镝交加。（略）况东方肩臂之藩，则此贼亦门庭之寇（略）平壤一战已褫骄魂，（略）故作乞怜，册使未还，凶威复扇。朕洞知狡状，独断于心，（略）王师水陆并驱，正奇互用，爰分四路并协一心，焚其刍粮，薄其巢穴，外援悉断，内计无之，于是同恶就歼，群酋宵遁，舳舻付于烈火，海水沸腾，戈甲积如高山，氛祲净扫，虽百年侨居之寇，举一旦荡涤糜遗。鸿雁来归，箕子之提封如故，熊罴振旅，汉家之威德播闻。（略）平秀政等六十一人，弃尸薰街，传首天下（略）。更念雕力殚财为日已久，嘉与休息，（略）因东征加派钱粮一切尽令所司除豁。

抗倭胜利大会在午门召开，没有审判程序，只有处罚。皇帝登上午门楼，接受总督邢玠等所献倭寇俘虏六十一人，交付刑部、大理寺等司法机构予以正法。

然后，皇帝祭告郊庙——祭告天地与祖庙。战争胜利之际，皇帝是要把这个好消息报告天地及列祖列宗的。

> 万历二十七年八月丁丑朔
> 乙酉以平倭宣捷祭告郊庙，遣公徐文璧等各行礼。

胜利时刻，神宗也没有忘记告诫其藩属国王。神宗回顾丰臣秀吉"以兵蹂躏尔邦，荡无宁宇"。神宗念国王"世共职贡"，没有中断对朝廷进贡，尽了藩国职责。七年来皇帝一直考虑如何对付日寇，"始行薄伐，继示兼容，终加灵诛"——指三个阶段：开始征伐，继而谈判，谈判破裂最后消灭倭寇。神宗为议和找借口：盖不杀乃天之心。同时说他从没有怀疑国王的忠心，"朕以心体亮，本无疑于王，……别旨昭雪，想能知悉"。他已下旨昭雪国王所蒙冤屈——主要是丁应泰对国王的指责。

抗倭胜利，神宗告诫："虽还旧物，实同新造，振雕起敝为力倍艰"，在废墟上重建国家，任务艰巨。经略邢玠返回，经理万世德分布明军戍守，国王可向万世德"咨求军略，共商善后"。神宗勉励国王"卧薪尝胆无忘前耻，筚路蓝缕大作永图。务材训农，厚树根本，吊死问孤，以振士卒"——这些都是越王勾践复国的例子。

神宗对朝鲜一意崇文提出批评，"尚文虽美事，而专务儒缓亦非救乱之资"，提出忘战必危。明朝将士思归，后勤运输不便，明军都要撤兵的，让朝鲜图强抵御外寇，"务令倭闻声不敢复来，即来亦无复足虑"——让倭寇不敢来，来了也不怕。

> 皇帝敕谕朝鲜国王李昖：比者，倭奴平秀吉肆为不道，怀狡焉启疆之心，以兵蹂躏尔邦，荡无宁宇，朕念王世共职贡，深用悯恻，故兹七年之中，日以此贼为事，始行薄伐，继示兼容，终加灵诛，盖不杀乃天之心，而用兵

非予得己。（略）鲸鲵戮尽，海隅载清，捷书来闻，忧劳始释。（略）陈吁所诬，朕以心体亮，本无疑于王（略）惟念王虽还旧物，实同新造，振雕起敝，为力倍艰。（略）经略尚书邢玠振旅旋归，量留经理都御史万世德等分布偏师，为王戍守，王可咨求军略，共商善后，卧薪尝胆，无忘前耻，筚路蓝缕，大作永图。务材训农，厚树根本，吊死问孤，以振士卒。尚文虽美事，而专务儒缓亦非救乱之资，亡战必危，古之深戒。吾将士思归，挽输非便，行当尽撤。尔可亟图，务令倭闻声不敢复来，即来亦无复足虑，（略）王其懋之懋之。

《平倭诏》诏告天下，大学士沈一贯题疏上奏，除了回顾七年的艰难，更提出今后的问题，"制治于未乱，保邦于未危，盖弭之于未乱未危者，易为功"。群臣都看到，由于战争，朝廷对天下征赋极大增加，到了必须解决的地步，在社会没有危乱时，就应适时调节政策以安定社会，神宗没有这样做，最终导致天下大乱。

昨日皇上以平倭诏天下，满朝臣子莫不举手而相庆，亦莫不动色而相勖。（略）师遂勤于七年，数百万之裹粮，六七年之奔命，东功之成，天幸不至之绝耳。痛定思痛，至今思之，不能不为之栗栗者，如水火焚溺可复蹈哉。

故周书有言，制治于未乱，保邦于未危，盖弭之于未乱未危者，易为功。而救之于已乱已危者，难为力也。

天下动乱一起，再圣明的皇帝也难以救治，明朝末代皇帝崇祯并非昏君，他接收的是一副烂摊子——明朝动乱灭亡的源头在万历。

六、东征善后事宜

万历二十七年五月夏至，御倭经略邢玠条陈东征善后事宜十事。建议留守三万余兵马，季金统领水师一万人马，占三分之一，为主力部队。浙直南兵为留守朝鲜的主力，绝大部分都是南兵。主要善后事宜：

一留戎兵，议留副总兵茅国器等步兵一万五千，游击季金等水兵一万，副总兵解生等马兵五千，抚臣标下选兵三千及巡捕等合计三万四千一百人，马三千匹，戍守朝鲜。其中，季金、茅国器都是浙直南兵。

一定月饷，官兵盐菜及新造唬船每年用银九十一万八千九百六十余两，各文武官员及公费尚待酌议。

一定本色，核算所用米豆数量，分派辽东、天津、山东等处。每年分派米豆十三万石，等待朝鲜收成之后，再商议从中国内地停运。

一留司府，议裁撤东西二监军，独留中路海防道官员，省多官之费。

一裁饷司，兵额既定，出纳有经常的项目，督饷司的官员相应议裁。

一重将领，肯定将领对军队的作用。

一添巡捕，自鸭绿江至王京（汉城）寇盗克斥，议留捕兵六百名，分地巡警。

一分汛地，朝鲜要害首釜山，次巨济，次竹岛及闲山、南海，应以水步兵分驻扼要，明斥堠、谨烽火，如加德天城、绝影岛等处所，宜设立烽台，多置火炮防备。

一议操练，明朝的军士与朝鲜兵一起操练，月试为小操，镇道官员每季到场为大操，抚臣（巡抚）春秋二汛为合操。汛地有荒芜屯土的，责开垦屯种，以足兵足食。

一责成朝鲜，中国之兵不能久戍，告诉朝鲜君臣早作准备，一二年后全靠自己。明朝东征士卒也想家，要归国的。

事下部议——让朝廷讨论。

总督邢玠以母老乞归侍养。神宗说邢玠"劳绩懋著，眷倚方殷"，不能说走就走。况蓟辽的秋防备战就在眼前，让邢玠回蓟镇本镇，用心督理。

万世德也提出朝鲜善后事宜十议，被户科左给事中李应策疏驳。此时，朝廷议论均倾向减少留戍。李应策的主要观点，一是主宾应当分清楚。倭寇已遁逃，朝鲜复国主要靠自己，"生聚屯练在朝鲜"。二是倭乱初，明朝在朝鲜仅留兵一万，其时倭寇还在平壤，战事形势比现在更紧张。此后中日议和，明朝朝廷仅留五千兵力。三是不能竭尽国力援助外国。只能适量援助，不可"竭中国以狗外夷"。万世德提出"留兵三万余，岁费饷银几百万，米豆十三万石，马三千"。如留兵三万，军饷接近百万，国家全盛时"尚不能尽给"，何况"今日匮乏之际"。四是朝鲜民众苦于明军骚扰，留兵过多也不利朝鲜。

李应策还参奏万世德之前在天津虚冒军饷的罪状，请求朝廷将万世德上疏的善后十议交户部、兵部二部查议定夺。

> 数年疲耗，今始息肩，尤宜内固根本，不当更为烦费，（略）朝鲜当壬辰倭患之始，请不过一万，此时倭正在平壤也，及癸巳（万历二十、二十一年）倭败之后，留兵不过五千，此时倭未去釜山也。盖该国兵荒之后，不独苦倭之扰，而亦苦我之扰，故前后请留止于如此。

> 臣等以为，今日善后之事，仍当与彼国商之，彼主也，我宾也，故宜先量彼饷之赢绌，而后可酌我兵之去留，戍兵欲少，而精选将欲慎而重，廪粮宜简约不宜杂冗，而作奸犯科之徒，更加严禁，务令我兵与鲜人两无病焉，而后可至于增马匹，增补标兵，创立巡捕，以至管饷府佐悉宜停止，仍乞敕谕该国自计绸缪，不得专恃天朝。上曰，东氛既净，本宜振旅悉还，念该国凋残，留兵协守，宜简实精确，岂得多费无节。奏内事理，著督抚同国王斟酌停妥来奏，仍宣谕该国，当乘时自强，勿得恃援因循，致误长久之计。

国内军力、财力窘迫，大臣普遍意见是不留军队。神宗答复大臣："东氛既净，本宜振旅悉还。念该国凋残，留兵协守，宜简实精确。"其意是本该班师，考虑朝鲜国破凋敝，需留兵协守，留兵应简单实在，兵精事确。神宗还说：留兵不难，难的是谁出兵饷，如果朝鲜能供兵饷，多留一些也无所谓。如果朝鲜没有兵饷，依靠朝廷出兵饷，那只能适量留兵。神宗让朝鲜决定到底留多少明军。

> 留兵非难，处饷为难。该国若能供给，多留亦所不惜，必资朝廷，只可量助，还行与该国君臣奏请定夺。

明朝要让朝鲜出钱了，国王看不能打马虎眼了，于是回复：留水师八千人。

季金又被国王挽留了。需要出钱时，国王也得精打细算，不会多留兵，他留的是最放心得力的水师，季金的功绩是他亲眼看到的。国王很聪明，提出让撤退的明军驻扎在辽阳，一旦有事可以紧急援助。二十七年十月，朝鲜通知明朝：

> 请留水兵八千以资戍守，其撤回官兵乞驻扎辽阳，有警听调。

万历二十八年二月，兵部考虑驻军"兵多则虞縻费，兵少不敷分防"的两难处境，担心军队"尽撤之后，变起不虞，调援何及"，决定短期留守一万六千人。

为尽快增强朝鲜自卫能力，以彻底撤出明军，邢玠等于万历二十九年二月再陈《朝鲜善后事宜》，提出选拔将帅，训练士兵伍法，防守釜山、巨济、蔚山、南海等要冲之地，设险修隘，建造城池，添造军事器械等。

万历二十七年季金已驻防朝鲜，此后缺乏历史记载，不知何时归国。朝鲜战后局势平缓，季金也亟待回国守服丧三年之期，万历二十八年初季金还可能驻防朝鲜，年中就应当回国了。

明史记载露梁海战较为简略，季金并没有被朝廷重视的原因：

一是朝廷官员贬低露梁海战功绩，甚至不记述海战，英雄业绩一直被埋没。在明廷官员心目中，前线将领冒功贪婪，畏缩不前，而把将士奋力抗战的事实也一并埋没了。朝鲜方面不是这样想，前线将士看到的是，季金奋不顾身地冲上敌船，将士拼命效力，全歼敌船。国王情不自禁当着季金的面赞誉他。如果没有季金率先士卒的英勇壮举，全军不会有如此高昂的士气，露梁海战就不会全胜——季金可将责任推给前锋，敌船已突破口子，后卫追赶能消灭多少敌人，只能看运气。

二是朝廷大臣把抗击倭寇的胜利，完全归于丰臣秀吉之死。日本军队尽管预备撤退，但仍有相当战斗力。朝廷官员没有亲身体验，不知道前线将士的艰难辛苦，只能说风凉话贬低前线将士的功绩。

三是露梁海战在《明史》中记载不清且混乱。《明史》仅记载明军的经略、经理，不记前线的游击等前线将领，季金事迹附录于陈璘的传记，掩盖了季金的功绩。我们从国王的实录才可以了解到，季金是为朝鲜人民立下大功绩的。所以他无愧于韩国、朝鲜人民对他的敬仰之情。当然，露梁海战中主将是陈璘，邢玠将功劳记入陈璘，季金自然不能与主帅争功。

四是《明史》由清朝记载，对前朝的事情忌讳，尤其是与自己对抗的明军将领，不惜笔墨加以贬低，对明军将领功绩予以贬损。前线将士则更不记载，游击将军级别的英雄，只能在主将的名下附记一笔——这就是季金的英雄事迹不能流传于世的原因。

但是，保宁市人民没有忘记季金，他们怀着对英雄崇敬的心情，研究季金，不远万里到松门探访将军的后裔，清德碑成为保宁人民永志不忘的丰碑。

露梁海战对朝鲜独立具有重大意义。明朝援助了朝鲜，朝鲜对明朝的崇敬心情世代难忘，清朝年间，朝鲜不用清朝的纪年年号，没有什么顺治、康熙直至光绪的年号。李舜臣墓地的碑文，统营市、南海郡的碑文均用明朝年号，表明朝鲜民众对明朝的感恩态度。

在露梁海战中牺牲的朝鲜民族英雄李舜臣，历史地位不断上升，成为全民族的英雄。

第十章 壬辰倭乱之初

壬辰倭乱是 16 世纪轰动东亚的一大历史性事件——中国、朝鲜、日本甚至整个东亚及部分欧洲国家，直接或间接地被卷入战争。丰臣秀吉发动的侵略朝鲜战争——史称壬辰倭乱，是中、朝、日的历史、社会、文化发生决定性转变的分水岭，对东亚社会的冲击与影响前所未有。

万历二十年（1592）壬辰，丰臣秀吉征服了日本西南部，统一了日本，并任关白（宰相），妄图把琉球、吕宋、台湾、朝鲜变成属国。丰臣秀吉威胁：日本要借道朝鲜攻打中国，朝鲜断然拒绝。见不能达到目的，丰臣秀吉政权就发动了侵略战争，妄图以朝鲜为跳板，侵略中国。

在关系中国与朝鲜命运的战争中，中国多次派兵赴朝参战。松门卫出身的将领季金两次

丰臣秀吉

被选派赴援朝鲜，一生经历与这场战争息息相关。战争结束于二十六年十一月的露梁海战，主将邓子龙、李舜臣牺牲，季金率浙直水师将士围困倭寇并予以全歼，朝鲜国王李昖赞誉季金"贼之败遁，皆大人之功也"。

季金首次介入抗倭战争在万历二十一年，作为防海兵驻防蓟镇。万历二十三年受意外的南兵哗变事件影响，遣散回南方，季金因安抚南兵而立功。万历二十五年（1597）议和失败，战争重起，季金领浙直水师赴朝鲜，七

月即参加保卫汉城战斗。十一月入驻保宁市鳌川的忠清南道水师营。万历二十六年四月，季金率浙直水师赴古今岛与李舜臣合营。朝鲜奉正大夫户曹郎安大进撰季金的清德碑，记载了日本侵略的战事及明神宗对藩属国的救援，碑文反映朝鲜民众对明朝及浙直水师游击将军季金的感激心情。

一、日军入朝

1592 年 4 月，九路日军远征军，陆军 20 万人、水军 9000 人、战舰 700 余艘渡过朝鲜海峡，于釜山、庆州登陆。三个月，京都汉城、开城、平壤沦陷，朝鲜形势岌岌可危，国王李昖逃到鸭绿江边义州，遣使告急。朝鲜没有认真防备，连现成天险鸟岭也无人镇守。明廷对前线战事根本不了解，仅凭传说而相信。崇祯年间大学士徐光启称，他从明军将领处闻听得，朝鲜乡间塾师告诉明将，国王贪图日本承诺的辽东土地，让日本借道。而如果朝鲜不予抵抗，就不会有李舜臣闲山大捷和金时敏的晋州攻防战胜利。朝鲜没有积极备战是事实，不然日本不会迅速占领汉城、平壤。

日军入朝北进，小西行长为先锋，4 月 13 日与宗义智率第一军团 18700 人，乘 700 余艘兵船侵入釜山浦。小西率部在尚州打败巡边使李镒，10 天攻克闻庆。28 日在忠州全歼都巡边使申砬的敢死队。4 月 18 日加藤清正第二军团登陆釜山，29 日至忠州。小西行长、加藤清正分路攻汉城。5 月 3 日小西军抵汉城，仅 20 天汉城陷落。

日军实行"八道国割"分区作战，其中一军团小西行长在平安道，二军团加藤清正在咸镜道。小西军进攻平安道，在临津江打败朝军，5 月 29 日攻开城，6 月 15 日攻平壤城。加藤清正进攻咸镜道，7 月 23 日在会宁俘获招募勤王军的朝鲜王子临海君、顺和君，一鼓作气打过豆满江，攻进兀良哈。三个月，除平壤北、以全罗道为中心的朝鲜西部，汉城、平壤、釜山等要地均被日军占领。

朝鲜八道尽没，战事紧急，各地义兵奋起反抗。国王不停遣使节向明朝求救，而明朝正面临西部内乱，大将李如松正在镇压宁夏哱拜的叛乱，一时难以出兵。明朝廷认为朝鲜是藩属国，必须救援，于是先派遣使节赴朝鲜鼓舞国王，扬言将派十万大军入朝。日军进入平壤，国王避入爱州。《明史纪事本末》载：

> 倭遂渡大同江，绕出平壤界。是时，倭已入王京，毁坟墓，劫王子、陪臣，剽府库，荡然一空，八道几尽没，旦暮且渡鸭绿。请援之使，络绎于路，廷议以朝鲜属国，必争之地，遣行人薛潘谕其王以匡复大义，扬言大兵十万，已撰甲至。贼抵平壤，朝鲜君臣势益急，出避爱州。

宋九钥的《东师野记》记载，战争初兵部尚书石星就派遣沈惟敬前往责问日军，日军答复：朝鲜堵住日本朝见的路线，日军想借道，便于到中国朝见（高丽阻道，欲有其地，以便来朝）。沈惟敬答应为日方向明朝廷请求，另外约定"禁勿相攻"。沈惟敬归报兵部尚书石星，征西的李如松已凯旋。石星认为国门前有一道防御屏障较为有利，日本人怕冷，要趁冬天出兵救朝鲜（门庭利御，夷性畏寒，当乘时往救），此时石星想到的是援朝抗战。

朝鲜奉正大夫户曹郎安大进撰保宁市季金将军清德碑，记载了日本侵略朝鲜的战事，及明神宗对藩属国的救援。当日本侵略朝鲜时，中国必须出兵制止侵略。据碑文记载，明军于次年即收复平壤、汉城（王京），而日军则盘踞南方，中日进行长达3年多的议和谈判。

二、明军出师不利，沈惟敬入朝斡旋

明朝朝廷迅速作出决策，组织军队入朝参战。由于对战况不清，起初派遣的明军根本不是日军对手。1592年中，游击将军史儒等出军，贸然进军平壤，因不熟悉地利，霖雨战马奔逸不止，史儒战死。八月，神宗朱翊钧命辽东副总兵祖承训赴朝，祖承训领三千余人渡鸭绿江，面对数万日军强敌，三千人之军如羊入虎口，祖承训"仅以身免"，仅主将脱走。

明军如此不堪一击，朝议震动，决定派宋应昌为经略，负责防倭军务——明朝朝廷开始认真对待朝鲜的战事了，成立朝鲜战场指挥部，由宋应昌任总司令。《明史纪事本末》载：

七月，游击史儒等师至平壤，不谙地利，且霖雨，马奔逸不止，儒战死。副总兵祖承训统兵三千余，渡鸭绿江援之，仅以身免。报至，朝议震动，以宋应昌为经略。

《象村集》记载的壬辰初攻破平壤一战

八月，面对明军大张旗鼓入朝，深谙军事韬略的小西行长，以不敢与明师对抗而提出议和。兵部尚书石星见战事失利，计无所出，于是想遣人探听敌情。沈惟敬自告奋勇自荐于朝廷，应募赴朝鲜。沈惟敬对石星说，他曾为浙江总督胡宗宪出谋划策，在嘉兴毒杀倭寇数百人。沈惟敬要求赴朝与日军斡旋。石星信任沈惟敬的原因是他熟悉日本人，与倭寇有过密切交往，懂得倭寇习性。《象村集》载：

自言嘉靖年间在浙直总督胡宗宪标下，用间谍鸩杀倭众，因此备谙倭国事情，上书于兵部，请往谕倭奴。尚书石星奇之，荐于朝，假游击号，差往朝鲜侦探敌情，且许便宜从事。

据《象村集》，沈惟敬是浙江人或福州人。

宋九钥《东师野记》记载，日军攻朝鲜凤山，沈惟敬前往交涉，日方称约定"禁勿相攻"的时间已过。经略宋应昌驻凤皇城，又派沈惟敬前往敌营议和，暗遣李如松突袭平壤，此事在宋应昌给李如柏、李如梅信件中提及。

沈惟敬到了平壤，小西行长派遣牙将用抬轿去迎接沈惟敬。丰臣秀吉并没有到汉城、平壤，而《明史》称沈惟敬对丰臣秀吉"执礼甚卑"。日军意图凭借议和为幌子，推缓明军的进攻。小西行长对沈惟敬说日军即将退兵，让明军按兵不动，并提出以大同江为界，平壤以西归还朝鲜。沈惟敬返回，小西行长的议和条件被朝廷否决，认为这是日军的诡计，建议宋应昌进军。而1592年明军大将李如松正在宁夏征战，哪有兵力顾及朝鲜？兵部尚书的责任重大，石星见战事无法预料，同时被沈惟敬的说辞打动，于是一意求和，认为沈惟敬在紧急关头可派上用场，让他挂游击将军名衔，赴日军军营和谈，并请求拨款让沈惟敬带金银财物赴敌营收买敌将。《明史》载：

> 八月，倭入丰、德等郡，我兵稍集。而行长等颇习兵，诈谓不敢与中国抗，以缓我师。……是时，平秀吉次对马岛，据王京，分其将行长等各发兵守要害，为声援。惟敬至平壤，行长令牙将以肩舆迎之。时平秀吉废山城君，自号大阁王，惟敬至，执礼甚卑。行长跪："天朝幸按兵不动，我亦不久当还。当以大同江为界，平壤以西，尽归朝鲜耳。"惟敬还奏，廷议以倭多变诈，未可信。我师利速战，乃趣应昌等统兵进击。石星颇惑之，以惟敬缓急可任，题假游击赴军前，且请金行间。

议和的同时，明廷没有忘记备战。十二月，李如松西征归来，即被任命为东征提督、防海御倭总兵官，督蓟、辽、保定、山东军务。宋九钥《东师野记》载，十二月明军大部队渡过鸭绿江，驰援朝鲜。

小西行长原是富商，沈惟敬与日商交往密切，善于交际，不乏狡计，终于凭借三寸不烂之舌，说服小西行长从汉城退兵。小西行长进军的目的很明确——打开中国的通商大门，让他到宁波港口开辟市场，这也是丰臣秀吉的最终目的。沈惟敬则摸准了小西行长的脉搏，对症下药，说服日军退兵。可以说，没有沈惟敬在双方间穿针引线，就不会有此后长达三年的议和。

日军同意议和，是由于遇到重大麻烦。壬辰倭乱初，日军迅速取胜，但战线拉长面临巨大困难：一是明军大规模援军到来，日军没有迅速取胜的希望。二是朝鲜地方贫瘠，根本没有多余粮食储备，供给发生严重问题。尽管日军大肆抢掠，占领朝鲜政府的府库，侵占物资，甚至大量挖掘朝鲜人祖坟，抢掠金银财宝，但是粮食没有办法解决。三是日军战线拉长，不仅后勤无法保障，且兵力分散易遭攻击。而朝鲜民众反抗斗争风起云涌，严重打击日军嚣张气焰，日军急需集结军力。四是日军海上交通线已经被李舜臣的朝鲜水师切断，物资补给与沟通联络均成为问题。

万历二十一至二十三年，沈惟敬议和的三年多时间，季金作为防海兵的游击将军驻在蓟镇。直至二十三年，蓟镇总兵王保陷害、滥杀南兵，季金领南兵回南方。

三、平壤之战

壬辰倭乱之初，日军全面侵占朝鲜国土，与日军对立的是朝鲜军民，尽管明廷派遣军队入朝，但均以失败告终。1593年明军大规模进入朝鲜，担负了正面攻击日军的任务。1593年正月七日，提督李如松率四万三千明军，收复平壤，小西军败退汉城。

明史记载，宋应昌到达山海关时，兵马粮草还没有调集齐全。李如松于1592年底刚从西征前线——宁夏回来，立即开始东征。

宋九钥《东师野记》记载，十二月明军的大部队渡过鸭绿江。宋应昌（右司马）驻凤皇城，派遣沈惟敬与日军商定停战协定，"议画混同江东南于夷"，即把混同江东南划给日方。宋应昌派遣沈惟敬议和，以拖延时间，麻痹敌军。其实，暗中派遣李如松出其不意抵平壤，攻占平壤，日军避走汉城，斩首四千颗。

宋应昌前已发布军令调集七万五千兵马，仅到一半，分布为三军，由李如柏、张世爵、杨元分领，李如柏是李如松的弟弟。当李如松到达军中任职时，沈惟敬刚好从小西行长处回来，报告议和一事，并说小西行长已答应退出平壤。而李如松却要斩沈惟敬，称他"憸邪当斩"，被参军李应试拦下了。最终决定还是用沈惟敬议和为钓饵，暗中突袭平壤。《明史》载：

> 先是，宋应昌抵山海关，士马乏粮，征调未集，而大将军李如松甫平西夏，亦未至军，因谬借惟敬縻倭西向。前所羽檄征兵七万余，至者半，乃置三军：以副将李如柏将左，张世爵将右，杨元将中军，趋辽阳。至是，如松始至军。而惟敬归自倭，称行长愿退平壤迤西，以大同江为界。如松大会将吏，叱惟敬憸邪当斩。参军李应试请间："籍惟敬绐倭封而阴袭之，奇计也。"应昌、如松以为然，乃置惟敬标营。二十五日，誓师东渡。如松将诸镇士马四万余，东由石门度凤凰山，马皆汗血。临鸭绿江，天水一色，望朝鲜万峰，出没云海。

明史对沈惟敬颇多贬词，称"惟敬市中无赖"。朝鲜政府因沈惟敬根本没有考虑朝鲜的利益，对沈惟敬极尽贬低之意。最后议和失败，就把原因全推卸到兵部尚书石星与沈惟敬的身上。《明史》蓄意贬低沈惟敬，朝鲜方面则极力丑化沈惟敬，将其描述成一个相貌丑陋、猥琐的小人。大将李如松十分厌恶沈惟敬，甚至预备杀掉他。后来参军计谋用议和麻痹日军，趁敌军松懈之际，奇袭平壤——沈惟敬成为李如松布置战局中的一枚棋子。万历二十一年（1593）正月两军议和之际，李如松突袭平壤得手，李如松才不会顾及和谈使者沈惟敬的人身安危。

议和初，李如松的兄弟李如柏、李如梅欲与沈惟敬一起前往敌营议和，宋应昌十分担心主将——李如松之弟安危，劝阻李如柏等二位副将去敌营，叫他们不要上沈惟敬的当。《与副将李如柏、李如梅等书》载：

> 门下为王事勤劳，严寒远适异国，不佞心殊悬念，昨尊意欲与沈惟敬同往平壤，具见忠勇，但将军系大将军亲弟又所钟爱者观此知，桐岗已悉沈惟敬之虚辞，特以石司马主之，故依违其间耳。今欲携入虎穴，明是以将军作一孤注，缓我大兵，而成彼诡遇之谋，

既入瓮中，生死难保，此仆与令兄之所洞烛，而万万不可行者。

宋应昌（桐岗）说自己碍于兵部尚书石星（石司马）的面子，石星坚持用沈惟敬议和，自己只得依违其间——即态度两可——议和不议和无所谓。但对于派遣李如柏入小西行长的敌营，他坚决反对：主将李如松与李如柏兄弟均是辽东名将李成梁之子，一旦李如柏去敌营被扣，将成为敌人手中的筹码。宋应昌说，他与李如松均明白此中利害关系，均不同意李如柏去日军营垒。

后来，沈惟敬三次进入平壤，与小西行长约定于正月初七日，让李提督（李如松）在肃宁馆举行赐予日军封典的仪式。初四日，明军抵达肃宁。小西行长派遣二十名牙将来迎接使臣，李如松命令游击李宁生捉拿倭寇牙将。倭寇猝起格斗，仅被获三人，其余都逃回。小西行长责问沈惟敬，沈惟敬解释说："此必通事两误耳"——是翻译把话讲错而引起的误会。

第二次，小西行长令亲信小西飞、禅守藤随沈惟敬拜见明军提督李如松，李如松安抚了小西行长的亲信，遣归。六日，明军抵平壤，小西行长伫立于风月楼等候瞻仰龙节——明朝皇帝的符节，倭寇均穿花衣，夹道迎候李如松一行。李如松分布将士，整营入城——这是命令将士预备突袭，而诸将逡巡未入——顾虑而徘徊不前，露出形迹——日军也看出了苗头：明军意在突袭。日军迅速备战，战事开始。《明史》记载：

> 倭悉登陴拒守。如松度地形，东南并临江，西枕山陡立，惟迤北牡丹台高耸，最要，三倭列拒马地炮以待。遣南兵试其锋，佯退。是夜，倭袭李如柏营，击却之。如松因部勒诸将，谕无割级，攻围止缺东面。属游击吴惟忠攻牡丹峰阴取西南。以倭易丽兵，令祖承训等诡丽装，潜伏。八日黎明，鼓行抵城下，攻其东南。倭炮矢如雨，军稍却。如松手斩先退者以徇，募死士援梯钩而上，杀数人

不退，倭悉力拒守。倭方轻南面为丽兵，承训乃卸装露明甲。倭急分兵拒堵，如松已督杨元等从小西门先登，李如柏等亦从大西门入。火药并发，毒烟蔽空。方战时，吴惟忠中铅洞胸，犹奋呼督战。而如松坐骑毙于炮，易马驰，堕堑，鼻出火，麾兵愈进。我师无不一当百。前队贸首，后劲已踵，突舞于堞，倭退保风月楼。夜半，行长提兵渡大同江，遁还龙山。是役凡得级千二百八十五，余死于火，及从城东跳溺无算。

日军登城拒守。倭寇夜袭，李如松则声东击西。日军轻视朝鲜军队，李如松让祖承训率军扮成朝鲜军赴南门。李如松率士卒强攻，战事紧张时，让祖承训的军士换回明军服饰，令日军措手不及，急令分兵南门，杨元、李如柏则乘虚分别自小西门、大西门入城。战事极其激烈，李如松的坐骑被炮击毙，换马再战，又坠深沟。明军将士前赴后继，登城奋战，小西行长逃走龙山。日军被斩首千余，溺水无数。

战斗中"火药并发，毒烟蔽空"——这是按宋应昌的建议，使用烟火攻击日军。他对李如柏反复强调说："进剿倭奴，令兄（李如松）与仆已有定算，火攻一策尤今所亟用者，矧诸样神器具备乎。昨面见既已恳言，兹复再述不惮烦琐。"宋应昌致李如柏一信，先安排各路大炮的位置，并预计留给敌人的退路。他强调军纪，如果炮手失误，立即斩首。

倭奴在平壤者，闻我进兵，彼必樱城固守。我以大兵围其含球、芦门、普通、七星、密台五路外，当如新议，铺铁蒺藜数层，以防突出死战。其南面、北面、西面及东南、东北二角，各设大将军炮十余位，每炮一位，须用惯熟火器手二十余人守之，或抬运，或点放炮，后俱以重兵继之，防护不测。每门仍设虎将一员守之，一有失误，实时枭首。止留东面长庆、大同二门，为彼出路。

宋应昌详细讲述了其火攻计划，以火攻逼出倭寇，务必要擒拿小西行长。

须看半夜风静时，乘其阴气凝结，火烟不散，先放毒火飞箭千万枝入城中，使东西南北处处射到，继放神火飞箭及大将军神炮，烧者烧，熏者熏，打者打，铁箭、铅弹雨集，神火、毒火熏烧，其不病而逃者万无是理。若逃，则必走大同江，俟半渡以火器击之，又伏精兵江外要路截杀之，必无漏网。恩重赏召敢死之士，口含解药二丸，用新制口袋或盛米或装土，兼铺柴草置于城下，踰垣而进，看果真病与否，病，则开门，令兵齐入，众倭斩级，将领生擒，各有重赏。若行长、玄蘇二贼，尤加用心活捉，留待别用，此一策也。

宋应昌还讲了攻克平壤后，攻击汉城的计划。平壤平定即整束人马，由中路缓缓而进，且莫深入。先牵制倭寇，让中和、凤山、开城之敌向西堵截，然后明军精兵从间道抵王京（汉城），取王京以为根本，后取凤山各处。正月十九日李如柏即收复开城，黄海、平安、京畿、江源四道并收复，归平壤。只有咸镜道为加藤清正拒守，闻开城破，亦奔王京。王京为朝鲜的都会，咸镜、忠清为之犄角，颇据天险。

1593 年初明军收复平壤，继而取开城，小西行长退守汉城，加藤清正也从北部撤回。平壤一役，日军从胜转败。日本发动的战争不得人心，葡萄牙传教士路易·福洛易斯（1532—1597 年）在日本北九州耳闻目睹人们厌恶征集壮丁，认为无异于去送死。妇女们抽泣，预感到要守寡，不安和叹息充斥全国。一种预言传开，说秀吉的征服事业必将失败，国内必将叛乱。不止北九州，在古都奈良兴福寺多闻院，僧人英俊获悉战争动员，就预言没有好结果。他写日记对朝鲜表示"无限同情"。关东常陆（茨城县）的农民拒纳军粮，正欲渡海的佐竹义宣军队"奄奄待毙"。战争不到 3 个月，集结肥前平户的岛津部队，以梅北国兼为首 700 名官兵拒绝渡海而哗变，丰臣秀吉命令各地设岗哨"人番留所"，以查扣逃兵。平壤战败，令日军厌战情绪弥漫，留在名护屋本营的羽前大名最上光义，写信回家说："日本人早就想逃出京城，都这样想：当和尚也好，只要能留下一条命。我也在盼望，能在活着的时候重新踏上故国芳香的土地，哪怕喝上一杯家乡水也好。"

明军主将李如松轻敌麻痹，迅速挥师南下进军汉城，在碧蹄馆遭遇伏击惨败。

四、碧蹄馆明军败绩，沈惟敬穿梭议和

平壤攻下，李如松急于扩大战果，没有按宋应昌部署，先引诱牵制敌人向西移动，而后突袭汉城。其客观原因是朝鲜有人虚报敌情，说倭寇即将抛弃汉城逃走，主要还是李如松轻敌。《明史》记载：

> 而援师既连胜，有轻敌心。二十七日，朝鲜人以倭弃王京遁告。如松将轻骑趋碧蹄馆，去王京三十里，驰至大石桥，马蹶，伤额，几毙。倭猝围数里，将士死战，自巳至午，矢且尽。金甲首前搏李将军甚急。李有升身蔽如松，刃数倭。李如柏、李宁乃益遮夹击，李如梅箭中金甲倭坠马。杨元援兵砍重围入，遂溃。我精锐多丧失，过桥者尽死。天且雨，近王京平地俱稻畦，冰解泥深，骑不得骋。倭背山面水，连珠布营，城中广树飞楼，鸟铳自穴中出，应时毙。我师退驻开城。

碧蹄馆之战是一次无准备之仗，李如松听信假情报，孤军向碧蹄馆（汉城北30里）挺进，而中了日军的埋伏，李如松自己险入敌手。

当李如松快马驰至大石桥时，战马突然跌翻——无疑是被绊马索绊倒，李如松额头负伤，伤势十分严重——"几毙"。埋伏数里的倭寇突然围上，明军将士死战，从上午十时左右至中午十二时左右，身带的箭也即将发射殆尽。日军一位穿金甲的头目领军拼命搏击李如松，情势危急。部将李有升以自己身躯遮蔽主将李如松，挥刀砍杀倭寇。李如柏、李宁在外围杀敌，保卫李如松，李如梅发箭把穿金甲的倭寇头目射下马，杨元率援兵砍入重围，日寇遂溃散（后杨元不知何故竟弃南原而逃，被朝廷斩首）。

碧蹄馆一战，明军精锐受到重创，过大石桥而陷入日军埋伏圈的基本被

奸。当时天雨，近汉城的平地俱稻田，冰化解后的田土泥深，骑马的陷入泥潭不能驰骋——明军骑兵机动灵活的作用根本不能发挥。倭寇则背山面水，连珠布营，城中有广树高楼，鸟铳自洞穴中击发而出，中弹即毙。

碧蹄馆败绩，东征停滞。王锡爵在朝廷上说，"接辽东征倭之报，虽喜再战大捷，渐逼王京，然军死伤亦自不少。"看来，明军已向朝廷报告取得胜利，同时称遇到了困难。这些困难，无疑是前线汇报的，《拟进征东敕谕疏并敕谕二道》载：

> 王京近城之地，松林茂密，马不得驰行，水田低注，人不得用武，加以疫疠盛行，粮草不继，客兵未集，新贼转增，大有可隐忧者。

碧蹄馆败绩，战局已成相持。宋应昌担忧"师老财匮，军心动摇，恐他变因之而生"，军事相持，军心易于摇动，变生意外事故。王锡爵还认为明军在代朝鲜遭受兵乱，使内地没有安定的日子。后来，明军断日军龙山饷道，焚其仓粟，日军军粮不足。王锡爵写信给李如松，称烧了敌军的积聚，我军已得胜算，《与李提督》载：

> 我军天时地利未便，而贼据坚城、食积粟，必无内薄登埤之理，是以明诏谕公等进止。今已烧贼积聚，则我得胜算矣。正宜聚器械、保资粮、抚循将士，时出奇以挠之，此坐而制敌之策，朝廷不责公以速战也。

汉城日军兵员伤亡过半（京城剩5万3千人），粮秣奇缺，瘟疫流行。

不久，权慄的朝军在幸州山城战胜日军，此战称朝鲜三大捷之一。

三月，宋应昌命令刘綖、陈璘水陆济师。由于侦探报告："王京（汉城）倭二十万，且声言关白扬帆入犯。"李如松分留李宁驻开城，杨元驻军平壤，扼大同江，连接饷道。李如柏等驻军宝山等处，为声援。

碧蹄馆失败，明军已难取胜，也想求和。沈惟敬又被派上用场。《明史纪事本末》记载：

> 东师议款。初，我师捷平壤，锋甚锐。转战开城，势如破竹。乃碧蹄之败，久顿师绝域，气益索。经略宋应昌急图成功，于是惟敬之款始用。而倭乌粮并烬，行长亦惩平壤之败，有归志。
>
> 因而封贡之议起。经略既请于朝，赦不穷追。得倭报惟敬书，乃益令游击周弘谟同惟敬往谕倭，献王京，返王子，如约纵归。倭果于四月十八日弃王京遁。如松及应昌整众入城。所余米四万余，刍豆称是。如松兵临汉江尾倭后，欲乘惰归击之。而倭步步为营，用分番迭休法以退。别将刘绖帅兵五千，趋尚州鸟岭。鸟岭广亘七十余里，悬崖巉削，中通一道如线，灌木丛杂，骑不得成列。倭乃拒险，而别将查大受、祖承训等由间道逾槐山，出鸟岭后。倭大惊，前移釜山浦筑居屯种，为久戍计。如松乃张疑兵，分遣刘绖、祖承训等屯大丘、忠州；檄调全罗水兵龟船，分布釜山海口。时倭已弃王京汉江以南千有余里，朝鲜故土奄然还定。

中日战事胶着，明军即用沈惟敬议和，沈往来两军阵前穿梭外交。而小西行长的粮草焚烬，有鉴于平壤之败，已有归意。王锡爵《答问东事疏》指出日本对朝鲜战争意图，"看得倭奴大众久屯王京等处，其实欲占据朝鲜，渐窥内地，图望甚远，蓄谋甚深"。封贡之议起，宋应昌请于朝廷，不穷追日军。4月18日，日军领着沈惟敬派的假明朝使节撤出汉城。王锡爵记录日军退出汉城的动向，所称"驰遣辩士，说谕归巢"，即指沈惟敬劝小西行长退出汉城。《答问东事疏》载：

> ……文武将吏……乘战胜之余威，因而驰遣辩士，说谕归巢，仍间离其伪帅，丰行长、清正等，于是群倭势穷胆破，委于前月十九等日络绎王京而南，今已行过四五百里。

倭虽已尽数发行，而在路每人徒步担五斗之粮，其行甚迟，日不勾四五十里。又闻自王京至釜山半路之间却又停止，此必非真遁也，创建土城、塞栅，为久居之计。不知其意何为。

李如松整众入汉城，并预备乘日军退兵之际攻击，而日军早就有防备，步步为营，明军不能得逞。日军停留在汉城至釜山的半路，王锡爵分析停步的原因，主要有三个：一是入海无船，暂住傍山，伐木造船，过暑而行。其二，丰臣秀吉在对马岛，未经禀命不敢轻归。其三，朝鲜人积受日军荼毒，欲乘此日军远归饥乏之际，追袭报仇。为防备朝鲜人报复，日军欲行又止，并立寨自防。

王锡爵的《答问东事疏》还记录此时招募南兵一事："今该部见有议撤，召募南兵……皆关系军机紧急之务。"除1592年壬辰倭乱初宋应昌在蓟镇布置防海兵，时隔半年1593年碧蹄馆败绩，朝廷再次调集南兵。季金在1592年至1593年均可能被召至蓟镇。

刘绖领兵五千，奔赴天险鸟岭。倭寇拒险防守，查大受、祖承训等由小路越过槐山，出鸟岭之后。倭寇没有料到明军出奇兵突袭，大惊，移至釜山浦筑居屯种——建房、垦种，作长期留戍屯兵之打算。李如松布置疑兵，分遣刘绖、祖承训等屯大丘、忠州，命令调全罗水兵的龟船，分布在釜山海口。倭寇抛弃了汉城汉江以南千余里，朝鲜故土大多收复。

这时，明朝皇帝急于退兵。宋应昌提出：贸然退兵，前功尽弃。他指出驻军朝鲜可东保蓟、辽。丰臣秀吉侵略朝鲜"意实在中国"，而中国救朝鲜"则东保蓟、辽，京师巩于泰山矣"。

宋应昌还提出了留兵的时机选择："可撤于明旨与封之后，必不可撤于余倭未去之时，可撤于朝鲜兵练险设之后，必不可撤于该国未备之初。"即一定要等倭寇真正撤离，朝鲜也做好战备后，方可撤兵。

最后明军在朝鲜留下了三千南兵善后。《明史纪事本末》记载：

上谕："朝鲜王还都王京，整兵自守。我各镇兵久疲海外，以次撤归。"应昌复疏称："釜山虽濒南海，犹朝鲜境。有如倭觇我罢兵，突入再犯，朝鲜不支，前功尽弃。考舆图，朝鲜幅员东西二千里，南北四千里。从西北长白山发脉，南跨全罗界，向西南，止日本对马岛，偏在东南，与釜山对。倭船止抵釜山镇，不能越全罗至西海。盖全罗地界，直吐正南迤西，与中国对峙。而东保蓟、辽，与日本隔绝，不通海道者，以有朝鲜也。关白之图朝鲜，意实在中国；我救朝鲜，非止为属国也。朝鲜固，则东保蓟、辽，京师巩于泰山矣。今日拨兵协守，为第一策。即议撤，宜少需时日，俟倭尽归，量留防戍。"部覆南兵暂留，量简精兵三千善后，余尽撤。

六月，倭使节小西飞随沈惟敬一起自釜山来，请求通和。丰臣秀吉提出，娶明朝公主为妃子，恢复两国贸易，归还占据朝鲜的四道及京城，朝鲜王子一人当人质，朝鲜誓不反日等7项条件。

在议和的同时，倭寇随即侵犯咸安、晋州，逼近全罗，声言要恢复江、汉以南，以汉江为界。日军于6月29日攻克晋州。李如松认为全罗地方沃饶，南原府尤其是咽喉，命李平胡、查大受镇守南原。祖承训、李宁移南阳，刘𬘩移陕州。不久倭寇果分犯，明军并有斩获。

七月，倭从釜山移西生浦，送回朝鲜的王子陪臣。明军久暴师在外，一闻撤军，势难久久羁留。于是宋应昌请留戍兵于全罗、庆尚。议留刘𬘩川兵五千，吴惟忠、骆尚志南兵二千六百，合蓟、辽共一万六千人，由刘𬘩分布庆尚的大丘。兵部尚书石星则一意主和，说留兵要转运粮饷，非策。宋应昌则考虑军队长久驻外，师老（疲劳而厌战）无成功，同时也想减轻自己的责任，于是同意石星撤兵的提议，只留刘𬘩兵防守。但日军多诈，恐明军撤兵会生变，命沈惟敬入倭营，促其谢表——即表明归顺明朝朝廷，示意通和。八月，日军撤至釜山浦回国。

九月，兵部主事曾伟芳指出，讲和不起作用，倭寇想讲和也要离开，不讲和也得离开。主力已撤，小西行长留朝鲜无所作为，即便小西想报告丰臣秀吉出兵，冬天风帆不利。他指出，沈惟敬赴日营讲和，晋州照样被日军攻占，所以必须立足朝鲜自强。依据晋州城攻防战的形势，日军由釜山登陆出动九万大军，对晋州志在必得。明军总兵力仅五六万人，基本驻扎平壤、汉城等都市、要津；远途奔袭解围晋州是不可能的，李如松能为之奈何？讲和只是战争的手段之一，沈惟敬又能为之奈何？朝鲜文献对明朝没有援救晋州城颇有微词，但设身处地想一想，明朝哪有能力去救？还是兵部主事曾伟芳的话对，要靠朝鲜自己图强。

> 沈惟敬前倭营讲购，咸安、晋州随陷，而欲恃款，冀来年不攻，则速之款者，速之来耳。故曰：款亦来，不款亦来。为今日计，宜令朝鲜自为守，吊死问孤，练兵积粟，以图自强。

五、漫长的议和之路

从 1593 年至 1596 年，明廷与日本丰臣秀吉均对议和不知就里，任凭沈惟敬与小西行长派遣的所谓使节在交涉。沈惟敬同日使小西如安合谋，分别对上隐瞒真情，一字不提丰臣秀吉 7 项条件，反说丰臣恭顺"恳求内附"。

万历二十一年（1593）六月，日本使节小西飞就随沈惟敬来通和，到二十二年（1594）十二月，明廷才确定派遣的使臣——讨论了整整一年多。而使节入朝更旷日持久，至万历二十三年（1595）底，使臣还没有到达日本，这是怎么回事？

1. 朝廷议论封贡迁延日久

是否同意日本提出的封贡市？朝廷反复讨论，久久不能定论。二十一年十月总督顾养谦力主撤兵，疏请封贡，即与日本通商。皇帝命九卿、科、道官员一起商议。九卿即部级官员如六部尚书、都御史等，科即礼、户、吏、兵、刑、工六科的监察官员，道为十三道御史，科、道都是清议的官员。御史杨绍程奏：朱元璋屡屡推却倭的上贡，考虑深远。永乐间，倭朝贡已经不按约定数量，以后"稔窥内地，频入寇掠。嘉靖晚年东土受祸更烈"——指的是壬子倭乱。杨御史认为是封贡造成了倭乱，因此反对封贡市。他说："今关白谬为恭谨，奉表请封之后，我能闭关拒绝乎？中国之衅，必自此始矣。"有了明朝的封爵，就有日本的贡与市，通商开辟了就不能闭关，倭寇不会安分守己做生意的，必然带来倭患。御史从历史经验的角度分析封贡市不可行。杨御史的观点代表多数官员意见，这时"廷臣交章止封"，他们认为封贡后必须通市，通市必然引起倭乱，形成恶性循环。兵部尚书石星"恐不能羁縻关白""终主封贡不已"——执意要封贡市。崇祯年间，大学士徐光启以开放的目光看待封贡市，他剖析万历年间官员的意见，认为其决策错误。

2. 皇帝终于接见日本使节，同意封号而不同意贡市

万历二十二年八月，总督顾养谦又讲述了封贡的事，并提出："贡道宜定宁波，关白宜封为日本王。请择才力武臣为使，谕行长部倭尽归，与封贡如约。"顾总督的意图是通过同意日本封贡市，然后让小西行长撤兵。九月，朝鲜国王李昖公疏请"许贡保国"，就是同意明廷与日本议和通贡，只要让日本退兵，保住朝鲜就可以了。神宗皇帝"乃切责群臣阻挠封贡"，把原先反对封贡市的御史郭实撤职，下诏让日本使节小西飞入朝。日本的使节抵京，石星接待的规格如同王公。日使小西飞等趾高气扬，过宫门也不下马。

皇帝召集官员，当面向日本的使节宣布和谈条件，由翻译官现场翻译：一、勒倭尽归巢，即让日军回归日本。二、既封不与贡，即仅封日本国国王的名号，但是不要日本的上贡，自然也没有丰厚的回礼，也不能通市。三、誓无犯朝鲜，即日本要保证今后不侵略朝鲜。日本使节非常听话，竟然都答应这些条件。原来他是小西行长派来的假使节。十二月，与日本的封议定，朝廷命李宗城充任正使，杨方亨为副使，随同沈惟敬往日本。礼部还在议论日本国王的称号问题，以前已封过日本国国王，是否有冲突？封给丰臣秀吉的国王，应加上某某国王，或某个岛的国王："日本旧有王，未知存亡。关白或另拟二字，或即以所居岛封之。"神宗皇帝很慷慨，就封丰臣秀吉为日本国国王，颁给金印。小西行长授予都督佥事的职位。

从上年（1593）六月开始议和，到了1594年十二月，明朝朝廷方面终于表态：封给丰臣秀吉日本国国王，但不许通贡市——只有名誉称号，没有实际利益。日本使节竟然同意这条件，他是丰臣秀吉派遣的吗？

3. 使团一年多还没有到日本本岛，而正使却被撤职了

1595年整整过了一年，赴日本的使节——正使李宗城、副使杨方亨及

沈惟敬一行，迟迟没有到达日本，他们还在"久怀观望"，不知道沈惟敬在搞什么鬼，拖延了行程。

万历二十四年（1596）正月，明廷使节才抵达朝鲜釜山。这时，朝廷派遣使节已一年多了，沈惟敬还在装神弄鬼，阻止使团前往日本。沈惟敬假说要预先练习日本的礼节，他同小西行长先渡海往日本本岛，私下奉献给丰臣秀吉蟒玉、翼善冠等国王的服饰，又献壮马、骑从、美女及地图、《武经》。沈惟敬要造成一种假象——明朝皇帝很重视与日本搞好关系。如果使节在，他不好做手脚——私送物品。

而那个纨绔子出身的正使李宗城却贪淫成性，根本没有理会出使的使命。他在日本对马岛闹出了绯闻而被免职。使团的行程一再推迟。

《明史》记载，李宗城"经行之营，所在索货无厌"，他每到一处军营，就索要财物。从釜山渡海停留对马岛，日本太守仪智每晚均送两三个打扮漂亮的美女到正使帐中，李宗城则安然接受。日本头目多次提出让正使渡海前往本岛，李宗城不愿走。原来李宗城已迷恋上太守仪智的夫人——小西行长的女儿。宗城闻听得小西行长的女儿很美，意图对其不轨。一直讨好李宗城的太守被惹恼了，自己的老婆怎么可以让给别人睡，不许。此时，骄横的李宗城遇到与他人争道的事情，李宗城要杀掉与他争道的谢隆，结果反而被谢隆追杀。倭寇要行刺李宗城，宗城弃玺书夜遁，连皇帝的使命也不管了——诏书丢了。等天明迷失方向，走投无路而"自缢于树"，还是追杀他的人把他的吊绳解开。这个丑闻闹大了，副使杨方亨向朝廷报告，李宗城被逮问。杨方亨说李宗城是被奸人所误，皇帝改派杨方亨为正使。廷臣以此事件认为倭寇不可信，纷相递交奏章，请皇帝罢封。皇帝严厉斥责群臣，将御史曹学程下狱。皇帝告诫群臣，此时不要再提罢封，已决策之事不必再议，他要使团立即渡海。

4. 议和作假的事情露馅了

据朝鲜文献资料，沈惟敬议于名古屋拜见丰臣秀吉，订立和平七条，有娶皇妃、勘合贸易、誓好、割四道予日本等内容。沈惟敬恰好隐瞒了重要条款——封贡市。

沈惟敬意在建奇功，他隐瞒了基本谈判条件，丰臣秀吉最终目的是求得封贡市，封即封爵位——封日本国王——这不是目的，丰臣秀吉谁稀罕这名号；他稀罕的是贡与市。藩国上贡，明朝有相当丰厚的回礼，随带商品可在市场销售。嘉靖初年，日本出动两批上贡的队伍，这已经违约了，而且两批人在宁波大打出手。通过宁波争贡事件，朝廷索性禁止封贡市。而沈惟敬却根本不考虑朝廷想什么，一意建奇功而不考虑结局，他纵横捭阖的结果是将自己送上断头台，同时葬送了兵部尚书石星。石星千方百计支持沈惟敬议和，听不得他人的劝告，甚至造假。

《明史纪事本末》记载了杨方亨一行在日本的经历，从中可窥探出日本接受敕封的真正意图。没有封贡市，丰臣秀吉根本不会停止侵略。使节一读圣旨，第二天丰臣秀吉就变卦了。

> 九月，杨方亨、沈惟敬奉册如日本。平秀吉斋沐三日，郊迎节使，受封，行五拜、三叩头、山呼礼。礼毕，款使者备至。朝鲜王议遣光海君致贺，听嬖臣李德馨言，使州判奉白土紬为贺。秀吉怒，语惟敬曰："若不思二子、三大臣、三都、八道，悉遵天朝约付还。今以卑官微物来贺，辱小邦耶？辱天朝耶？"惟敬慰谕之。秀吉曰："今留石曼子兵于彼，候天子处分，然后撤还。"翼日，具货物数百种，奉贡遣使，赍表文二通，随册使渡海。至朝鲜，廷议遣使于朝鲜取表文进验。其一谢恩，其一乞天子处分朝鲜。廷议以为饰说云。

丰臣秀吉接受诏书是非常虔诚的，他斋戒沐浴了三天。第一天的气氛很好，"郊迎节使，受封，行五拜、三叩头、山呼礼。礼毕，款使者备至"。第二天气氛就不对头了，他横挑鼻子竖挑眼，竟然指责朝鲜使节送礼太薄——这与中日谈判根本没有关系，而且，第一天秀吉也没有提出过。真正的原因是，明朝没有同意"贡市"。丰臣秀吉明白发出侵略的威胁，他说：让石曼子的日军留在釜山。而中间讯息隔阻的端倪也能看出，此时朝廷才提出让人去朝鲜，把日本的表文拿来，看表文到底提哪些要求。日本的表文除了谢恩，就是责难朝鲜，朝廷廷臣认为这是借口。根本原因如上所述：明朝没有同意封贡市。

5. 1597 年丁酉再乱——日本第二次新的入侵开始

1596 年秋，明朝廷宣布封丰臣秀吉为日本国王，并不涉及封贡市等实质问题，釜山日军不撤，议和失败。兵部尚书石星感到压力挺大，万历二十五年（1597）正月，石星提出"请自往朝鲜谕两国就盟罢兵"，而朝廷上一面倒倾向开战，石星被彻底孤立。二月，明朝朝廷再议东征。

日本以朝鲜谢礼微薄的所谓借口，留兵釜山。明朝已经封爵，日本却迟迟不发答谢的表文，明显不在乎皇帝的封号。大阪受封后，杨方亨空手而归。沈惟敬交验日本的表文，"案验潦草，前折用丰臣图书，不奉正朔，无人臣礼"。石星为此事辩解，说中国没有给日本明朝的黄历，丰臣秀吉就没用万历的年号。宽奠的副总兵马栋报"清正等拥二百艘，屯机张营"——日本已准备侵略了，谈判已彻底失败。杨方亨把议和的本末讲述出，责任全推给沈惟敬，把石星的亲笔信也一并交出让皇帝看，"上大怒，命逮石星、惟敬按问"。不顾国家大计，私下作小动作，议和如何能够成功？

说石星卖国，那是冤枉，他没有卖掉任何国家利益。他只是自作聪明，妄图以个人智谋达成和议。说沈惟敬叛国，更是冤枉，《明史》甚至说抓了沈惟敬后，就没有人给日军带路了，简直就是说笑话。沈惟敬在两军阵前一直维护明朝的利益，甚至李如松违背和议初盟，抓住前来讲和的倭将，沈惟敬还去向小西行长解释，让其放松警惕，李如松得以突袭平壤。汉城倭寇虽有退志，没有沈惟敬的游说，日军不会自动退兵——汉城并不是明军打下的，是沈惟敬的嘴皮子磨出来的。沈惟敬想建奇功，他把议和当儿戏，这是沈惟敬的悲剧。

和平无望，战争在即。明朝以兵部尚书邢玠总督蓟辽。改麻贵为备倭大将军，经理朝鲜——前线指挥。金都御史杨镐驻天津，布置警备，杨汝南、丁应泰在军前参谋，新的战争开始了。

不久，季金被派往朝鲜战场——经略邢玠与之前宋应昌一样，看到了水师的重要性，尤其是南兵的战斗力。

第十一章 壬辰倭乱中的朝鲜

万历二十年（1592）壬辰，丰臣秀吉威胁李氏王朝要借道朝鲜，攻打中国。丰臣秀吉1591年就命沿海诸藩国造兵舰数百艘，备三年的军粮，并委任侄子丰臣秀次为关白镇守日本，自己直接指挥征伐朝鲜。1592年4月，日军渡过朝鲜海峡，登陆釜山。三个月，朝鲜汉城、开城、平壤沦陷。

壬辰倭乱前，李舜臣的指挥才能被宰相柳成龙赏识，越级提拔为全罗左道水军节度使。倭乱发生后，他积极备战，不久取得闲山大捷。朝鲜国王请求明朝出兵，二十一年（1593）初，明军收复平壤，接着止步于碧蹄馆，于是中日议和。二十五年（1597）议和失败，季金领浙直水师赴朝鲜，十一月入驻鳌川忠清南道水师营地。二十六年四月季金率浙直水师赴古今岛与李舜臣合营，十一月露梁海战中，季金与李舜臣等奋战取得最终胜利。

图为日本皇宫广场前的丰臣秀吉铜像。因脸细腮尖，幼时被人称作"猴子"。

被人称作猴子的
丰臣秀吉

一、朝鲜沦陷

1592年春末，九路日军、战舰700余艘渡过朝鲜海峡，登陆釜山。朝鲜没有认真防备，天险鸟岭竟然无人镇守。三个月，朝鲜汉城、开城、平壤沦陷。国王李昖逃到鸭绿江边的义州，遣使向明廷告急，国王请求内属——

当属国。

朝鲜和平已久，民众久不经训练，怯战。《明史纪事本末》载：

> 朝鲜釜山与日本对马岛相望，时有倭户往来互市，通婚姻。时朝鲜王李昖湎于酒，弛备，吉乃分遣其渠行长、清正等，率舟师数百艘，逼釜山镇。五月，潜渡临津，分陷丰、德诸郡。时朝鲜承平久，怯不谙战，皆望风溃。朝鲜王仓卒弃王京，令次子珲摄国事，奔平壤。已复走义州，愿内属。

日军入朝北进，四月小西行长率军侵入釜山浦。十四日釜山镇守将郑拨奋战而死。十五日东莱城一战，朝鲜府使宋象贤尽忠战亡。小西率部经梁山、密阳、大邱，在尚州打败巡边使李镒，10 天攻克闻庆。日军顺利经过天险要塞——鸟岭，二十八日在忠州全歼都巡边使申砬的敢死队。国王闻讯逃往开城、平壤。四月十八日加藤清正等登陆釜山，沿东路北上，四月二十九日至忠州。小西行长、加藤清正分路攻汉城，五月三日小西军抵汉城，仅 20 天汉城陷落。

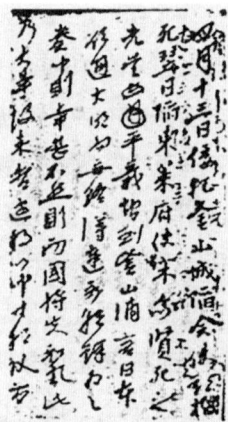

柳成龙亲笔撰写的战史

日军实行"八道国割"——分区作战，小西行长在平安道，加藤清正在咸镜道。小西军在临津江打败朝军，5 月 29 日攻开城，6 月 15 日攻平壤城。加藤清正进攻咸镜道，7 月 23 日在会宁俘获招募勤王军的朝鲜王子临海君、顺和君，一鼓作气打过豆满江，攻进兀良哈。三个月，除平壤北、以全罗道为中心的朝鲜西部，汉城、平壤、咸镜道、釜山等要地都被日军占领。

国王不停遣使节向明朝求救，而明朝一时难以出兵，扬言派十万大军入朝，日军进入平壤，国王避入爱州。

朝鲜八道尽没，战事紧急，朝鲜各地义兵奋起反抗。日军侵朝

9 天，庆尚道宜宁郭再祐于 1592 年四月发动宜宁起义，收复庆尚、全罗、忠清、京畿、咸镜道等地，义兵以农民为主，包括僧侣、平民，上百将领多出自武士、儒学家族。1592 年六月，国王决定与太子分立朝廷，世子（光海君）在黄海道鼓动南方起义。八月义兵收复清州，九月复庆州。

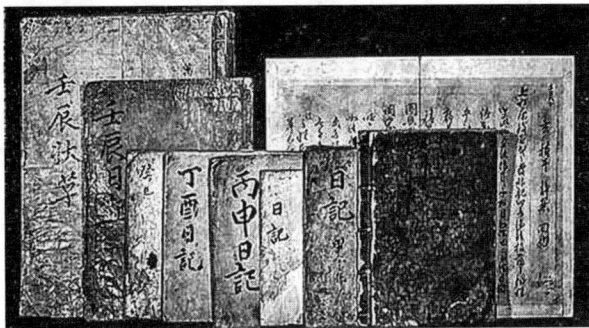

记录壬辰倭乱的文献

明军入朝。1592 年七月，游击将军史儒出军，因不熟悉地利，史儒战死。八月，辽东副总兵祖承训赴朝，三千余人面对数万日军，如羊入虎口，祖承训"仅以身免"。宋应昌为经略，负责防倭军务，成立朝鲜战场指挥部。

沈惟敬向兵部尚书石星要求赴朝鲜，他挂游击将军的名衔，赴日军营和谈，并以重金收买敌将。沈惟敬再入敌营，倭将称约定"禁勿相攻"的时间已过。十二月，李如松西征归来，被任命为东征提督、防海御倭总兵官，十二月明军主力渡过鸭绿江，驰援朝鲜。其时经略宋应昌驻凤凰城，又派沈惟敬前往议和，而暗遣李如松突袭平壤，获得成功。主将李如松立功心切，冒进汉城，惨败于碧蹄馆，中日进入长期胶着的战争阶段。

沈惟敬摸准小西行长的心思，说服日军退出汉城。沈惟敬在双方穿针引线，议和长达三年。

万历二十一至二十三年，季金为防海兵游击将军驻蓟镇。

二、李舜臣及闲山大捷

朝鲜陆军屡尝败绩，而日本水师遇到了克星——李舜臣，从 1592 年五月到九月，朝鲜水师连续取得玉浦、釜山浦海战胜利，消灭胁坂安治、加藤嘉明、藤堂高虎、九鬼嘉隆等——嘉靖年间在浙江沿海的倭寇。

李舜臣（1545—1598），字汝谐，号德水，京畿开丰（开城）人，生于汉城。幼时家境贫寒，熟读兵书，通韬略，骑善射。1576年咸镜道武举考试及第，任全罗道井邑县县监等职。

1591年日本侵朝前夕，宰相柳成龙极力建议破格提拔李舜臣。

李舜臣《神道碑铭》载："文忠公柳成龙力荐于朝，遂擢为全罗左道水军节度使。时倭人声言寇我，敌衅已成，忠武深忧。"在国家危难之际，李舜臣临危受命。他操练水军，创建"龟船"长10丈，宽1丈，船身硬木敷铁甲，炮火不伤。船头龙口焚烧硫磺，喷烟隐蔽，炮眼便于发射火力，两侧各10面船桨，航行进退自如。船多存淡水、粮食。

任命李舜臣的武科丙科进士及第的圣旨，颁发年代为万历四年

龟船模型

船身铁甲上密集铁钉——李舜臣熟知倭寇秉性：喜好赤脚、善攀爬，船面密布铁钉，即便近舷也无法攀登。

万历十九年任命李舜臣为全罗左道水军节度使的委任状

季金与李舜臣成为密友。二十五年季金入朝，二十六年与朝鲜水师合营，季金见到龟船而惊叹："督戎（李舜臣）舾而深入，协天将而前驱，立盾避丸，陈璘叹其制变，涂甲冒火，季金服其出奇。"（《李忠武公全书》朝鲜咨文）龟船船首喷火十分壮观，引得

季金的惊叹！季金是隆庆二年（1568）进士，约生于 1540 年，比李舜臣大四五岁。

1592 年倭寇大举入犯，元均再三请求与李舜臣联合，两军在露梁夹击敌军，在泗川、唐浦连续歼灭三十余艘敌船《忠武公李舜臣神道碑铭》载：

> 壬辰，倭大举入，拔釜山、东莱，分道西上，忠武（李舜臣）即引兵赴玉浦。其时庆尚水军节度使元均再三恳求李舜臣，李舜臣不得已同意联合，于是两军"于露梁夹击贼，转至泗川焚十余艘，进军唐浦，遇贼二十余艘，殪其酋，歼其众"。

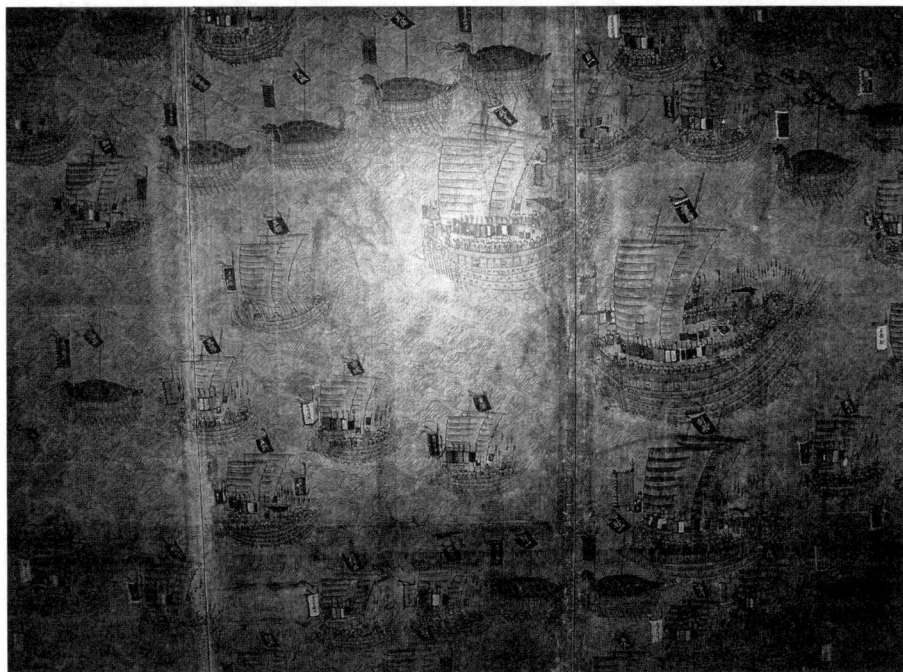

朝鲜水师军阵

后来李舜臣与全罗右水军合作破项浦，取得闲山大捷，朝鲜国王大喜。

> 贼酋三层楼船诱至闲山岛，又破大小七十余艘，逐北至安骨浦，又烧破四十余艘，军声大振，贼詟恐。捷闻，上大喜。

李舜臣在玉浦、泗川和闲山岛海战十战十胜。朝鲜国王专门创置三道水军统制使的职位，让李舜臣在本职全罗左道水军节度使以外兼任水军统制使，成为水师的统帅，水师移至闲山岛镇守。

十月，釜山海战击沉九鬼嘉隆船百艘，闲山大捷与晋州城攻防战，权慄的幸州山城攻防战，同为朝鲜三大捷。

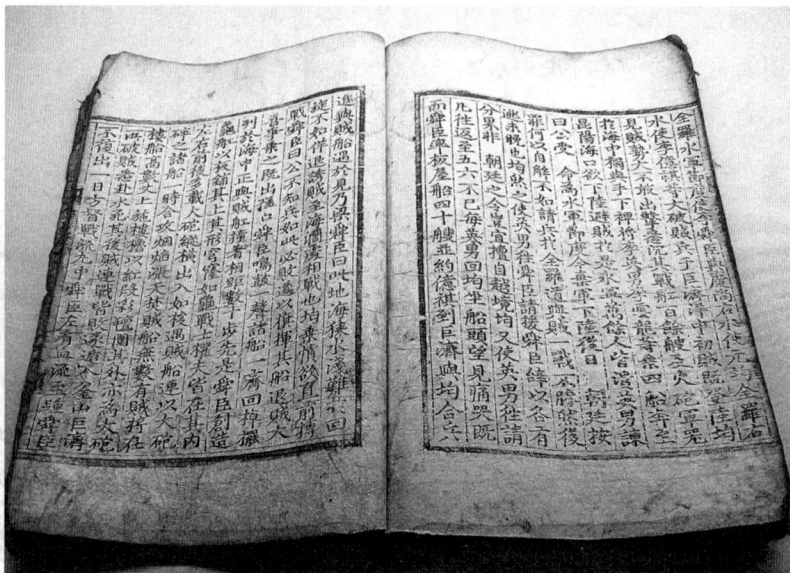

《壬辰录》书影

《壬辰录》记载了李舜臣与庆尚右水使元均、全罗右水使李亿祺等在巨济洋的战事。倭寇登陆，元均预备把战船、军器沉海，自己逃至昆阳下陆避贼，而上万的水师即将面临溃散（见贼势大，不敢出击，悉沉其战舡百余艘及火炮军器于海中）。裨将李英男告诫元均，弃军下陆地，将被治罪，不如请李舜臣援救。面对元均这一庸将，李舜臣不屑与其交往，回答道："各有分界，非朝廷之令，岂互擅自越境。"李英男往返请求五六次，此时元均装得十分可怜——"每英男回，均（元均）坐船头望见痛哭"。最后李舜臣率板屋船四十艘，并约李亿祺到巨济，与元均合兵。

水师与日军在乃梁相遇，元均"乘愤欲直前搏战"，李舜臣说："公不知兵，如此必败。"舜臣告诉元均："此地海狭水浅难于回旋，不如佯退，诱贼至海阔处相战也。"李舜臣挥旗退船，日军随即追赶。出了隘口，李舜臣鸣鼓一声，朝鲜水师诸船一齐回转与敌面对，龟船发挥了重大作用，对日军水师作战终于获胜。李舜臣在战场上督战，流弹击中左肩，血流至脚底而不顾。《壬辰录》载：

全罗水军节度使李舜臣与庆尚右水使元均、全罗右水使李亿祺等大破贼兵于巨济洋中。初，贼既登陆，均见贼势大，不敢出击，悉沉其战舡百余艘及火炮军器于海中，独与手下裨将李英男、李云龙等乘四船，奔至昆阳海口，欲下陆避贼，于是水军万余人皆溃。英男谏曰："公受命为水军节度，今弃军下陆，后日朝廷按罪，何以自解？不如请兵于全罗道，与贼一战，不胜，然后逃未晚也。"均然之，使英男往舜臣请援。舜臣辞以各有分界，非朝廷之令，岂宜擅自越境。均又使英男往请，凡往返至五六不已，每英男回，均坐船头望见痛哭。既而，舜臣率板屋船四十艘，并约亿祺到巨济，与均合兵。进与贼船遇于见乃梁，舜臣曰："此地海狭水浅难于回旋，不如佯退，诱贼至海阔处相战也。"均乘愤欲直前搏战，舜臣曰："公不知兵，如此必败。"遂以旗挥其船退，贼大喜，争乘之。既出隘口，舜臣鸣鼓一声，诸船一齐回棹摆列于海中，正与贼船撞着，相距数十步。先是，舜臣创造龟船，以板铺其上，其形穹窿如龟，战士、櫂夫皆在其内，左右前后多载大炮，纵横出入如梭。遇贼船，连以大炮碎之，诸船一时合攻，烟焰涨天，焚贼船无数。有贼将在楼船高数丈，上施楼橹，以红段彩毡围其外，亦为大炮所破，贼悉赴水死。其后，贼连战皆败，遂遁入釜山、巨济，不复出。一日，方督战，流丸中舜臣左肩，血流至踵，舜臣（下文略）

日本存在崇拜李舜臣现象。在镇海军港，预备突袭波罗的海舰队的东乡平八郎联合舰队，前往祭拜李舜臣。要塞司令部每年举行李舜臣安魂祭，海军特意到闲山岛大捷领地——"统营"祭祀。统营市每年举行闲山大捷节，2015年八月，统营市政府邀请季金的后裔访问，参加大捷节。

三、晋州城攻防战

晋州城大捷、李舜臣的闲山岛海战、权慄的幸州山城攻防战，是壬辰倭乱中朝鲜的三大捷。第一次大捷即晋州城攻防战，此战阻断日军由釜山到汉城的运输线，是壬辰倭乱的转折点。

崔官教授撰文称，壬辰倭乱 7 年，朝鲜经历 109 场血战，以晋州城攻防战最为典型。1592 年十月与翌年六月，朝鲜、日本间在晋州进行两次大规模攻防战，第一次晋州城攻防战取得大捷。晋州属庆尚道三个牧之一，地处釜山浦、汉城间。晋州城四周高山环绕，南江贯通全城，沿岸是平原，是连接全罗与庆尚道的交通要塞。城内矗石楼濒临南江，称矗石城。壬辰倭乱初，日军极力争夺该城，牧使金时敏果断拒绝庆尚右兵使柳崇仁入城，亲率 3800 名军士坚守晋州，打败细川忠兴的两万日军。10 月 5 日至 10 日接连六天，两万日军、火绳枪、龟甲车均难以撼动晋州城。第一次晋州城保卫战胜利，确保了晋州西粮仓——全罗道的安全，令日军交通运输艰难。令人痛心的是，晋州城大捷的最后一天，牧使金时敏阵亡。

金时敏的胜利，日军一直误以为守将是明将，估计有 25000人。日军强调了守将木曾的勇猛——金时敏称牧使，误作木曾，日本文学作品的木曾官即牧使金时敏。

面对晋州城，丰臣秀吉震怒，1593 年 4 月 12 日下达命令，对晋州城"一个不留，统统杀光"——屠城令。丰臣秀吉是为雪耻——日军竟败在晋州城下。六月，丰臣秀吉调兵超九万人，势在必得，目的是建立釜山、汉城间连接，利于与明朝谈判交涉。秀吉严令将晋州变为焦土，数万百姓成为冤鬼——这和"二战"时的南京极为相似。此时中日正议和，明军反对日军攻占晋州，但唯一能做的，仅让沈惟敬劝说小西行长。经碧蹄馆惨败，明军兵力不足，粮草运输后勤有极大压力。六月份神宗听到日本使节已出发，就准备撤兵，经宋应昌劝说，才留下少量军力协守。明军自顾不暇，没有能力南进。提督李如松派遣沈惟敬、徐一贯去议和。赞成议和的小西行长劝阻加藤清正放弃进攻，让朝鲜让出晋州城。而加藤清正反对议和，进攻晋州势在必行。刘綎想用兵力威胁清正，但清正根本不买刘綎的账。明军只能旁观晋州城被围。

1593 年六月的二次攻防战，结局与第一次相反。日军宇喜多秀家率九万人进攻，晋州三忠倡义使（义军大将职位）金千镒、庆尚右道兵使（兵马节度使）崔庆会、忠清道兵使黄进誓死守城。而新任的牧使徐礼元弃城而走，被日军俘获斩首示众——称"木曾首级"，误以为是金时敏。城破，六万军民被杀戮或投入南江，其中包括投靠晋州城的难民。在日本京都大佛寺前有耳冢（朝鲜称鼻冢），专门掩埋百姓被日军残忍割下的鼻子，以宣扬其武功。日军把任务分配到每个士兵，每人必须拿到 3 个朝鲜人的鼻子，经验查官检查，放入大桶用盐腌渍后送回日本，大桶置放在大佛寺前成为坟墓。被掠的朝鲜学者姜沆，回国著述《看羊录》记述鼻冢一事，甚是惨痛：

> 秀吉之再寇我国也，令诸将曰：人各两耳，鼻则一也。令一卒各割我国人鼻，以代首级，输致倭京。积成一丘陵，埋之大佛寺前。几与爱阳山腰平。血肉之惨，举此可知。

历经壬辰倭乱，李晬光在《芝峰类说》记载："是时我国之人，无鼻而得生者亦多矣。"日军以野蛮的肉刑横加于百姓，是朝鲜人民的莫大耻辱。近代，明治政府统治期间，耳冢又被利用成为展示丰臣秀吉丰功伟绩的证据，日本军阀将别人痛苦的事情，当成所谓胜利的荣耀心安理得地享受。甲午战争后，明治三十一年（1898）即秀吉去世 300 周年，日本举行"丰太阁 300 年祭"，恢复耳冢。今天安倍晋三祭拜靖国神社，吹捧"二战"战犯，否定"二战"胜利成果，意在继承明治政府、"二战"军阀的衣钵。

第二次晋州攻防战战役中涌现众多英雄，朝鲜有殉国的晋州牧使金时敏，晋州三忠金千镒、崔庆会、黄进，以及抱住倭将跳江的妓女论介。日本则以加藤清正等为英雄。

金时敏与金千镒、崔庆会、黄进三将军（称"三壮士""三忠"）成为忠义的象征，朝鲜人将其功绩比作唐代安史之乱中张巡保卫睢阳，张巡面对敌将尹子琦的十万叛军不为所动，沉着迎战。现在，金时敏祭祀在忠愍祠，晋州三忠在彰烈祠。

徐礼元被误作木曾将军（金时敏），徐礼元跳江逃亡下游，依然被日军俘虏并被斩首，其首级被盐腌渍，送往日本接受太阁丰臣秀吉的检查，送至京都示众。

朝鲜妓女论介与日本豪杰在各自国家得到传颂。晋州城的矗石楼下邻深涧，群倭不敢近，论介邀日本将领在义岩上跳舞，终于抱住倭将跳江殉国。论介殉国，被百姓认为是朝鲜的圣女贞德。日本豪杰毛谷村六助是孝子、壮士，韩国崔官教授考证，毛谷或许死于非命，就是被论介抱住跳江的倭将。

四、丁酉再乱

中日进行三年多的持久议和，终究谈判破裂，丰臣秀吉决意继续其侵略政策。

1597 年丁酉再乱，日军施反间计除掉李舜臣。元均则因受节制而羞耻，继而妒忌并诬陷李舜臣，他在国王面前谗言说李舜臣逗留不前。国王逮捕李舜臣，终贬为士兵。元均当上统制使，朝鲜的灾难来临——七月水军即遭重创。

朝鲜水师覆灭，随即朝鲜又任命李舜臣任水师统制使。神道碑所说"破贼于兰岛"即李舜臣九月取得的"鸣梁大捷"——此战列入世界海军史著名战例。李舜臣让军士在海峡东西出口暗设铁索和木桩，涨潮时假作败退，引敌深入，退潮时则敌舰不能逃脱。海峡深长而狭窄，两军接战面窄，日军船多优势难以发挥，朝鲜水师 12 艘战船击沉敌船 30 多艘，歼敌 4000 余。《忠武公李舜臣神道碑铭》即"正宪大夫全罗左道水军节度使兼三道统制使谥忠武公李舜臣神道碑铭"载：

> 庆尚水军节度使元均"数蜚语风言官，而忠武竟以逗留劾下吏，均（元均）则代之，居数月，我师败衄。续元均走死，朝廷复以忠武为统制使。忠武将数十骑驰入顺天府，得兵船十余，行收亡卒，破贼于兰岛，已，又迎贼（略）斩其将马。多时，贼不能支，举军而顿。"

朝鲜国王在重新下给李舜臣任命书时，感到十分惭愧。任命书强调水师是国家的保障。元均葬送了水师，国王把责任推给日军："凶锋再炽，遂使三道水军尽于一战之下。"国王担忧由谁来收拾残局？"近海城邑谁复屏蔽？而闲山已失，贼何所惮，烧眉之急迫于朝夕"，国王想到了李舜臣，"卿声名早著于超授阃寄之日，功业再振于壬辰大捷之后，边上军情恃为长城之固"。国王所说的超授阃寄，指的是李舜臣原节度使是越级提拔的，闲山大捷国王也是清楚的，他让李舜臣赶紧招聚亡散军士，新建水师（召聚散亡、收合舡舰，急据要害去处，俨然作一大营，则流逋之众知有所归）。对李舜臣撤职一事，国王则轻描淡写——这些都是大臣谋划不当（顷者褫卿之职，俾从戴罪之律者，亦出于人谋不臧，而遂有败衄之辱也）。国王很惭愧，"尚何言哉，尚何言哉！"还能说什么呢？

《王颁忠清、全罗、庆尚等三道水军统制使李舜臣书》载文：

王若曰：呜呼！国家之所倚为保障者，惟在于舟师，而天下未悔祸。凶锋再炽，遂使三道水军尽于一战之下，此后，近海城邑谁复屏蔽？而闲山已失，贼何所惮，烧眉之急迫于朝夕。目下之策，惟当召聚散亡、收合船舰，急据要害去处，俨然作一大营，则流逋之众知有所归，方张之贼亦庶几乎式遏。而膺是责者，非有威惠智干素见服于内外，则曷能胜斯任哉！惟卿声名早著于超授阃寄之日，功业再振于壬辰大捷之后，边上军情恃为长城之固。而顷者褫卿之职，俾从戴罪之律者，亦出于人谋不臧，而遂有败衄之辱也，尚何言哉，尚何言哉！

今特起卿于衰绖，拔卿于白衣，授以兼忠清、全罗、庆尚等三道水军统制使。卿于至日，先行招抚，搜访流散，团作海营，进扼形势，使军声一振，则已散之民心可以复安，而贼亦闻我有备，不敢并肆猖獗，卿其勖之哉！水使以下并节制之，其有临机失律者，一以军法断之。若卿徇国忘身相机进退，在于已试之能，予曷敢多诰。

於戏，陆抗再镇河上，克尽制置之道，王逊出自罪籍，能成扫荡之功，益坚忠义之心，方副求济之望。故兹教示，想宜知悉。

　　九月季金再三要求与朝鲜水师合作，此时李舜臣重新出山仅一个月，他只考虑如何赢得一场战争，以挽回水师败绩的负面影响，并没有理会与明军的合作。

　　国王在重新任命李舜臣后，就不对李舜臣指手画脚了，国王说过"卿徇国忘身相机进退，在于已试之能，予曷敢多诰"。他让李舜臣根据战场情况，自己决定进退。尽管明军经理杨镐再三转达季金的意见，让浙直水师与朝鲜水师合营，李舜臣根本没有理会，朝鲜水师正在重建，他没有功夫。国王很宽大，没有责备李舜臣。但是，为安慰杨镐、季金，国王召见了季金等。

　　1598年二月，李舜臣率水师入驻古今岛，四月季金率浙直水师前往合营。李舜臣与季金相互信任，成为莫逆之交。露梁海战中邓子龙、李舜臣先后牺牲，季金率军全歼倭寇。黄胤锡说季金赞叹李舜臣："盖舜臣苦诚大节，伟勋壮烈，既应宣庙之洪褒，亦受神皇之峻擢，不惟功冠海东，实是泽被天下，则都督陈璘、参将季金之称服。"（《颐斋遗藁》）

　　三千里江山，在青松满坡、金达莱花盛开的山岗上，庙宇里供奉民族英雄——李舜臣。白山两麓、汉江畔的人民世世代代传颂他的英名。

李舜臣墓地　　　　　　　　　　季氏后裔参拜显忠祠

　　1706年井邑芳华山脚下建李舜臣祠堂——显忠祠，四周群山环抱，祠内松柏成荫。显忠祠有众多古建筑，有"本殿""号""古宅""家庙"等。"遗物馆"保存武器实物，皇帝所赐都督印、令牌和斩刀等赐品复制件。1966年显忠祠辟为"圣域"。在首尔，李舜臣与李氏世宗雕像并立于国会门两旁。

第十二章 回顾倭乱

一、壬辰倭乱

15—16 世纪是大航海时代，欧洲人开辟了欧亚大陆的新航路，西人东渐带来了传教士，也带来了火绳枪（铁炮），促成东亚的"地壳变动"。日本大名织田信长用火绳枪击败战国时代强大的武田军团。战争中，织田信长被叛变的部下明智光秀所杀，丰臣秀吉平叛，继承了织田信长。新式火器从西洋来到日本，帮助丰臣秀吉统一了日本。

在丰臣秀吉的强权统治下，日本以东亚为目标发动侵略朝鲜战争，是为壬辰倭乱。

中国、朝鲜、日本对东亚这一重大战事的称呼不同。

朝鲜李氏王朝称之为"壬辰倭乱""丁酉再乱"，这是按农历纪年而

日本广场上的丰臣秀吉铜像

称呼。日本首次侵略朝鲜在万历二十年，此年为壬辰年。万历二十一年，明军收复平壤、汉城后，与日本进行旷日持久的议和，议和最终失败。明朝没有同意丰臣秀吉"封、贡、市"的要求，丰臣根本不在乎明朝封予什么"日本国国王"，他要求的是开放宁波的港口，允许通商——"市"，这也是他发动侵略战争的根本目的。万历二十五年，日本重新侵略朝鲜，此年是农历丁酉年，称"丁酉再乱"。

日本人则称"文禄—庆长之役",万历二十年（1592）是日本"文禄"年间,万历二十五年（1597）属"庆长"年间。日本民间称"秀吉的朝鲜之役","征韩伟略"。

明朝称"壬辰倭乱"为万历三大征的"东征"。明朝大将李如松刚征西归来,镇压宁夏哮拜的叛乱,随即奔赴朝鲜,与朝鲜军队合力驱赶日本侵略者。征西、征东之后,又征西南的播州——今贵州遵义,三大征耗尽明朝的国力,加剧了国内矛盾,加速了帝国的灭亡。

东亚各国对壬辰倭乱的历史事件,均有自己的历史概念,难以对战争形成共同认识。战争历时七年,1598年丰臣秀吉去世,日军急于撤退,中朝联合进行露梁海战,彻底消灭日军西路小西行长水师。倭乱结束,东亚国家残破,人民流离失所,对东亚国家、朝鲜半岛影响十分深刻。用韩国崔官教授的话,这场战争最终引起了东亚地壳变动——明朝灭亡,清朝兴起;丰臣秀吉政权下台,被德川家康取代。

1. 日本改革开放,图强而侵略

15—16世纪是大航海时代。1488年春,葡萄牙航海家迪亚士探险至非洲南端好望角莫塞尔湾。1492年哥伦布发现新大陆——美洲,成了西班牙的英雄,国王封其为海军上将。1498年,达·伽马开辟印度新航线,葡萄牙人涌入亚洲,1517年到达中国广东,1537年入居澳门,贸易、传教活动频繁。随后西班牙、荷兰、英国、法国先后进入亚洲。西方的欧洲国家对东方世界的殖民化逐步带来影响。16世纪末,日本不甘心东亚以中国为中心的格局,图强扩张,而中国、朝鲜则无视外部的文明,反应迟钝。

16世纪后半期,日本认可了传教士的存在,学习吸取西洋的文明。火绳枪等新式武器被用于战争,战胜了其他的诸侯国家,结束了日本的战国时代。丰臣秀吉统一日本,就侵略朝鲜,而明军作为援军赴朝鲜参战,朝鲜、中国、日本东亚三国倾尽国力进行七年的战争。《明史》称,平秀吉死,战事才结束。丰臣秀吉的目标是征服中国,最终却无力攻击中国,也没有得到朝鲜的一寸土地。

历史在相似的轨迹中运行，19 世纪的东亚竟然与 16 世纪末的历史惊人地相似！19 世纪后半期，西方势力继续东扩，中国与朝鲜对世界的变化仍旧迟钝。日本幕府讨伐军利用西欧新式武器，推翻江户幕府，建立强大的天皇制集权国家——明治政府，不久即发动侵略朝鲜战争，这一模式与壬辰倭乱如出一辙。

2. 壬辰倭乱对日本的影响

日本战国时代结束不久，民众遭遇"漫无止境的兵役"，侵略令国内经济混乱，农民被征兵，农田荒芜，出征朝鲜 30 万人，死伤竟至 10 万人。出兵没有明确的目的，丰臣秀吉一死，1598 年草草撤兵。而德川家康保存了实力。1600 年德川家康的东军与丰成秀吉之子秀赖的石田三成西军，在关原激战，东军胜利，丰臣政权随即瓦解。1603 年，江户幕府建立，德川时代开始。丰臣秀吉发动的侵略战争，极大损伤了朝鲜，促进明朝的覆灭，也给日本民族带来重大的灾难，并毁灭了丰臣政权。鉴于此，后来的江户幕府、德川幕府闭关锁国，严守禁海令。

日本从朝鲜各地掠夺了大量人口、书籍、活字印刷技术（朝鲜最新发明的金属活字印刷）、儒学者、陶工，极大影响日本近代思想史、陶瓷工艺、建筑技术。

朝鲜姜沆（1567—1618）与日本近代儒学创始人藤原惺窝（1561—1619）相遇，这是日本近代史重要事件。姜沆是朝鲜时代初期学者姜希孟的五代孙，师从成浑，深受儒学代表人物李退溪、李栗谷的影响，开辟儒学思想新境界。丁酉再乱，1597 年 9 月在全罗道灵光前的海上，姜沆被藤堂高虎的水军所掳，从大洲移至京都，为医师吉田意安的《历代名医略传》作序。

姜沆被介绍与藤原惺窝相识。藤原惺窝正处于佛教思想向儒家思想转换时期，在姜沆协助下，藤原惺窝学习朝鲜的科举制度、春秋释奠等儒教礼仪。农历二月、八月，日本文庙祭祀以孔子为首的四圣、十哲、七十二贤，抄写姜沆传授的四书五经"姜沆汇钞十七种"。藤原惺窝是大学者，被德川家康任用授课，其性理学思想由弟子林罗山等继承。藤原惺窝推荐林罗山掌管江户幕府官学教育、文书、法令、外交等，林罗山阅读朝鲜书籍，在性理学基础上树立江户幕府的政治理念。

1648 江户幕府闭关，《德川实记》谴责壬辰年间的侵略行径，否定丰臣秀吉。上田秋成则明确否定侵略，认为掠夺无理，不属自己的终于复归自然，武力镇压是一时的。

西风东渐，日本开始明治维新，丰臣秀吉的追随者把壬辰倭乱称作"秀吉实现征讨大陆之伟大抱负的事件"。甲午海战后，日本大力推行大东亚共荣扩张的政策。1898 年日本举行纪念丰臣秀吉逝世 300 周年盛大活动，秀吉出身卑微而实干，成为日本战国的奇人、狂人，丰臣秀吉由平民成为最高统帅，其英雄化形象成为军国主义分子的偶像。"二战"期间，1939 年《读卖新闻》逐期刊登《太阁记》，记述丰臣秀吉一生经历，舆论称其为英雄，轰动一时。丰臣秀吉的作派被后世效仿。在中国战场上，台儿庄战役中进攻滕县的前线司令官扮作老农侦查前沿中国农村。

日本大量宣传壬辰倭乱中的将领，侵略朝鲜东路日军主将加藤清正是丰臣秀吉的表弟，于 1611 年去世，其形象被神化，文学短篇记录最多。因加藤清正与幕府有冲突，子孙被逐，人民同情加藤清正，于是记述加藤的文艺作品较多。于是，朝日间形成了明显的隔阂。朝鲜申维翰出使日本，与日本雨森芳洲对话，雨森芳洲质疑朝鲜所称的倭乱及对日本的蔑称。经过申维翰的解释，他终于理解朝日间的敌对情绪。

3. 战争对朝鲜的影响

朝鲜王朝建立两百年，崇尚和平，发展中国儒教文化，实施性理学治国。经过战争，朝鲜濒临灭亡，生产力倒退，国力大为减退。明朝协助朝鲜度过了危机，但是战争令朝鲜国土满目疮痍，城市乡村变成废墟，战乱后大米产量不到战前三成。1601 年，全国耕地仅 30 万结（1 结约为 1 公顷），是战前 150 万结的两成。人口急剧减少。战后又发生了叛乱，被及时镇压，度过最大的危机。日本则从朝鲜掠夺财富、印刷活字技术、书籍。1234 年，朝鲜的印刷术比较先进，日本在战争中掠夺了朝鲜 10 万个铜活字；朝鲜民众被俘数十万人，带去了朝鲜的先进技术。晋州城攻防战中，数万朝鲜百姓被杀，大量民众被割去鼻子与耳朵，日军将鼻子腌渍在大木桶中，为炫耀武功而建"耳冢"，成为日本对朝鲜胜利的象征，也成为朝鲜永久的民族耻辱与创痛。日本侵略朝鲜，杀戮其人民，对晋州城屠城，朝鲜面临灭国的威胁，朝鲜视日本如寇仇。

朝鲜作为明朝的藩国，国王也十分苦恼，他必须看宗主国的眼色行事，而不被正眼看待，明朝使节沈惟敬撇开藩属国，与敌国日本进行谈判，朝鲜只能屈辱求和。朝鲜君臣为了复国，对明朝将领曲意逢迎，千方百计取悦明朝的前线将领。为了组织露梁海战，国王与领议政均给明军西路军监军王士琦多次写信，请求明军决策实施海战。

朝鲜谨守"三纲五伦"性理学，稳定社会秩序，惩罚叛逆者，作为儒教国家，推行忠孝烈等儒教伦理规范，在中国《三纲行实图》的基础上，收集朝鲜人的忠孝烈典范，刊行自己国家的《东国新续三纲行实图》，稳定国家，重建秩序。明神宗告诫朝鲜国王李昖，朝鲜不能一味求文，也要加强战备。在满族势力扩张威胁下，朝鲜重视与明朝建立友谊，对清朝抱有敌意。1637年，朝鲜遭遇中国东北满族的大规模入侵——史称丙子胡乱，终以朝鲜国王投降而告终。明朝被清朝取代后，朝鲜内心抵触满人，如前所述，尽管宗主国变成清朝，朝鲜的许多碑文仅记明朝的年号。1910年，朝鲜被日本吞噬，琉球也被吞并。东亚政治格局破坏，朝鲜王朝维持五百余年。

二、战争给中国带来的苦难

东征是万历的三大征之一，是明朝的一大灾难。倭乱七年，带来重大经济压力。灾难深重的中国国力耗尽，1597至1598年丁酉再乱，支出军费银子800万两，军粮数十万石，明神宗为应对经济拮据局面，搜刮民脂民膏，他外派的宦官狐假虎威，加重对地方搜刮，矿山、织造等重灾区受损尤为严重。明神宗根本无视大臣的警告，《明神宗实录》记载了上百起御史、大臣建议取消各类赋税的建议。

王锡爵是个保守的官员，他反对出征朝鲜，在援朝战争初，明朝战场东西同时进行，西北军费已超百万，如果紧接着介入朝鲜的战争，招募兵员和造船费用就超过百万，大臣们束手无策，觉得实在难以应对这一局面。

又今军兴，费繁宁夏之师，今房寇二患其费可胜计乎，已耗去百余万。度朝鲜功成，与各处募兵造船之费，又不下百余万。群臣束手，计无所出。

财政危机日益加剧，王锡爵对皇帝催征苏杭拖欠的织造钱粮，提出上疏，称该地"连岁灾伤，民间困苦，有司催办不前"，要求减免织造赋税。《请减免织造钱粮疏》称"江南财赋甲于天下，朱元璋愤百姓为张士诚固守，将富民租簿定为粮额，累朝二百年来，头绪转多，如王府粮、练兵银，加派无减"。苏杭的赋税从开国皇帝朱元璋起，定额就很高，历年有增无减，加上连年水旱频繁，王锡爵称："贫苦无聊，痛心疾首，嗷嗷思乱"——民众已经思乱，朝廷岌岌可危。他呼吁不能吸尽民脂民膏，如没有朝鲜战争——外乱不生，则内乱或可潜弭——内乱被消除。当时要面对的是国内外双重矛盾。

今狡倭窥境，剥肤将及。以至沿海地方，无地不增兵。无兵不添饷，其势不得不取足于民。而徐扬之间方数千里滔天大水，庐舍禾稼荡然无遗，其势又不得不取偿于江南。此如一丝之系锺鼎。其危且急何如者。若不及今将养，有如外倭内盗乘间而交发，其巨万供亿之费更将于何取之。

"剥肤"在《易经》六十四卦爻辞中指灾害——来源于朝鲜战场的倭寇。当时"沿海地方，无地不增兵。无兵不添饷，其势不得不取足于民"——战争加剧民众负担；加上徐州、扬州水灾，"数千里滔天大水，庐舍禾稼荡然无遗"，江南将不堪重负。王锡爵把这种危急的形势比作：一丝系锺鼎，即用一根细丝吊起钟鼎，"其危且急何如者"。此时对民众应"将养"，即休养生息。如若逼迫百姓，则外倭、内盗将一起发作，更巨大军费支出从何而来？后来爆发的李自成起义，就是对王锡爵上疏的注解。

壬辰倭乱结束，朝廷官员普遍希望撤军，明朝再无法承受巨大的军费压力。当万世德提出在朝鲜留兵三万余，年支持银子近百万两，官员们再也无法沉默了，直截了当批驳万世德的留兵建议。神宗则向国王提出，让朝鲜承担部分军饷，于是，朝鲜国王仅要求留水师八千人。在涉及国家财力时，国王也得精打细算，同时他看准了季金水师的重要作用。

其时，朝廷财力已尽，官府对民间敲骨吸髓，再敲诈不出油水，哪怕重刑恐吓也达不到目的。下级不能完成征税任务，省里巡抚没有办法；巡抚技穷，朝廷大臣也无可奈何。

> 大抵方今国患在于民穷。民穷由于财尽。其始也有司犹可以棰楚之威行于小民，抚按犹可以参罚之令行于有司。切中今日情事，今民至困，而棰楚无所加，则有司之技已穷，有司穷而奉行不能前，则抚按之技亦穷，至于抚按穷，而诏令格而不行，则部院之技亦穷矣。

神宗增加苏杭织造、江西瓷器、云南取金的税赋，王锡爵说节约这些很容易，而对百姓的恩惠极深——小民得之如枯骴之获再肉——干枯骨头上重新生肉。皇帝不要怜惜这一丝一缕的恩惠，"以活赤子且夕之命"，让百姓得到活命的本钱。王锡爵不是危言耸听，此年春，其母到京看子，走到天津等处亲眼看见到处是卖儿鬻女的难民，有的仅索取银五七分——半两银子的身价，弃子而去，王锡爵之母见此痛哭。近京尚且如此，则远京之民可知；近畿省份赋税尚轻的尚且如此，赋重之地可想而知。

天灾人祸，不时发生黄河决口，不容延缓的黄河大堤河工，均急需资金，王锡爵呼吁："前有不可恃之升平，后有不可知之事变。"更致命的是，"上供一分，民费三倍"。增加的税贡被逐级侵吞，到国库的不足三分之一。有资料分析，朝廷加征的税收，绝大部分被下面侵吞，仅十分之一能入国库。民间搜刮的几两银子能让数家百姓破产——难民以半两银子出售子女。在这内忧外患的时刻，国家岌岌可危，"不可不深思，不可不痛念"。

> 至于苏杭之织造、江西之瓷器、云南之取金，在皇上省之如千箱之失稊米，而在小民得之如枯骴之获再肉。为人父母又何爱一丝

一缕而不以活赤子旦夕之命也。今春，臣锡爵之母北来，至天津等处，亲见道上累累卖男女之民，有索银五七分弃子而去者。臣母为痛哭，稍施钱周之。观近京之民如此，则远京之民可知。观赋轻之地如此，则赋重之地可知。又况于上有不可忽之天变，下有不可缓之河工。前有不可恃之升平，后有不可知之事变。诚拯溺救焚事在至急，浣衣投璧未足谢民。而何忍更以余财余力责此额外之供也。且臣等又闻，上供一分，民费三倍，民出数金，害及数家，天下之势岌岌至此，不可不深思，不可不痛念。

王锡爵建议藏富于民，不再催交赋税。户部提出用内库银子赈灾，外库已枯竭。他建议皇帝免除置办宫廷用品的二十万两，以解燃眉之急。目的是稳定社会秩序：盗息民安，让百姓称颂朝廷的恩德。

昨者，工部请御库银数十万两，赈济淮扬。臣等不敢主张，仍下户部议处。夫内库久积之银，外廷犹欲请发，岂有外库额外之银，内廷尚可宣索者。伏乞皇上慨然将今岁买办银二十万两尽数传免，以救目前燃眉之急。少俟盗息民安，赋充费省，再行斟酌取之。不特挽回天和，消弭国患，而皇上藏富官民之间，增光恭俭之德，又乘此万万寿称觞之日，以当万万人欢颂之声，真所谓散小储而成大储，以惜福而更益福也。

神宗为明朝颠覆种下了种子，史学家普遍认为，崇祯灭亡起始于万历。李自成起义，是朝廷大臣早就意识到的事情。1616 年努尔哈赤趁明朝自顾不暇，在辽地建立了后金——要以后金取代明朝——仿其前辈金国取代宋朝。1644 年，李自成入京，吴三桂引狼入室，清兵——即后金军队入关，取代了明朝政权。季金的儿子季光浙时在辽东抚顺，与皇太极有交集，毕竟他是抚顺的参将，负责朝廷在辽东的军事，可叹他时运不佳，遭遇国家覆灭的厄运。

三、朝廷乱政导致清朝起事

随着壬辰倭乱而来的是矿税，国家打仗没有钱，于是想办法搜刮，矿税就这样想出来了。战争胜利了，国子监祭酒方从哲等"乞罢矿税，以为矿税之害在天下者，诸臣言之不啻详矣"。的确朝臣的奏书已太多了，方从哲也没有办法再详细说了。倭乱结束了，按理应当结束征收矿税，而神宗吃到了甜头不愿意放手了。

大学士赵志皋上疏罢矿税，他看到了征收各类加税的危害。矿税给群小带来好处，百姓的怨恨却在朝廷，赵志皋认为，对百姓剥削越久，祸害越深，朝廷费用不足，完全可以从正赋（正常的赋税）取得，但神宗根本不予理睬，奏章被搁置——留中。

> 矿税之行，利归群小，而怨归皇上。剥削愈久，酿祸滋深，岂可不加体察。费用不足，有正大权宜可议者（略）臣等与之商议，通融酌计，每年或可量动何项钱粮，更有何项设处可解进，以备上用（略），留中。

大臣说神宗的"武功可观，文治阙失"，武功就是倭乱平息，国内治理混乱才是大臣忧虑的，"矿税扰民太甚，闾阎民不聊生"，矿税使民不聊生，大臣担心"盗贼窥伺窃发"，就是后来的李自成起义，大臣引用孔子的话，"有国家者不患寡而患不均，不患贫而患不安，忧不在颛臾而在萧墙之内"，朝廷拼命搜刮，"上下不均，民心好乱"，朝廷也将灭亡"荡析播迁"，大臣们担心如"倭患未平"。神宗对明朝灭亡要负大部分责任。

> 今日举朝忠计咸谓国家之武功虽若可观，而文治实多阙失，如矿税扰民太甚，闾阎民不聊生，盗贼日夜窥伺而有窃发之虞，守臣竭力补苴而有难支之势。孔子有言，有国家者不患寡而患不均，不患贫而患不安，忧不在颛臾而在萧墙之内，臣每诵斯言，辄为震悐，自古荡析播迁之祸，皆从上下不均，民心好乱而起，可不畏

哉。（略）夙夜栗栗常如倭患未平之时。

万历二十七年（1599）三月，户科都给事中包见捷对朝廷在辽东地区开征矿税，提出严重的警告。他说辽东本来经过北虏的侵扰，后经壬辰倭乱，民生凋敝，朝廷如果在辽东征收矿税，忧患将随之而来。

> 辽左三面逼虏，蹂躏难支，加以倭奴发难，士马疲露死伤殆尽，兹一开采榷，有八可虑焉。

包见捷忧虑的地方有：

一是税使对地方的骚扰。"税役往来如织，供亿如山"，地方不敢轻慢税使，沿途驿站也受骚扰（滋置邮之扰）。

二是税使必然对边民"推膏敲髓，徒携边氓之心"，引起反心。辽东塞外吏卒本以罪徙边，既然流放，也就不怕逃亡了（轻去其土）。

三是挫伤边防将士之气。士卒劳苦冒死守边境，"万有一生之计"，现又令将士防矿、防税，边防将士必以为皇帝"芥视我"，即看不起边防战士。

四是假借皇帝命令的使节对边将有所牵掣。使节在外"阃以外原假便宜"，即使节有便宜处事的权力，于是中使"掣将吏之肘""中使所经，炙手薰天，孰不望风解体"。

五是与辽东等边民造成嫌隙。以前开原立市交易，"实宽其途"，让边境之民有了生路，派税使，让税使搜刮地方，边境民众必然与朝廷离心离德（今必铢括寸累，则属夷以为非香火之情，不露辫相向，即掉臂以去），明朝是"开夷丑之隙"。

六是增加朝鲜藩国对朝廷怨恨。朝鲜之八道经过战乱，已经十分衰败，"而税使以衔命往，将彼为鱼肉，此为刀俎，是增属藩之怨"，税使将敲诈藩国，将其作为鱼肉，只能增加藩国对朝廷怨恨。

七是带来边境防守的隐患。"边关出入之禁甚厉"——边境管理历来严格，来了税使，动不动说是皇帝派来的，边境执勤将吏谁敢盘问，北虏间谍必然嚣张，军情必然泄密。

八是激起返国军士的哗变。东征之师撤还，"悲杨柳歌饥渴"，一旦遇上矿税税使，东征将士"何堪苛索"，如果税使对将士下手，则将士慷慨鸣剑出击，"恐激兵噪之端"。

包见捷说，辽东是京城的护卫，如果不罢"开采征税之令，则辽事必不可为，岂惟辽左，而国步随之矣"，包见捷把国家的命运与辽东的事情一起考虑，正是远见卓识，他说"勿谓微臣今日不言也"——但是神宗没有听，此后辽东努尔哈赤的后金取代明朝。

《明史》说，包见捷上言，"切惟矿市之害，诸臣言之不啻详矣，犹意陛下惜国体、重民瘼，万万无久而不厌，厌而不罢之理"。包见捷让神宗放弃矿税这块肥肉，神宗就是不肯，以致"上怒降旨切责，谪见捷外任"，其他上谏官员均被贬谪。

大学士沈一贯上疏，希望饶恕包见捷。此后朝廷官员利用各类时机，提出上疏。礼科左给事中项应祥等"以雷火示警疏"，陈述四事，首件是"忠言当纳，谓年来谏止矿税之疏无非忠君爱国之谭，宜俯垂采纳"。

朝廷群臣对矿税是十分抵制的，但均被神宗挡了回去。终于民不聊生，爆发李自成起义推翻明朝，继而清朝取代明朝，这些都是明朝大臣早就预见到的。明朝为自己寻找了掘墓人清朝。16世纪北虏南倭极大打击明朝，国力衰弱，张居正改革取得一定成效，但明朝三大征打击朝廷财政。神宗开征矿税等额外税赋，内监赴外地征税，骚扰地方，横征暴敛为明朝覆灭种下祸根。壬辰倭乱，明朝遣军二十万，丧失数万，耗费财力物力。《两朝平攘录》载，丁酉再乱支付白银800万两，军粮数十万石，仅两年国力消耗殆尽，无法抵挡新兴满族势力。努尔哈赤在1583年发动起义并扩充满洲势力。壬辰倭乱初，努尔哈赤提出为明朝抵御日本侵略，1616年建立后金——与宋朝对立的金国相比而言，后改称清。李自成进攻北京，后金趁虚而入，清朝成立。壬辰倭乱及神宗乱政加速明朝灭亡。季金没有看到明朝的灭亡，而季光浙却亲身感受了清朝的崛起。

四、壬子倭乱与壬辰倭乱的联系

季金是与整个明朝倭乱事件有密切联系的历史人物，他的遭遇恰好经历了倭乱全过程。季金既看到壬子倭乱在浙江蔓延，亲眼看到戚继光把倭寇赶出台州，季金又亲历壬辰倭乱，作为朝鲜战场的主要战将，为国立功、扬名朝鲜。

无论壬子还是壬辰倭乱，其实就是日本贵族、倭寇对与中国建立商贸关系的迫切要求，当牟利的愿望被打破时，就采取非正当手段，或抢掠，或侵略，以达到贸易的目的。为什么日本对与中国贸易愿望如此迫切，这要从我国海上通商历史说起。

历史上，海上通商不断。宋以前中国与日本常通贡市，宋高宗对商贸态度非常明确，在温岭就设立过松门市舶务，由冯安国任市舶务。市舶务专门负责商贸，如海关征收商品货物的税收。

元时，藩国上贡绝少，而市舶——即官市极盛。在台州府驻地临海江厦街的灵江渡口，附近有通远坊，有一批经常往来中国的朝鲜、日本商人居住于此。由于朝廷专设关税机构，街道称税务街。黄岩县东新罗坊，也有朝鲜商人居住。元末，邱海一族即由新罗坊迁至太平小泉村。

至明代，朱元璋断绝藩国的上贡，但不绝市——即不中断贸易，不废市舶司。朱元璋认为贸易是有利的，市舶"迁有无之货，省戍守之费，禁海贾，抑奸商，使利权在上"。

永乐年间，朱棣并许贡、市，永乐皇帝有万国来朝天国的良好感觉。朱棣派遣了三宝太监（郑和）下西洋，除了寻找建文帝，还与东南亚国家建立了贸易联系，成为海上丝绸之路的起源。

1. 壬子倭乱起源于嘉靖年间与日的贸易矛盾

一百余年后，嘉靖年间发生的与日贸易矛盾，促进朝廷决定罢官商——市舶。这就是嘉靖二年发生的日本宗设与瑞佐争贡的事件。

鄞（宁波）人宋素卿早年投奔日本，帮助日本人与宁波通商（市舶）、通贡。

通贡有巨利，藩属国向明朝上贡，明朝有相当丰厚的回礼相赠，这引起日本的群臣的羡慕，大臣纷纷争贡。日本国王源义植年幼，大臣强求符验（证书）。左京兆大夫内艺兴，派遣了僧宗设；右京兆大夫高贡，则遣僧瑞佐、宋素卿，先后通贡，至宁波。

按例，货船至宁波，由市舶司验货，并宴请朝贡者。瑞佐与宋素卿后至，他们贿赂了市舶司的太监，先查验自己的货物，宴席安排在宗设上面。面对不公，宗设怒而欲杀瑞佐，太监暗授予瑞佐兵器。

宗设众强，毁了市舶司的嘉宾堂，把瑞佐赶过余姚江奔绍兴，一直追到绍兴城下。宗设沿途杀掠，杀备倭都指挥刘锦等，然后遁逃海岛负险而守。巡按御史欧珠上奏，起因是宋素卿行贿，于是逮素卿下狱。嘉靖四年二月，官府判决：处以宋素卿死刑，释放瑞佐回日本（朝鲜巡海缉拿仲林等人，国王献予明朝廷，发仲林等与素卿对簿公堂，查清遣贡先后及符验的真伪）。

给事中夏言上言"倭患起于市舶"，请罢市舶（夏言后成为大学士，终被嘉靖所杀）。

其实，从宗设事件中吸取教训，应杜绝太监的插手，而不应罢市舶。

"市舶罢，利权在下"，奸豪勾结，海上无宁日。

2. 断绝正常的贸易活动，海上走私流行

嘉靖初，朝廷限制贸易，"三年一贡，限其人船"，贸易的货物根本不足日本一国的用途。徐光启认为，日本国所用货物，必资于我，势不能绝，同时"文物渐繁，资用亦广"。贸易规模日益趋大。朝廷制定日本三年一次的贡期、人数、船数，日本根本无法遵守。

后来，日本国王源义植又请修贡，限定 10 年为期，人不过百，船不过三。日本提前入贡，贸易的人数、船数均超过明朝廷规定的数额。商人"嗜中国货物，人数恒不如约，至者率迁延不去，每失利（经常亏本）"。

市舶——官方通商被禁，走私盛行。日货至宁波等地，先存放商家，多请贫穷倭人防卫。借朝廷厉禁，沿海富豪欠债不还，负债多的上万金，少的数千，一旦追债急，则躲避。后来货存于贵官的家，倭商则一面讨债，另一面又求通商。贫穷的倭人留在近岛索要欠款，久而乏食，即开始虏掠——成为倭寇。此时，贵官危言说动官府压倭商：日本人停泊近岛杀掠人，官府不出兵驱赶，难道就这样备倭？官府出兵，贵官暗中向倭寇透露消息，让其躲避——一方面取得货物，又让官府驱赶日商——以此得利。

倭商大恨："挟国主赀而来，不得直，曷归报？必偿取尔金宝以归。"倭商索款不能，没有拿回货款，如何向主子交代，加上明朝的官府逼迫，于是变身为倭寇——他们纠引沿海生计窘困的、失职的、不得志儒生，为之向导，抢掠沿海郡县，倭乱开始蔓延。

3. 朝廷实施海禁始末

当时，朱纨代表官府征剿，而被贵官设计陷害。

御史陈九德请置大臣，治兵捕讨。朝廷以朱纨巡抚浙江兼摄福、兴、泉、漳。命令朱纨严禁在海上贸易通番，不得与外国交往，"敕纨严禁泛海通番，勾连主之徒"。

朱纨下令禁海，练兵甲，破盗寇老巢，上言："去外盗易，去中国盗难。去中国群盗易，去中国衣冠盗难。"朱纨说，林参等勾连倭舟，入港作乱。他要处罚勾结倭寇的贵官、商人（巨奸为乡导，躏海滨，宜正典刑），而这触犯了沿海贵官与巨商的利益。

朱纨记录贵官头目的姓名，请皇帝戒谕。福建海道副使柯乔、卢镗捕九十余人，朱纨立即将捕获的犯罪分子处决于演武场，一时大哗。贵官诋诬朱纨，通过在朝廷的御史周亮、给事中叶镗等上奏本，改朱纨为巡视。

御史周亮等按贵官、富商的嘱托，弹劾朱纨"举措乖方，专杀启衅"，剥夺朱纨的官位，命还原籍。给事中杜汝祯往福建，查勘朱纨"听信奸回，柯乔、卢镗擅杀无罪，皆当死"，兵部丁汝夔同意，世宗（嘉靖皇帝）命将柯乔、卢镗系于福建按察司待决。禁倭而被迫害，朱纨愤恨而自杀。

三十年四月，巡按御史董威等请放宽海禁，朝廷从之。舶主、土豪自喜，"为奸日甚"，官司莫敢禁——主张禁海的朱纨被杀，谁还敢管走私。

4. 海禁——引起壬子（1552）之变

陈东、徐海等奸人为倭寇勾引乡导，"内逆（富商海盗谋反的）外愤（倭寇报复的），同恶相济。"《明史·日本志》称："大抵真倭十之三，从倭者十之七。"假倭大多是闽浙商人和为虎作伥的贪官、兵士，有徽商王直、徐海等。《太平县志》称："至真倭少，假倭多。所谓漳贼与导漳之贼，率闽浙贾人者。并有兵贪其利而钩之，反为耳目者。"

汪直亡命海上为首领，倭人信服。志称，倭寇首领有徐海、毛海峰、彭老生十余帅，"皆浙、闽人，善设伏，能以寡击众"。倭寇勇武，每战辄赤体，提三尺刀舞而前，无能捍者——没有人能够抵挡。倭寇犯台州，破黄岩，台州知事武暐败死，浙东骚动。

倭寇的侵扰，对沿海造成极大骚扰。明朝朝廷采取措施平息倭乱。嘉靖三十七年，戚继光从舟山抗倭前线调至台州。嘉靖三十九年，经浙江总督胡宗宪同意，戚继光赴义乌招收义乌东阳等地矿工、农民四千余人，练成新兵称戚家军。嘉靖四十年，戚继光取得台州大捷，从而结束浙江抗倭战争。戚继光此后在福建、广东抗倭，嘉靖末，倭患基本消灭。

壬子后的四十年是壬辰年。此时中国东南沿海堪称太平，经戚继光等抗倭将领奋力抗击，倭寇绝迹。日本战国后，丰臣秀吉统一全境，任关白——日本宰相，他念念不忘与中国贸易以求利，其部下对中国财富垂涎三尺。沿海抢劫的道路已被截断了，丰臣秀吉寄希望重新通贡，通过封贡市贸易获利。日本通过朝鲜、琉球官方途径请求通贡，自大的明朝政府自认为不需要与日本通商，也过得很好。回想起日本官商的凶险——一不如意就会翻脸，酿成大祸。明朝坚决堵上通商大门——朝廷上议论与日本的封贡市，提出可通贡的声音往往被反对声音所淹没。日本多次提请朝鲜为其传话，均无果而终。眼看贸易通道被堵，壬辰年——万历二十年（1592）丰臣秀吉认为只有公开抢劫了——先侵略朝鲜，以朝鲜为跳板侵略中国，这也是明治维新后日本确定的侵略途径。

日本以与中国贸易为目的而进行的侵略战争，目的是侵略朝鲜，要挟中国通商。日本通过朝鲜、琉球等提出封贡市，均被拒绝。通过外交途径没有办法，就孤注一掷发动侵略，看你同意不同意。倭乱战争未及一年，中日就议和，日本的目的就是通商，还主动放弃汉城退回南方。主持议和的中方核心谈判代表沈惟敬，并没有弄清中国、日本双方头目的意图，妄图以个人的狡计来实现和谈，结果皇帝答应的条件，与丰臣秀吉要求的封贡市，差距甚远。和谈破裂，战争再起，沈惟敬及其主子兵部尚书石星被杀头。沈惟敬并没有把握日方真正意图，这点崇祯年间的大学士徐光启倒是看得清楚。

5. 徐光启对嘉靖壬子倭乱、万历壬辰倭乱的看法

一是应坚持贡舶、市舶正道。

通商就如积水，不得不通，"决之使由正道，则久而不溢，若塞其正道，必有旁出之窦"。官商不通，私市是旁出之窦。壬子年，堵塞了私市，旁出之窦塞，于是"溃而四出"——倭乱变生。

上海徐家汇徐光启纪念馆的雕像

二是除盗而不除商。

徐光启认为，当时如果有雄才大略的大臣，"通彼我之情，立可久之法，禁私贩而通官市"，只要知道人家是求通商，明朝可以禁止私贩，通官市，根本不费力气，就让海上太平了（可不费一镪，不损一人，海上帖然至今耳）。

三是海禁对中国、日本均不利。

壬子年后，倭寇自知罪孽重，明朝不能与日本通贡市，中国的边海戒严，民众不敢与日本人通商。后西洋番船到中国购买湖州的丝绸，到吕宋诸国贸易，闽浙直的商人亦走吕宋国贸易。日本所需的货物，由吕宋商人获得盈利。吕宋在闽南以南的海域，路途遥远，贸易的货物少，中国的货物价格就"腾贵"，湖丝每斤价至五两，日本人"未能一日忘我贡市"。

日本的税赋很轻，日本的君长以贸易取利。日本与中国的贡市、私市、绝市，以至日本商人的负债，都与君长有关。日本与中国通商，是关系日本君臣士民利害的大事。

四是壬辰倭乱也由海禁所致。

徐光启认为，日本通过朝鲜、琉球，要求中国通封、贡、市，是日本真实的想法。万历年间日本权臣丰臣秀吉（平秀吉）为关白，主职事，称大阁殿。山城君为国王，六十六洲的国人称其为殿下。织田信长雄杰多智略，征伐四出，日本的其他诸侯皆臣伏于织

田信长，织田信长的智计叵测十倍于丰臣秀吉，可惜被亚奇支所弑（即明智光秀杀害织田信长一事，不知为何称亚奇支）。秀吉出身微贱，服事信长骤得幸。明智光秀叛变杀害织田信长后，丰臣秀吉突然起兵灭明智光秀（亚奇支）。秀吉以威力智术驾驭人。日本的萨摩君王义久兵强，其弟义弘骁勇善战。丰臣秀吉用好言召义弘至山城，幽禁为人质，而命令、役使义弘之兵赴朝鲜。萨摩仅有义久的幼子留守，丰臣秀吉没有后顾之忧，于是发动侵略朝鲜的战争。

明朝大学士徐光启对倭乱的认识，一句话概括就是应当恢复与日本通商贸易。

徐光启回顾壬子倭乱，总结历史经验教训。日本丰臣秀吉的主要目的在通商，在宁波有通商口岸即可。所以中日一讲和，日军就退出汉城。结果丰臣秀吉听到仅封国王，没有沈惟敬原来提到的封贡市的条约，协议不成。丰臣秀吉在接受明朝封赠日本国国王时还很高兴，第二天他就反悔了，因为他看到条约并没有封贡市的内容，这与他的期望值相差甚远。于是，日军停留釜山不走，战火再次燃起。至于丰臣秀吉提出什么朝鲜赠送的礼物太轻，朝鲜的使节的官位太低，是看不起日本等，这些都是借口，是站不住脚的。

五、壬子、壬辰倭乱的启示

1. 大国误判带来的后果，协调国家关系应谈判讲和

壬辰倭乱起始于日本关白（宰相）丰臣秀吉侵略朝鲜，其目标是征服明朝。战争历时七年，对东亚历史、社会、文化等重大影响。高丽大学的崔官教授撰《壬辰倭乱：四百年前的朝鲜战争》（中国社会科学出版社，2013年版），指出壬辰倭乱对东亚区域格局的变化影响深刻。中国社会科学院的靳大成教授认为：历史上，在不同族群、种族、国家间，这种以自我利益为中心的认识论或文化习性，相互间的误解或错判对方的结果，往往会引发惨烈的战争，民族、国家都会为此付出巨大的代价，历史完全改变了原来的进程，对后世的发展影响至深。真正能够直面历史并客观地看待对方，能够注意理解别人、邻居的感受，尊重并理解别人、邻居的不同想法、不同习惯、不同价值观，并不容易。

壬辰倭乱就是中日间彼此不了解对方的真实想法，从而误判的。正如徐

光启说的，如果明朝政府同意通商，事情解决得或许更好。明朝同意通商，同时可加强海防，防备倭寇可能的侵略，这样对明朝并没有形成威胁。一意地抵制通商贸易，对双方均不利，沿海贸易停止，边境沿海经济活动也停滞，人民生活水平也不能提高，部分民众由于生计问题而投靠倭寇，成为敌人帮凶，像松门恶少一样带领敌寇侵犯国土的人物不在少数。

2. 壬辰倭乱对后世日本军国主义影响较大

德川家康幕府政权闭关锁国二百余年，东亚也太平二百年。但丰臣秀吉阴魂不散，军国主义分子企图称霸东亚，进而称霸世界的野心没有泯灭。近代日本实施明治维新，推翻保守的幕府政权，实行一系列军事改革。四百多年前的壬辰倭乱并非终结，而是进一步造成国家间的对立局面。明治维新后，日本不久就侵略并占领了朝鲜。了解循环反复的历史，才能开创新的世界。但壬辰倭乱的经验教训并没有被后世朝鲜、中国所吸取。

第二次世界大战中，日本妄图侵占东亚，完成老祖宗丰臣秀吉开拓疆土愿望，丰臣秀吉符合军国主义宣传要求，成为军方鼓吹的英雄，丰臣秀吉作为民族英雄形象出现在各类文艺形式中，提什么大东亚共荣圈，简直厚颜无耻。日军的凶残习性被传承。壬子倭乱中倭寇杀人放火，在临海桃渚掘人坟墓，对孕妇剖腹；"二战"的日军与其前辈丝毫不逊色，到处杀人放火，制造一个个无人村、万人坑。壬辰倭乱中日军占领晋州城，丰臣秀吉即下令屠城，不放过一个活口。"二战"中的南京大屠杀，日军屠城三十万人，皇族朝香宫鸠彦命令简单而直接——"全部杀掉"。日军全力搜罗南京文物古玩珍宝，以至黄金也难以装载上飞机，中国的文化精品那件不是丰臣秀吉辈垂涎三尺而梦寐以求的。抗战结束 70 周年，日本极力回避历史真相，抹杀历史史实、侵略罪行，拒绝吸取历史教训，否定反法西斯战争成果，否认"二战"后世界新秩序，完全不顾及别人、邻居的感受，从不打算承担应负历史责任。冷战结束，东北亚地区纠纷与冲突不断，就是因为日本不能直面历史，正视历史教训，一意孤行坚持对外侵略扩张的政策。

3. 壬辰倭乱中，国家关系被扭曲

中国援助朝鲜，按理朝鲜人民应当欢迎明军，事实是朝鲜百姓对待明军态度并不友好，主要是由于明军骚扰百姓。不仅朴现圭教授对明军提出异议，就是明朝大臣也明白认识到驻军对朝鲜民众的骚扰，反对驻军的大臣就指出，朝鲜民众不欢迎明军。在明军驻军朝鲜这一点，浙直水师是做得很好的，没有对地方有任何骚扰，对百姓秋毫无犯，这是一支仁义之师，得到韩国保宁人民的爱戴，所以成为其他明军的榜样。浙直水师是延续戚继光所制定的军纪、军规而治军的。

明朝对朝鲜持居高临下的态势，强调"字小之义"，"字小"——大国对小国的保护、抚育。面对朝鲜，明朝有大国优越感，这从神宗诏书、国王对明朝的请求可看出，即使是倭乱期间的碑文也可看出。国王对皇帝卑躬屈膝，十分依赖明朝的援助。而明朝"字小"的压力也十分大，朝廷群臣大多反对出兵，因出兵引发矿税、国难，使明朝军力、财力耗竭。

> 廷臣议：数年疲耗，今始息肩，自宜内固根本，不当更为繁费。况彼国兵荒之后，不独苦倭之扰，兼苦我兵。故今日善后事宜，仍当商之彼国，先量彼饷之赢绌，始可酌我兵之去留。增买马匹，添补标兵，创立巡捕，及至管饷府佐，悉宜停止。帝命督抚会同国王酌奏。

明朝为克服财政困难，商量在朝鲜留屯的事情，建议屯田，这触犯了朝鲜的国家利益，被婉言拒绝。同时，朝鲜也没有军费，粮食靠长途运输。王锡爵则强调明朝应当是客兵，让朝鲜以自己为主防守，即使明军屯田，以后收成也是有纠纷的：

> 君子六千人，有勾践、范蠡辈君臣于上，则可责之必死，今朝鲜何如哉？而我兵客寄孤悬、其声又且自为守也，无所德于朝鲜，而厚受困。（略）必不得已，则刘綖未撤兵使移教中所称千家庄，营田树旁，或可为也。而地非郡县，恐客主之间终不能相安，此强事善谕也。盖散乡有积年板荒田弃于蒿莱者，其傍里人徙室庐贷牛

具种之，禾甫垂穗，而田之旧主纷纷出争矣，此亦东师今
日之势也。

4. 壬辰倭乱对东亚国家关系影响

朝鲜民主主义人民共和国国家主席金日成于 1953 年十一月访
华，专门谈及王士琦援朝之事，以维系中朝友谊。时值抗美援朝战
争胜利，朝鲜以壬辰抗倭战争胜利借喻朝鲜战争胜利是继承民族反
抗侵略的传统。《壬辰卫国战争》载：

> 朝鲜人民很光荣地继承了我们祖先抗击了外来侵略者
> 的爱国传统，使其后的子孙继承了爱国主义的传统。

1955 年十一月，朝鲜文化宣传省编写，新朝鲜社出版《壬辰
卫国战争》，其中谈及明朝援助朝鲜，是履行国际援助责任。日本
以朝鲜为跳板，出兵侵犯朝鲜，目的是侵略明朝。明朝政府先后派
遣十余万兵力，不仅是为朝鲜，也是为了明朝国防需要。

朝鲜文化宣传省认为，日本自丰臣秀吉后，德川幕府吸取历史
教训，实行闭关锁国、和平外交政策，近二三百年与朝鲜、中国睦
邻相处，日本人民也得以和平生活。为了东亚的和平，保持朝鲜、
中国的安定，必要条件是根绝日本军国主义生存的土壤，实现民
主化。

20 世纪 90 年代，韩国政府访华团到访中国，对临海王士琦援
朝之事赞不绝口。韩国对汉文史资料研究进行大量工作，韩国学界
出版的史料与研究汗牛充栋，应有尽有。2002 年韩国水原国史馆
的数据库"壬辰之役汉文献研究"重点课题，在韩国、朝鲜、日本
作了大量调研，其中有汉文史料《李朝实录》。

中国对壬辰倭乱的历史研究基本空白。王国维在其论史诗中描
述，明军进军碧蹄馆就可以擒拿丰臣秀吉，须知前线日本指挥官根
本没有丰臣秀吉，即便攻陷碧蹄馆，夺取汉城，也不可能捉拿丰臣
秀吉。台湾知名作家林佩芬《努尔哈赤》描述历史，弄错了基本的

史实，努尔哈赤曾向明朝请缨愿意出兵入朝，但朝廷并没有同意他出兵。

5. 英雄不问出处——丰臣秀吉对日本的影响

在日本人的心目中，丰臣秀吉成为努力奉公，取得个人成功的典范。秀吉坚忍不拔，用心奉公，在新婚夜奉公无怨无悔，他不是为了吃饭而工作，而是为自己的前途而发奋努力，为家族、为母亲、为自己有出息而努力。他从低级武士上升到了继承织田信长的位置。为了成功，秀吉竭尽全力地勤勉工作，他有灵敏的嗅觉，能及时发现问题，敏锐作出反应，在对手还懵懂无知的时候，他就猛力出击了。在处理织田信长被害的事件中，他体现出冷静机智，敏锐的思考，果断的决策，具有武士道献身的精神。日本国教育国民要有不怕死的精神，效忠天皇，奉公实现个人的奋斗目标，这些作风至今深刻影响日本民族，在与外族抗争中团结一致，军队服从上级，到达愚昧无知，没有理智的地步。

丰臣秀吉办事计划周密，果敢勇猛，而纪律散漫。他表面谦恭彬彬有礼，心底阴暗，用机智算计他人。日本人为了实现目的，可以不惜一切后果而肆意妄为，在睿山，织田信长大肆杀戮僧人，烧毁古寺，灭绝日本古代的文化。在朝鲜更是屠城杀戮，以残害百姓为功绩，毫无人道可论，他们竟然在寺庙前埋葬朝鲜人的"耳冢"以炫功（实际上木桶里装的是鼻子）。

丰臣秀吉的英雄形象对日本影响深刻。军人要作战勇猛而奋不顾身，负责任完成计划目标，无条件服从上级，这些对敌军带来的危险性更大。日军善于调研战场形势，善于侦查，为达目的，事先均有周密的计划，在中国军队组织台儿庄战役时，侵华日军的前线司令官化装为老农深入山东农村，侦查地形。即使在温岭这样一个小小的地方，日军也制作过详尽的地图，日军在石塘登陆，山地与平路双路并进，占据制高点。日军轰炸温岭，首选城镇闹市区、政府首脑机关，均按预定目标攻击。日军的作战战术充分吸取中华兵法的精髓，以对付中国军队。

为了奴役他国，日本在台湾、东北占领区强制实施奴化教育。日本人认为灭国灭种，必须先灭人语言，杜绝文化传承。抗战胜利，台湾光复重建，首先就是要面对台湾居民已习惯使用的日语，而日本已在台湾培养了李登辉一类的奴仆，欺师灭祖。

我们应当重视日本的民族精神，奋发奉公，勤勉工作，尊崇上级，服从命令，自强自立，具有勇于创新精神，善于学习他国优秀文化，讲求运用有效的实际效果，学习他国长处，弥补自己的不足。如果清朝的慈禧太后也如日本天皇节衣缩食支持本国加强武备，维新变法增强民智、国力，朝廷官员向丰臣秀吉学习，勤勉本职，夙夜在公，还有何难题不能克服，还有何强敌不能战胜？百姓团结一心，勤勉工作，努力进步，还有何困难不能战胜？

但是日本人过于讲求实际效果，以致发展到抢占他人的财物、女人、土地、庄园，别人的也是自己的，别人不给的就抢，肆无忌惮杀戮人民，焚烧室庐，奸淫妇女，夺取财物。日本羡慕他国的文明而掠夺文物，掠夺朝鲜的书籍、印刷技术金属活字。"二战"时期更肆无忌惮掠夺他国财产。日本军国主义分子垂涎他国人文成果，日寇侵占南京，设置专业机关肆意掠夺中华文物精品。日本恃强欺弱，竟傲视东亚其他民族，侮辱其他民族，称中国人为支那人。大和民族真的优秀吗？竟要灭绝数千年的中华传统文化，日本过于狂妄自信，最终必导致自身的羞辱与灭亡。

6. 季金与丰臣秀吉的比较

丰臣秀吉被日本人视作民族英雄，认为他为了国家民族的命运而奋斗。但丰臣秀吉是狭隘的民族主义，只有季金将军才具有国际主义的精神，他率领浙直水师善待他国民众——朝鲜保宁市的民众。

丰臣秀吉及其继承者侮辱、残害他国人民。"二战"中蔑视中国人是"支那猪"，在战争中毫无顾忌残害中国人民。季金在朝鲜驻防，善待异族百姓，他把朝鲜民众看作同类而善待，当百姓没有吃穿时，他能够急人所难，帮助穷人。

日本强调个人英雄主义，军纪放纵，不服从命令而擅自行动。"九一八"的日本低级军官以既成事实胁迫上级。上海"八一三"事变后，下属军官竟擅自作战远袭南京。而戚继光强调军队的团队精神，戚继光的鸳鸯阵强调军队的行动要统一指挥，军纪严明，军队要忠于国家与民族。季金服从命令，顽强作战，得到朝鲜国王的认同。

日本军阀贪婪，蔑视其他民族的作派，与希特勒、墨索里尼之流如出一辙，日本民族工作勤勉、服从上级等优良品质，恰恰为其贪得无厌的统治者所利用。日本民众一些良好品性在侵略他国时，给异族带来的损害更厉害，日本士兵越勇敢对入侵国人民的痛苦越深重。而季金的勇猛作战是为了解救朝鲜人民，如同戚继光所说的是解救自己的同类，季金的士兵根本不会加害于百姓。

真正的英雄——是松门卫的抗倭将领季金。

附录：

《海防迂说》

徐光启

有无相易，邦国之常。日本自宋以前，常通贡市，元时来贡绝少，而市舶极盛，亦百年无患也。高皇帝绝其贡，不绝其市。永乐以后，仍并贡市许之，盖彼中所用货物，有必资于我者，势不能绝也。自是以来，其文物渐繁，资用亦广，三年一贡，限其人船，所易货物岂能供一国之用，于是，多有先期入贡、人船踰数者，我又禁止之，则有私通市舶者。私通者，商也，官市不开，私市不止，自然之势也，又从而严禁之，则商转而为盗，盗而后得为商矣。当时海商多倩贫倭以为防卫，交通既久，乌合甚易，边海富豪向与倭市者，厉禁之后，又负其资而不偿，于是倭舡至而索负，且复求通，奸商竟不偿，复以危言撼官府。倭人乏食亦辄虏掠如足，如是展转酝酿，复有群不逞辈勾引乡导，内逆外愤，同恶相济。而陈东、徐海辈为之魁，于是乎有壬子之变。譬有积水于此，不得不通，决之使由正道，则久而不溢，若塞其正道，必有旁出之窦，又塞其旁出之窦，则必溃而四出。

贡舶、市舶正道也；私市，旁出之窦也；壬子之祸，则溃而四出者也。若欲积而不出，其势不能，岂有强势之所不能，而名为百年经常之策，又举世而持之，可乎哉？当时若得才略大臣，假以便宜，得破格厘正，通彼我之情，立可久之法，除盗而不除商，禁私贩而通官市，可不费一锱，不损一人，海上帖然至今耳。

言有甚正大而未必当者，如断海市、绝款贡之类是也，朱秋崖纨清正刚果，端以禁绝为事，击断无避，当时哗然，卒被论劾，愤懑以死，至今人士皆为称冤。冤则冤矣，海上实情、实事果未得其要领，当时处置果未尽合事宜也。此如痈疽已成，宜和解消导之法，有勇医者愤而割去之，去与不去，皆不免为患耳。

壬子之后，当事诸公大略分为二议，张半洲经、阮函峰鹗、俞总兵大猷，始终主于战剿者也。胡默林宗宪、赵甫江文华、唐荆川顺之、卢总兵镗，主于招抚者也。招抚之议实自镗始，其人老将，熟知海上情形，且王直向居海岛，未尝亲身入犯，招之使来，量与一职，使之尽除海寇以自效。倭则公与之市，若有小小寇钞，还复绝之，未尝非靖海之一策，亦实胡、赵之本计也。于时，分宜能为之主持，特不能条列事理，分明入告。故肃皇帝怒其入犯，必欲诛之，势不获已，于是戮直及其余党。而所招来通市倭僧德阳辈，则阴纵遣之。窃谓此时战亦可也，抚亦可也。既抚，而后杀之，则默林不能得之于上，事之无可奈何者也。嵩为隐讳其事，使其门下士作为文章，盛称招直而杀之者，胡之始谋，展转文饰，目为奇计，刻书盛行天下后世，遂从而信之，遂从而奇之，遂从而效之。信之犹可也，不战之名、怯诱之名、诈杀降之名，不武，又岂为而奇之而效之乎？且无论诱杀不可，若果诱杀王直为胡之本谋，是则灭贼为期，战抚一致也。方俞大猷初沮其事，以为当战不当抚，嵩不明与计事，共图歼灭，乃至战、抚相左？迨事不成，讼言恐为俞将所笑，至以纵倭委罪于俞，逮诏狱论死。后俞上书讼功，徐文贞阶、陆锦衣炳，为之多方营救，仅而得免也。揆厥原本，盖由此公才虽挥霍，非能实用正兵，故无必战之意，其议招抚亦止为一时副急之策，非能实见古今内外经常之势，故苟图结局，终竟不成便成愧愤，因生狡狯。果若真见寇贼缘起，灼知事理当然，因而讲不敝之法，图百年之安，曷为不能明白指陈，以听睿断？就令事势龃龉，不获终守前说，我之得策固自在也，何足愧愤移罪他人，何须文饰掩昧事实哉？造言弄笔，夸诩张皇，所得甚小，易世之后，家传户诵，遂无从考见当时之实事，亦不复通知内外之实，一使人人堕其云雾，疑误来世，所失甚大矣。

自时厥后，倭自知衅重，无由得言贡市，我边海亦真实戒严无敢通倭者，即有之亦眇小商贩，不足给其国用，于是有西洋番舶者，市我湖丝诸物，走诸国贸易，若吕宋者其大都会也。而我闽浙直商人，乃皆走吕宋诸国。倭所欲得于我者，吕宋诸国遂擅利数，悉转市之吕宋诸国矣。倭去我浙直路最近，走闽稍倍之，吕宋者在闽之南，路迂回远矣，而市物又少，价时时腾贵，湖丝有每斤价至五两者，其人未能一日忘我贡市也。日本之赋民甚轻，其君长皆贸易取奇羡，前者贡而市、与不贡而私市、与绝市，而我商人之负其赀也，君长皆与焉。故日本之市与否也，其君臣士民皆以为大利病。而日者朝鲜之事与琉球之事，皆言求封贡市也，实不伪。

平秀吉者，万历间日本之权臣也，六十六洲皆以山城君为共主，实不名一旅，食租衣税而诸国位号，必请诸山城君。其诸职事皆权臣主之，号为关白。国人称山城曰殿下，称关白曰大阁殿，然亦未敢傲然出其上。而如安之来昌言，山城已为平信长所灭，盖恐山城在我终不王，秀吉故面谩我耳，其实山城君故在也。秀吉者，起微贱事，故关白信长，骤得幸，为大将，居别岛。信长为人雄杰多智略，前是六十六洲，各有君长不相统一，至信长征伐四出，略皆臣伏，无敢异，此人智计叵测十倍秀吉，假之数年，必为我大患，而勿为其下亚奇支所弑。秀吉闻变，遽起兵击灭亚奇支，遂代信长之位。秀吉权略亚于信长，承其最胜之遗能，以威力智术驾驭人，遂复役属六十六洲之众。如萨摩君义久兵最强，其弟义弘、侄忠恒，骁果善战。吉以好召义弘至山城，遽幽禁之以为质，而檄弘、恒尽统其国兵，以赴朝鲜。盖秀吉有事朝鲜，既悉其兵与其婿秀嘉、幸臣行长矣，惟恐萨摩强兵袭而取之也。其为此举，既胁取要质，复役使义弘之兵为其鹰犬。而萨摩一州仅有义久之幼子。故所俘我闽人许仪，后为之辅共居守，度无能为矣。其笼络诸强国悍将皆此类也。朝鲜者文弱之国也，牺牲玉帛待于二境旧矣。秀吉承信长之后，其欲逞志于我，无异信长，顾其国中未能大定，即如萨摩一事经营如此危机之势，抑可知已，而欲渡海万里与我为难乎？彼非无心，时与势未可也。即先取朝鲜以渐图我，力亦未及，何以知之？以其用义弘，知之也，以其异日得朝鲜而不能有，知之也。而因缘际会，以有破国之事。日本之海岛曰名护屋者（名古屋），秀吉之郿坞也，营立官宇绝壮丽，地震毁之，再造，再震，如是者三，吉大懊惋。

而朝鲜之国俗，绝重世类，下奴籍者永不得与良人齿，有大功当封拜，乃为除其籍，子孙得仕进，犹止冗员也。奴籍韩某以擒反者功，除籍，其子翼应进土科为举首，不得铨京朝官，遂弃去不仕，放浪江海间，因之日本，说吉以为名护屋不利为大阁邑居，何不取朝鲜王之，而名为人臣乎？因盛陈朝鲜弱可取状，秀吉意不能无动。

翼因为之谋，先使人间朝鲜，以夹江洲地在鲜、辽之间者，今安在？以激鲜。且微挑之，以欲复故地，当假若兵力。鲜君臣怵于倭，而贪于复故地，果盛言疆地肥饶，为辽将所强取，若假大国之兵威，压一竟而取之以归我，幸甚。吉遂大发兵入鲜。

鲜之南境多高山林木，巉险连亘，甚易守。顾以为彼取侵疆于我，而不知其阴袭之也。故倭能枕席过师，以至王京，至王京者为中路。其先锋将行长至之日，以犒师薄为名，遽杀其大将果某而入国。国王匆遽不知所出，间携其妃走平壤，达义州。而两王子东北行，相失，遂为东路副将清正所获也。

此语闻之东征将士，将士闻诸朝鲜之村学究，真伪不可知。即朝鲜与当事，皆尝抗言辩，诬矣。特其破国之易，无理可推。闻此言也，无能不信之。于是国王栖守义州，日夜告急于我。而先是海商陈申暨许仪后，先后遗间书于我，告以秀吉谋入犯东南，稍戒严而中外泄泄，无能先得其要领。至义州告急，鲜尽为倭有，亦无能知倭众几何。遽以辽禅将祖承训，率三千人援之。祖战将，然众寡不敌，遂覆没，仅以身免。而宋桐冈应昌，往经略其事，沈惟敬者，檇李人也，少习倭事，解倭语，谲诡无赖，以策干石东泉星，东泉遽信之，以属桐冈。惟敬因得入行长营，而封贡市之议起。行长者，秀吉宠臣也，其人仁信，秀吉倚任之，兵事皆属焉。清正为行长乡人，而世仇也，内猜贰，故倭两将甚不协。清正极欲吉之王朝鲜，己归，而得为所欲为也。行长又惧吉果王鲜，不能无内变，而朝鲜特以机会袭取之，其诸郡邑方数千里，兵聚则恢复者四起，兵分则力弱，度不能守矣。横加以我之众名为四十万，又虑清正之与我合，而反戈内向也，故端意乞封贡以市。（行长欲和，考虑内患）惟敬因得乘间说之，移兵而南。平壤之克，彼以好来逆我，执其使，轻兵袭取之，而先登者多南将。提督李如松不能无内忌，欲立奇功，辄深入，是以有碧蹄之败。于时，行长退归王京，清正之兵驻咸镜者，亦为我间使所动，撤兵而南，与行长合矣。若令行、清二首同力固守，开城以南殆未可窥也。既而，还我王京，退至釜山乃止，又归我工了陪臣，则皆以封、贡、市故，三者之中所急者市，为市故欲贡，为贡故欲封。（封贡市，市为目的。）

当是时，假令惟敬识大体，传其信辞以听朝议，即不成，可勿败。乃其入倭营也，无所不许之；入告，则曰：一封可了也。不知倭非一封可了，特一市可了耳。么么宵辈，习诈谖，语多矫欺文致，其以本意告人则曰奉承日本，支吾中国。持此两言，欲竟东征全局，度可得否？而东泉（石星，兵部尚书）大臣入其彀中，谩言封事必成。倭已退，辄信之，闻直言即怒，何也？既不能通知中外古今之故，内畏多口，遂不难与小人比，图掩众耳目以侥幸于或然。

方谢用梓、徐一贯之入倭也，秀吉数延见，或时就客馆厚款赠之，此何故？则许贡且市耳。册使既遣，定止一"封"，形见势诎，惟敬计穷，行长辈大觖始望，则谋以谓：李宗城小侯也，羁留之，必得大成。而我有忠间者，稍以闻于宗城，城大惧，则委成命于草莽而遁矣。宗城既遁，杨方亨为使，惟敬副之，彼亦知两人非我所急，不足留，遂大漫辱之，主不可堪，视向之款洽，便若星渊者，足征彼所独急直在贡市，封不封匪所计也。而廷议闻之，遂归咎主封者，东泉竟下狱，乃始一意言守战矣。亦旋罢桐冈经略，代之者孙月峰矿、邢昆田玠皆主战。顾我兵实未能歼倭，倭犹冀幸贡市之一成。三四年间，一克南原之外，竟未尝纵兵与我战。而风闻我师战，则战矣，亦复以贡市缓之。

至秀吉死，诸将内顾皆欲归，犹许之贡市，令间使毛国祥辈，假称为偏裨，为质于彼也。既离巢，以舟师袭其后殿，得首功若而级，以奇捷告矣。

既成言在耳，历数年，倭犹望之，时时遣使，趣之朝鲜，乃中朝何曾一闻此言邪？总东事始末论之，战不成战，我无必胜之气，款不成款，敌无必解之势，此所谓读默林之书以为奇，而效之者矣。两公之学默林，沈惟敬之学蒋洲、陈可愿，皆为默林之书所误。不知默林当日之事，正不尔也。赵营平有言，兵势，国之大事，将为后法，吾岂嫌伐一时事以欺明主，忠盖老臣，意虑相越，岂不远哉。说者又谓，倭去釜山非其本志，我实以三千金赂之，此则大谬。无论倭之进退，非金钱可得。若其可得，则敌将贾人子，可啖以利，古人有行之者。安见其不可为也。实则倭本欲退，我既许之贡市，国祥诸人又在彼，尔时相视莫逆，而倭所遗留粮石、器械，营中颇不赀，度无载还日本之理，故好谓我，以三千金市之我迁其资，倭毁其室以去耳。而国祥辈一留数年，度又非我所急，复遣还之。其遗朝鲜督府趣求贡市之书，有云本邦风俗，此地淹留之，官人亲见之。近闻之：官人者，国祥诸人也。秀吉死，以幼子秀赖托家康，秀赖之妻，家康女也。家康代吉为政，令行诸国，亦如秀吉时，然志在休息。独其嗜利殖货异甚，故求市愈益切，度从朝鲜既不可得，则转而之琉球。辛亥，遣将虏其王，杀其长史郑迵，迵旧名周，故尝游我南雍，委心宗国。倭以琉不事大，蔽罪于迵杀之，且籍其土地。此所谓桓公不能救，则桓公耻之者耶。彼之为此，意我二百年朝贡之国，势必救之，救之，则还其故封，因以为我德，而求贡市。就令不救之，但遣一介行李吊慰于琉，征辞于倭，亦将复之以为我德，而求贡市也。彼以此两者为我必应之着，则可必得贡市，而孰意我之蔑然不闻也？殆哉此举，不惟贻笑外夷，亦孔之多。即我皇上拯救朝鲜，捐千万之费，与数十万之众，恢复数千里之国而唾手予之，此记传所绝无者。自坐视琉球之后，此德亦晦而不光矣。既不能得我一介之使，于是自怒、自解、自复其国，而令之代贡陈辞，我又并琉球拒之。于是为嫚书以怵我。所设三事，犹昔年朝鲜之五事也。昔之五事，贡市居其第五；今之三事，亦贡市居其第三。盖其本意所重在于是耳。年来新例甚严，至用重典。当法立之初，奉行者少，私市之商，方舟连舰，舡只石硝，精铁祫服，无不贩鬻。丙丁以来，持法稍峻，至于内海交易，多亡其赀，去者稍稍绝迹，倭始不可堪。近者闽中私市甚盛，而郑帅因收其利，盖西洋诸国，商旅大行，而倭亦得华物，故不甚急求市贡也，然利皆在下。近见传，黄门有请开海市之疏，甚善。则北又求之朝鲜，而南又图之鸡笼、淡水。此两策者，家康在事要挟之成谋也。秀赖虽家康子婿，实相图，而诸岛多心附赖，特以家康富强，怵息不敢动。岁丁巳，治兵相攻，围赖于板城。赖兵劲，大破康。康啮指请和去矣，而阴绐其女，使骧城数版，又遣间潜焚其火具，急攻破板城，获赖歼焉。居无何，家康死，年近九十矣。而其子秀忠亦仅二十余，今方继父职柄用事。小酋者不知何若人，计亦知兵、多权诈。若安静务休息，恐不及父也。而诸岛心怜秀赖，虑且有内难，即秀赖亦未知果死与否。故为目前计者，小酋即雄略，方务辑宁捍御。数年间，或未必能为秀吉。若通市，则岁月不可待，度其势，必且蹈故父之智。以南图诸鸡笼、淡水而北朝鲜也。鲜之通好于倭，所谓居大国之间，而从于强令，不足问。而实知中朝绝市之议不可回，不敢代为之请，欲却之又不可得。他日或假道于鲜，卑辞遣使以求我，或举兵压境以胁我，则必至之势也。鸡笼、淡水，彼图之久矣。累年伐木不以造舟，何所用之？度必且多为营垒、守望之具，我复安坐而待，计弹丸黑子之地，其人虽习刀镖诸技，以当火器必不敌，故兵动将不举，举则必守，守则必固，已而渐图东番，以迫澎湖，我门庭之外，遍海皆倭矣。此时而求市于我，则将许之乎？否也。抑此之时，扼我吭，拊我背，凡商于海者，私市之亦可，截而夺之亦可，若尽海商禁之，即彼度衣带之水而入，犯我无所不可，故北求之朝鲜，我或可无许，而南图诸鸡笼、淡水，则无待我许之矣。或曰彼既虞内难，何能举鸡笼、淡水乎？曰，此无难也。嬴然孤岛，我复置之度外，彼委诸萨摩足办矣，安见萨摩之不为彼内虞乎。则交易一事，六十六洲所同欲也，市同利，不市同害。纵使内相携，安得不自为计乎。然则南与北，彼将安出？曰，彼中百货取资于我，最多者无若丝，次则瓷，最急者无如药。通国所用，展转灌输，即南北并通，不厌多也。昨私市大行，亦尝以此辞于朝鲜，求从对马通市釜山矣。无已，则宁从于南，资货所出，皆在南方，道里且近，鸡笼淡水，又获胜算。故两求不可得，必将先声于北，以牵制我，而收实于南也。然则，我欲绝市，先守鸡笼淡水如何？曰，果欲绝者，此为胜着，然而是逼之使北也，不则逼之使南，公海入犯以胁我也。夫绝市者，吾可时为之，以难倭使，从我所欲，非可坚执之，以谓制驭之定术也。然则求经常之策如何？曰，向者，固云官市不通，私市不止矣。

必明与之市，然后可以为两利之道，可以为久安之策，可以税应税之货，可以禁应禁之物。论者徒恐贡市往来，导之入寇，不知入寇与通市两事也。来市则予之，来寇则歼之，两不相妨也。必绝市而后无入寇，必日本通国之中，无一人识中国之海道者，然后可，此必无之理也。绝市而可以无入寇，必日本通国之中，并丝帛、瓷器、药品诸物悉屏去不用，然后可，又必无之理也。且彼之所重若在利也，市则不来，真不市则来也。彼若图不逞也，市亦来，不市亦来也。假令信长而数年不死，秀吉而经营数年，邦国大定，其为我患岂以绝市而止乎。譬有大小两家，壤地相接，有无贸易，必资于我，而每存跋扈，当资藉时，自宜通其往来，虑或强梁，别当图其备御。岂有伯叔亚旅，恬卧嬉游，为之谋者，但令高居房闼，坚扃门牡，不图其捍卫，但禁其往来，如是而可以为安者耶？不知我大彼小，若有备也，往来可也。彼仇杀我，而我无备者，殆将夺门犯关，又安得而禁之。若曰通其贡市，虑如北虏恐增岁费，又不然也。如香山市西南诸国，乃大获利，北边贫虏，有如市丐，强求索食，故不能无烦费耳。南倭通市交易而已，无他求也。若以北虏之道待之，彼将骷然不悦，又安得岁费耶。且通货既多，我之丝帛诸物愈有所泄，往者既众，彼中之价亦平，故曰两利之道耳。不止是也，愚尝有四言于此：惟市而后可以靖倭，惟市而后可以知倭，惟市而后可以制倭，惟市而后可以谋倭。靖倭者何也？彼有需于我而不可得，势不获已，故求通者万方。若酌量一贡市之规，使彼求可赡，而我法可久，即帖然相安矣，故曰可以靖倭也。知倭者何也？法曰：知彼知己，百战百胜。朝鲜之役，首尾八年，而彼中情形未获明了，何不知彼之甚乎？岂无知之者？私市之商彼不敢言也，闽中开府，尝遣数辈往，虽不能悉其委曲，然而略得其梗概，如前所说者，亦此数辈之力，惟交市通而往来者多，一举一动，纤悉具知，五间之法，可得而用，故曰可以知倭也。制倭者何也？今之海船悉赝物耳，惟出海商船不可得赝，俞大猷尝言造船不如顾船，若非贩鬻，而令之造船应募又无是理。惟官与之市，商贾既通，而籍数在官，亲识为之保任。有鬻衎于倭者，以私将军器下海律论抵重辟，则商舶必多，亦皆坚致，一遇有事，随可顾募，为捍御之备。又倭中刀铳器甲诸物皆可贸易以来，彼造作甚多，不我疑也，不我禁也。若我技与彼同，而加以大小、众寡、主客、劳佚、饥饱之不敌，即有妄图亦且息心矣。故曰可以制倭也。谋倭者何也？彼中各岛互相雄长，无数十年长守之国，大抵兵革不息，民生无聊，比邻之邦互相猜贰，人人刀俎，人人鱼肉也。即如往日萨摩一州，秀吉既劫义久，而强使弘恒，其君臣父子积不能平。许仪后尝输情于抚公金省吾学曾矣，其言曰：秀吉空国而出，内虚于家，萨摩之兵虽尽从弘恒，收合余众尚可得四万人，粮食器械备具而独无船也，闽中若多备船只，加以精兵二三万，来至萨摩，合力而往袭破山城，必取秀吉之首。省吾曾以闻于阁部，而兰溪塞耳不敢闻也。清正尝输情于东征将士，请合兵以诛行长，还向山城数月，而秀吉之首可致麾下，正且能为皇上尽灭北虏，而举日本一国长为外藩，此数语书一赫蹄呈于经略，而桐冈（宋应昌）咋舌不敢言也。此两事者，一南一北，两不相关，知为真情矣。仪后之乃心宗国，亦非诱我者也。夫南方从事，虽有渡海之险，万里袭人之难，然有萨摩之地，有仪后为之主，则是萨摩袭之也，不为险，不为难也。朝鲜连兵，有何难何险，而闭耳咋舌乎？凡倭中事情多有此类。秀吉所以得朝鲜，而不敢有也，纵横之策多施于扰攘之世。彼土用兵恒无休息，事机之来，其可尽乎，患我不能知之，无以制之耳。即赵、宋二公闻言不信，亦其夙昔不能知之故也，可得而知之，可得而制之，则可得而谋之矣。故曰可以谋倭也，此则可言而未可轻言，未可尽言者也。

神箭定溟澜
—— 季金将军大事年表

季氏的历代祖先

季氏宗谱记载，季氏先祖始于鲁桓公，鲁休子的四世孙叫**季布**。

《史记·季布栾布列传》记载"一诺千金"，即称颂季布讲信誉。

秦乱，季布由楚而至关中，汉高祖拜为郎中令。

后十四世孙**季衡**，徙丽水青田。二十二世季经世，其子**季孟宾**为后唐宣奉大夫，徙天台湖酋。台州季氏从季孟宾新立支派。

季氏族谱即以五代后唐的季孟宾为第一世。此后，较为有名的，宋朝**季熔**任平江知府，与文天祥是同榜进士，《殿试录》名**季斯可**，任御史以直谏闻名。**季享**仕江西参政，是诗人。

季孟宾于后唐同光（923—925 年），官至吏部侍郎，避乱弃官南渡，天成二年（924）立家天台湖酋。此后台州各县多有季氏。

湖酋分支在温岭的还有莞田季氏，名人有荆湖制置使**季文达**，进士河南提举**季克**，**季彦守**先任京城（王畿）长官即京兆尹副手，后任王府审理。

宗谱记载季金直系祖先为**季彬**，称"白沟著绩其身"，即在白沟河建功勋，如是明初靖难之役，则季彬是明成祖朱棣的功臣，约生活于十五世纪初。季彬之后三四代是**季忠**。

《太平县志》记载，季忠由宿迁调至松门，至季金历五代。

季忠约于弘治年间（十五至十六世纪之交）到松门定居，与季金相隔四代，近百年时光。季金出身于武将世家，五代任武职。父亲**季堂**在松门卫任职，一度被诬下狱，后转任海门卫水军将领。

季金大事年表

嘉靖十九年（1540）季金约于此年前后出生。

嘉靖三十一年壬子（1552）约十三岁。倭乱影响太平县，倭寇从松门登陆侵扰县城。县城以铳炮等火器击退倭寇，台州杨文将军追击倭寇，并在南湾歼灭败退的倭寇。

季金从小寡言而品性高雅，他赞誉凤山张青野的为人谨慎而凝重，并看重王献之好读书而少议论，这就是季金自己的写照，喜好静静地读书作学问。

季金回顾自己想随张青野学习，而没有如愿。倭乱已严重干扰了居民平静的生活，父母也担心其出外学习危险。

嘉靖三十七年（1558）十九岁。受胡宗宪的指派，戚继光自舟山赴台州。季金时在松门习武、读书，尤其爱好吟诗，这为他今后与文人交往打下基础。父亲季堂至海门卫统领水师，成为戚继光的部下。

嘉靖三十八年（1559）二十岁。五月，海门卫近旁的栅浦倭寇夜袭松门，台州知府谭纶救松门，击退倭寇。谭纶与戚继光合谋在新河围歼倭寇，用沉船阻断金清闸，让新河的沈姓老者诈降倭寇，以捐献金为名滞留倭寇。次日围而不歼，倭寇突围从铁场逃走。

戚继光在太平东门斩亲兵以明军纪。部队追击至南湾，斩敌二百七十九，明军不损一人。此战被胡宗宪称作南湾大捷，并上报朝廷。

嘉靖四十年（1561）二十二岁。戚继光从义乌、东阳等地招募的矿工、农民四千人，练成新军。苍山船被改造成艟艞，成为水师主战战船。长沙大捷中，胡震的水师将宁海团前的两千倭寇，围追堵截赶入隘顽湾。倭寇在长沙登陆，戚继光组织三路围歼。水师从松门赶赴岙环（隘顽）。戚继光在长屿铁场露宿，撤下营帐，冒雨巡视军营。他以营救被倭寇掳掠的普通百姓为目的，告诫部下不得火攻，以免误伤百姓。战利品全部分给将士。这些做法，全部被季金所牢记，并在今后战争中效仿。

受戚继光的影响，季堂亲自教诲，季金的武艺日益精湛，军事韬略深得三昧。

隆庆二年戊辰（1568）二十九岁。中武科进士，列第三名。《嘉庆太平县志》右榜进士载：季金字长庚。登第三名。从征关白，复朝鲜，积功官至都督金事。能诗，有《友人招游委羽洞作》，见《委羽山志》，详《武秩》。

万历元年（1573）三十四岁。由武科进士授浙江海盐备倭将军，升任广东潮州参将。擒获大盗鲍士秀，立下功劳，进爵总兵。

四十余岁，请求退职回家养亲。其间，偕友游委羽山并赋诗。

重新起用，补山东临清参将。

万历十六年（1588）四十九岁。任镇江副总兵。为张青野寿诞致赞词，并赋诗。

万历二十年至二十六年，日本侵略朝鲜，时称壬辰倭乱。战争旷日持久，季金被两次选派赴援朝鲜，一生经历与战争息息相关。壬辰倭乱结束于二十六年十一月的露梁海战，明军主将邓子龙、朝鲜水军统制使李舜臣先后牺牲，季金率浙直水师围困倭寇并予全歼，国王李昖赞誉季金"贼之败遁，皆大人之功也"。

万历二十年（1592）五十三岁。

经略宋应昌论海防及用兵。一年后他领悟出要取得胜利，必须调水军入朝，提议建八十艘苍船。

季金从镇江副总兵任上被朝廷派遣。率南兵赴蓟镇，为防海兵的游击将军。

万历二十一至二十三年，1593年4月，日军退出汉城，中日持续二三年进行旷日持久的和平谈判。兵部尚书石星一意求和，派沈惟敬极力斡旋于中日高层间。战争停顿，停止调遣水军。议和三年间，季金为防海兵游击将军驻蓟镇。

万历二十三年（1595）五十六岁。

蓟镇总兵王保陷害、滥杀南兵，兵部责季金率兵回南。因约束部队有功，季金也被记功。估计升金山卫总兵。

季金一生的主要功绩在朝鲜战场。

万历二十五年（1597 年，朝鲜宣祖三十年）五十八岁。

中日议和失败，倭寇再次侵略朝鲜，史称丁酉再乱。石星、沈惟敬被按问。

季金领浙直水师——一支从浙江、南直隶（江苏）等沿海调遣的部队，赴朝鲜。

明军经略邢玠认为"朝鲜兵惟闲水战"，提出调遣水军赴朝鲜。上半年首批水军——浙直水师赴朝，统领水师的是季金。保宁《清德碑》载，浙直水军为独立编制，季金实为其帅。季金与邓子龙在江阴造船，率军进入朝鲜。朴现圭称，季金于登州驾新船 6 月渡海至抚顺。

一月，朝廷讨论出兵，派浙直水师到朝鲜。

二月，朝鲜罢免李舜臣，任命元均为三道水军统制使。

二月，季金奉圣旨，率水军出征朝鲜。朴现圭文章称，年初参将季金率领两百艘船舶，每艘 30 名军士，拟于四月初到平壤汇合。

四月，朝鲜李舜臣从狱中释放，接受了在权慄麾下白衣从军的命令。

五月，朝鲜领议政李德馨会见总兵吴惟忠，把明朝将领派兵的意向回禀国王，称季金率领水兵在六月后渡海。朴文称季金率领浙直水军来到韩半岛时在十月。朴文引申钦《象村集》记录，季金在十月经由海路来到古今岛。军队人数以三千三百名的可能性最大。

七月，日军攻占闲山，三道水军统制使元均溃败而亡。朴现圭文载，元均率领朝鲜水军前往釜山，日舰队回避战斗。在往漆川梁移动途中，遭遇日军伏击，全军覆灭。

其时，浙直水师恰至辽宁旅顺（《明史纪事本末·援朝鲜》）。

闲山失守，南原形势紧张，经略邢玠紧急调集浙直水师赴汉江口。

八月，日军清正部乘夜猝攻南原，守将杨元乘城跣足而遁。全州守将愚衷，懦而不发兵救援。明军退守汉城，依险汉江。朴文称，朝鲜李福南、明朝杨元等人率四千名军士守卫南原，迎战小西行长五万余军士，寡不敌众，南原失守。

麻贵请求放弃汉城，退守鸭绿江。邢玠亲赴汉城，军心始定。参军李应试提出，向日军表明"沈惟敬不死"，日军则退矣。日方希谈判求中国开放沿海港口，形势得以缓和。

邢玠调集军队保卫汉城，浙直水师至汉江口，季金担任保卫汉城外围的任务。

九月，朝鲜水军溃败，警醒了国王，李舜臣重被任命为三道水军统制使。

稷山战斗日军大败。日军沿海南下建8座倭城，全罗道小西行长建顺天倭桥。

季金向经理杨镐请求与朝鲜水师合营，朝鲜方面迟迟没有回应，杨镐十分不满。

季金留守汉江口金华岛。

邢玠让季金统率的水兵，随朝鲜李仁前往水军节度使李舜臣的阵营。邢玠说，李舜臣的水兵不过两千名。次年四月，国王答复麻贵，李舜臣的水兵2千名。

十月，日水军舰队进攻西海岸。李舜臣在鸣梁海峡用13艘战船迎战133艘日本战船，击沉31艘。日军攻克全州，北上汉城。

十一月四日，朝鲜国王（宣祖）往别殿接见参政陈愚闻和游击季金。李舜臣没有答复明军水师合营的要求，国王为安慰水师将领而接见季金。

十一月七日，杨镐问询了李舜臣军士的动态，对于李舜臣一个月不予回答，吐露不满。

十一月十七日，李舜臣见了杨镐的差官。

十一月二十九日，游击马呈文的差官王才向李舜臣转达明军水军到达的消息。

十一月，按邢玠命令，浙直水师驻扎鳌川忠清南道水营。船队停泊港口时，遇到飓风，船舶倾翻，朝鲜水手落水，季金脱下衣服，披于落水船工身上。士兵见衣衫褴褛的穷人就制衣相赠。

浙直水师驻军鳌川，军纪严明，部队出发没有声响。驻军鳌川期间，浙直水师对百姓秋毫无犯，深得民心。季金治军遵循戚继光之法，军纪严肃，男女相近而不敢侵犯风诱，与百姓买卖不敢欺负幼童。保宁百姓对友邦军队信服，"远近悦服，翕然无异辞"，百姓认为，浙直水军三千士卒比历史知名义士——田横五百壮士更仁义。《清德碑》称季金"既仁而化，令以廉简，威与德并济，得三千同德之士，其与田家之五百，孰为之多少？"

浙直水师驻军鳌川，向全州转运物资。向百姓借驴马，必定记录牲畜毛色、牙口，归还时一丝不差，百姓交口称颂。季金援南原，留下丁、朱两位千总，颇领会将军爱民之意，从不扰民。

季金至全州湖南，与尹光启等文人有交往，朝鲜文士喜与季金交往，时有诗文唱酬。

十二月二十三日，季金率军前往南原，驻屯时罗山。部分军士留鳌川港，其时明军组织蔚山岛山战役，围攻加藤清正的东路日军，浙直游击将军茅国器奋力攻至敌寨最后堡垒，主帅杨镐下令停止攻击，斩取倭寇的首级，坐失战机。此后，听闻西路日军的小西行长援兵到，明军主帅杨镐闻风而逃，东路明军溃败。

此次战役中，季金的任务是率领一支疑兵，牵制西路小西行长不能东援。

万历二十六年（1598年宣祖三十一年）五十九岁。

一月二十一日，游击司懋官和董正谊继续在南原驻屯，季金率军回鳌川港。

二月十七日，李舜臣水军统制营由高下岛（现木浦忠武洞）搬到古今岛。控制湖南海域，离小西行长顺天倭桥城仅4公里。

四月，季金率水军离鳌川，前往古今岛与李舜臣汇合。

鳌川百姓立《季公清德碑》，以纪念季金的功德。碑由朝鲜奉正大夫户曹郎兼承文院校理安大进撰，百姓将季金视作海上的保护神。

季金与李舜臣在古今岛合营近八个月，两人配合默契，成为密友。李舜臣为应对战争而建造龟船，受到季金高度赞誉。季金是隆庆二年进士，约生于 1540 年，比李舜臣大四五岁，李舜臣尊称其为季爷。

七月，明军水军主力抵古今岛，朝明联合水军建立。

七月九日，季金和李舜臣前往康津，迎接都督陈璘。古今岛隶属康津县。李舜臣写于七月的简札，称季金为"季爷"，与其他明将（如陈璘、皮承德）称呼都督、游击加职位不同，对季金有亲近感。

七月十六日，陈璘主力到达古今岛。

陈璘与季金商量建关羽庙。

七月十八日金塘岛（现莞岛郡金塘面）日军百余艘军船入侵，朝鲜水军伏击，取首级 71 具。金塘岛海战，季金没有取得战果。朴现圭分析，明军船舶尖底易于触碰浅海海底，朝鲜水师的船舶速度慢，而平底船不易触底。

七月十九日，在折尔岛（现高兴巨金岛）海战中，联合水军击溃 8 艘日本战船，活捉 69 名敌军。

八月中旬兴阳战斗，季金率水军活捉了 11 名敌军，斩获 17 具首级。

九月二十日，刘綎和朝鲜权慄军士合力，进攻小西行长的顺天倭桥。到十一月十九日露梁海战爆发为止，双方长期对峙。

九月二十日，联合水军攻倭桥城的入口獐岛，季金为前锋。联合水军缴获了三百余石军粮，牛马等，营救被俘朝鲜人三百余名。之后攻到倭桥城下，和西路军刘綎不协调而败，遭遇敌军反击而受损。明军的船舶常遇搁浅。

九月二十二日，倭桥入口处的大海潮差大，浅滩多，退潮后明军船舶搁浅。小西行长派兵反攻，炮弹密如雨朝季金的船舶发射，士兵发炮抵抗。11 名士兵中弹而亡，季金于臂中枪，包扎后督励士兵战斗。20 余名敌军淌水近船，季金的水师斩级 10 余颗。按李德馨的记录，明军西路陆军刘綎部在观望。水军进攻倭桥城，西路军不配合。明军的水军、西路军争夺指挥权，相互不服气。刘綎眼中无人，要求朝鲜太子来自己阵营。陈璘固执，品性粗暴，人人都惧怕他。

李舜臣《乱中日记》载："朝进兵出入，而游击（即季金）中丸左臂，不至重伤。"

九月，庙堂岛关羽庙建成，由陈璘与季金及浙直水师共同建造。

十一月，露梁海战，斩获众多敌军，季金最早登船英勇作战得到国王的赞誉。

朴文称，陈璘与李舜臣就露梁海战一事展开激烈争辩。陈璘不主张在倭桥攻击敌人，而选择南海方向倭寇为攻击对象。李舜臣认为南海大部分是被虏百姓，建议攻倭桥。陈璘固执己见，李舜臣向国王建议，让统帅邢玠把陈璘编入陆军，由季金来指挥水军。

监军王士琦同意攻击倭桥，在露梁海域阻击日军，邢玠倾向王士琦的意见。朴现圭认为陈璘得知李舜臣坚定忠节奋战精神，一改消极态度，全力抗战。最终中朝水师统一意见，组织在露梁海域的战事。邓子龙为前锋，陈蚕、季金为伏军。

小西行长在顺天倭桥寻退路，与南海日军联系，岛津义弘、宗义智、立花统虎、寺泽正成等6万余名水军和5百余艘战船前来支援。

十一月十九日，中朝水师联军埋伏在露梁海峡两侧，决战中击沉两百余艘日船，击破一百五十余艘，截获一百余艘。李舜臣、李英男等朝鲜将领，明朝邓子龙、陶明宰等战死。

季金立了赫赫战功。申钦记述了明军行迹，说季金在露梁海战斩获很多敌军。

十二月，季金参与搜查岭南海边残兵败将。

万历二十七年（1599年，朝鲜宣祖三十二年）六十岁。

四月十五日，邢玠等将领在弘济院接受朝鲜君臣饯别。《世传书画帖·天朝将士饯别图》将领名单中有季金。朴文称季金稍晚一些踏上归程。

四月二十二日，宣祖从汉阳巡幸季金的住所，赐予了酒礼。国王接见季金，当面致谢他在露梁海战中的功绩。第二天，季金回礼。

《宣祖实录》宣祖三十二年（1599）四月二十二日条："上幸季游击金馆，行酒礼。上曰：大人于露梁之战，先登力击，贼之败遁，皆大人之功也。"

五月，邢玠条陈东征善后事宜十事。一，留戍兵，马步水陆共计三万四千有奇。邢玠推荐季金为留守上万人水师的统帅。季金的水师一万人，为第二支部队。

廷臣议，从朝鲜退兵，驻军军队骚扰百姓，对朝鲜也不利。要求朝鲜国王根据军饷承担能力确定留军人数。神宗命督抚会同国王酌奏。朝鲜国王要求让季金任留守水军统帅。

八月，朝鲜国王接见季金。

十月，国王李昖"请留水兵八千，以资戍守"。其撤回官兵，驻扎辽阳备警。

万历二十八年（1600）六十一岁。季金于是年回乡，守三年之丧。

附文

万历抗倭名将——季金

王英础

2009 年 2 月 20 日下午，韩国忠清南道保宁市文化研究会一行 34 人，访问中国明朝的季金将军故里——松门镇。此前，韩国地方政府国际化协会北京代表处受保宁市政府委托，调查季金将军的后裔及墓地。文化研究会会员是带着保宁市民众对季金将军的感激之情来到松门寻亲的。明朝万历二十五年（1597），季金将军奉钦命率三千水兵援朝，与朝鲜民族英雄李舜臣共同抵抗倭寇。李舜臣将军在其《难中日记》中记述了与季金等中国援朝将领并肩战斗的经历。保宁市鳌川初等学校校园内还完好无损地保存着 1598 年搭建的季金将军功德碑，被誉为"地方有型文化遗产第 159 号"，将军的大刀等兵器至今仍在忠清南道展示。说起季金，保宁客人钦佩不已，他们向松门镇干部和季氏后裔绘声绘色地描述季将军挥刀斩敌的情景。

季金这位出生于松门卫武将世家的将领，是如何到朝鲜半岛参战的？暇日翻阅史书资料之后，对这位 400 多年前就赴朝抗倭的将领，满怀崇敬之情。

一、1597 年，名将季金入朝参战

古松门卫地处海防前哨，历史上曾出现众多将领，季金就是其中一颗璀璨的将星。季金出身于武将世家，从祖辈到松门卫任指挥，有五代任武职。季金为明隆庆二年戊辰（1568）武科进士，列第三名。他是太平历史

上武进士考试名次最高的。在民间，季金可称得上是武科进士的"探花"。

嘉庆太平县志右榜进士记载："季金字长庚。登第三名。从征关白，复朝鲜，积功官至都督金事。能诗，有《友人招游委羽洞作》，见《委羽山志》。""关白"相当于其时日本国宰相，此处代指日本。季金从征关白是在 1597 年，起因于韩国史称的"壬辰倭乱"。季金功德碑记载："（万历）二十年，海寇（日本）犯东边，不月已据平壤。天子赫然怒若，曰：'朝鲜，朕东藩，世虔职贡不解，朕视之如内服。蠢兹倭曷敢侵轶其疆土，若无中国者，然必急救毋缓。'于是，大发南北兵。"

16 世纪后期，日本本州织田信长在部将丰臣秀吉辅佐下，用西洋枪炮武装部队，历时 30 年，扫平封建割据的诸侯。1582 年，织田被刺身死。1592 年，丰臣秀吉统一日本四岛，妄图征服朝鲜、中国，率 20 万大军渡过朝鲜海峡，于釜山、庆州登陆。三个月内，朝鲜汉城、开城、平壤相继沦陷。国王李昖逃到鸭绿江边的义州，遣使向明朝廷告急。1592 年，明神宗朱翊钧命辽东副总兵祖承训赴朝，终因轻敌冒进，远袭平壤，寡不敌众而败。神宗又命宋应昌经略防倭军务，大将李如松提督蓟、辽军务，驰援朝鲜。功德碑记："越明年（1593），正月扫平壤，四月复王京（汉城）。"

1597 年，季金以"钦差统领浙直水兵游击将军"的名衔，被朝廷派遣至朝鲜战场，《明史》记载季金水军属陈璘管辖。水军仍为独立编制，"特命将军实为其帅"。季金与友军李舜臣部有密切接触，李舜臣日记时有提及。战争中，朝廷派沈惟敬与丰臣秀吉议和，日本"假和诈缓，迟延五六载"。"天子思益奋，调兵船若干艘以截海路"。功德碑称季金曾"历浙江、广东、山东参将"，"统帅浙直水兵三千艄士"。据太平县志《武秩》记载，季金登武举后，被授予浙江海盐备倭将军，后升任广东潮州参将，由于擒获大盗鲍士秀，立下功劳，进爵总兵。此后，请得朝廷允许退职回家养亲。重新起用，补山东临清参将，后升任镇江副总兵。

二、1598 年，露梁海战危急——季金伏击日军大获全胜

1597 年春，神宗命前都督麻贵为备倭总兵官，统南北诸军。年底，麻贵、刘綎、董一元、陈璘率领中国水路大军，分四路入朝作战。明廷逮捕了日本间谍沈惟敬和通敌的石星。1598 年丰臣秀吉忧虑而死，遗嘱日军撤回本土。日军准备分三路从海上撤退。

明水军提督陈璘率广东水师，副将邓子龙、陈蚕，浙直水师游击将军季金等，合计 13000 士兵，配合李舜臣封锁庆尚、全罗、忠清三道出海口。陈璘左军泊昆阳之竹岛与水门洞港湾内；李舜臣右军泊南海观音浦；其时季金驻忠清南道。中朝水师在古今岛附近以 800 艘战船掌握了制海权。陈璘决定"围点打援"：先截断顺天残敌小西行长所率第二军退路；部分战船在露梁海峡以东外围巡逻，监视日军。日第二军连日冲突，难以解围。十八日夜，接到求援信的第五军岛津义弘与宗智义两支船队会合，万余兵力午夜通过露梁海峡，以解小西行长之围。日舰队钻入朝中联合舰队伏击圈。

露梁海战开始了。十九日丑时，岛津义弘船队进至露梁以西海面。明将邓子龙率兵 1000 人，驾 3 艘巨舰为前锋，迂回到敌援军侧后发起攻击；李舜臣旗舰也直插岛津舰队中冲杀。此时，"月挂西山，山影倒海，半边微明，我船无数，从阴影中来，将近贼船，前锋放火炮，呐喊直驶向贼，诸船皆应之。贼知我来，一时鸟铳齐发，声震海中，飞丸落于水中者如雨"。前锋陷阵，众寡悬殊，邓子龙部旋即被日船包围。"子龙素慷慨，年逾七十，意气弥厉，欲得首功，急携壮士二百，跃上朝鲜船、直前奋击，贼死伤无数。他舟误掷火器入子龙舟。舟中火、贼乘之，子龙战死。"李舜臣因增援邓子龙不幸中流弹牺牲。岛津率舰队匆忙突围逃逸。危急关头，副将陈蚕与游击将军季金率援军赶到，将日舰包围。450 艘日舰一艘接一艘被联军焚毁，倭寇丧失斗志。十九日中午，枪炮声渐稀，日海军于露梁海战丧失殆尽。侥幸登岸的残兵败将也被歼灭。此后 200 年日本再无力发动侵略战争。

《明史》记载露梁海战："（明军）兵万三千余人，战舰数百，分布忠清、全罗、庆尚诸海口。""会平秀吉死，贼将遁，璘急遣子龙偕朝鲜将李舜臣邀之。子龙战没，蚕、金等军至，邀击之，倭无斗志，官军焚其舟。贼大败，脱登岸者又为陆兵所歼，焚溺死者万计。"

三、治军严明的游击将军

季金以三千水师冲锋突阵，配合友军夺取露梁海战的胜利，固然与时势、兵力、战术等客观条件有关。从根本上说，季金将军锻炼了一支军纪严明、得到当地百姓拥护的义军。功德碑称："将军既仁而化，令以廉简，威与德并济，得三千同德之士。"碑文列举数例。1597 年仲冬，船队没有在海上下锚，"海飓猝起，多船溃没，将军色不动。"一看船工被冻湿，季金脱下衣服披到船工身上。季金因此感动了兵士，"见人蓝褛无衣褐，辄为之制套。"碑文称赞季金"仁之至渥也，化至神也。"军纪严肃，解缆下水营，没有丝毫喧哗声；陆地行军，马口衔枚悄没声息；白昼不论冷热，夜里加强警戒。军队极廉明，置办酒菜伙食，都按价支付，连小孩也不敢欺负。由于平时纪律严明，就不必像三国时的吕蒙，通过斩杀违纪军士来约束军纪。治军简要，"男女逼侧不相猜贰，而罔敢侵犯风诱"。季金从旱路行军，在南面留前营千总丁文麟、左营千总朱守谦两千总管辖余卒。两千总都"能体将军意，毋动威"。对百姓秋毫无犯，军队征用牲畜运物均登记在册，"各令计还"，"远近悦服，翕然无异辞"。季金能击败日军已在百姓意料之中。

为褒扬季金，百姓"竖石通衢，以为陵（邻）师倡"。同时，父老欲借季金之神威，保佑海船出入平安："西海神最狞，舟行过此者祷之，假其威以求福，不亦可乎！"功德碑还记录了季金麾下的将领：

督阵旗牌官周焕、张邦达；把总陈子秀、戴起龙；

前营千总丁文麟，把总杨永、龚琎；

左营千总朱守谦；

中军官王启予；

右营千总江鳞跃，把总许龙、施胜；

后营千总吴惟林，把总侯应连、陈国敬。

四、将门虎子

万历二十六年露梁海战胜利，季金班师回朝，进爵都督佥事。

明代武职，在外有都司、卫所八级官衔：都督及同知、佥事，都指挥使、同知、佥事，正副留守。都督是省级军事长官，季金应是军区参谋长。根据武官的承袭制度，季金决定让次子季光浙承袭武职。季光浙带了证明文件，赴京请求兵部承袭父职。按明《选举》制度，"任官之事，文归吏部，武归兵部。"兵部有四个司，其中武选司掌管武职的选拔任命。任命世官有九等：指挥使及同知、佥事，卫、所镇抚，千户、百户等。按例，季光浙可任指挥使。有位武选司的郎中（司长），因与季金有私人恩怨，公报私仇擅自决定将季光浙应授予的官爵降二等，任指挥佥事。这极大地伤了季光浙的自尊心，终以自己的努力，考中万历三十八年庚戌科（1610）武进士，不仅当上指挥使，最后官升至参将。

五、松门卫与武将世家

松门卫自古是兵家要地，季金就生长在军事基地的武将世家。

据谢铎《重修卫城记略》，宋代松门就立寨。为防备倭寇，明初汤和在沿海筑城为卫，松门卫是其一。据《明史》，洪武十九年（1386）十二月设松门千户所，二十年（1387）六月升格为卫。下属隘顽、楚门两个千户所。松门卫城环九里，内设五所，即左、右、中、前、后五个所。县志记载"本卫指挥使四员，指挥同知三员，卫镇抚一员。左所副千户五员，右所正千户二员、副千户三员……"军士由台州各县选调，江左《松门遗事》："本卫内属左、右、中、前、后并卫镇抚旗军，系各府州县子民。先年三丁抽取到卫，其五千六百七名，逃亡故绝，十不及一。"

松门卫城由碎石砌成，计九里二步，周城一千二百八十六丈三尺，高一丈八尺，阔二丈二尺。内平城八百四十九丈，山城四百三十七丈，月城四座，垛口共一千二百八十九个，南、西吊桥三座，四门门楼四座，瞭望台一座。《林志》记载略不同，"城周围五里九步。经历司在卫治东，镇抚司在治西，旗纛庙在治东，教场在城北"。季金的后裔、年已93岁的季忠浩老人说，瞭望台设在伏龙山巅，南门名"靖安"，至今仍在；西、北门分别称"保宁""得胜"。而季金正是在韩国忠清南道"保宁"作战"得胜"的

岁久城坏，成化时总督张勇、弘治时按察副使文天爵均曾重修卫城。弘治具体负责修城的是把总指挥葛奎。工程完工，葛指挥请谢铎写了《重修卫

城记略》。谢铎称："天下事宁备而无所用，不可欲用而无其备，此朝廷所以建立是卫之深意，与是卫今日所以不可不修者。"明牟斅的《松门筑城歌》则揭示筑城的艰辛，"国朝有命输三丁，三丁例筑防倭城"，"三丁役一未云多，贫人争奈三丁何"，役夫三人选一，穷人连十四岁未成年的小儿，也编入役夫行列。"运石装泥不辞病"，筑完城能不死，算是万幸。

到清代，松门卫的军事要塞地位不变。嘉庆太平县志记载松门城设红衣炮三位，行营炮七位及马蹄炮、劈山炮、百子炮等。"前时松门卫原有西洋大炮一座、铁将军六座、铜将军二座、铜佛郎机十一座、铁佛郎机十三座。近年海上往往捞有铜铁等炮，疑即本卫陷没之物。"嘉庆五年，阮元中丞在巡海时缴获偷运的铜铁大炮，"形制尤巨，盖贼携自外夷者"。阮中丞说"外域利器皆为我用"。将大炮分配至各镇、兵船，其中就有留存松门的。

谢铎是在弘治十三年第三次出仕前，赋闲在乡为葛指挥写《重修卫城记略》的，此时季金的五代祖季忠还未到松门卫。季金与季忠相隔四代，约百年时间。弘治十三年是 1500 年，季金出征朝鲜是在万历二十五年（1597 年）。可以由此断定季忠约在弘治末或正德年间调至松门卫。季忠是江苏宿迁人，因承袭祖父季彬的羽林卫指挥使，调至太平松门。从季忠至季金已历五代，家族更加繁盛。季金之父季堂，曾任松门卫指挥使，由于犯事陷入狱中，经上疏申辩获救，仍管理松门卫的军事。

季金家族中有众多武科进士、武举人和武官。除次子季光浙，金之弟季钺中万历元年癸酉科举人，后为参将。弟时衡、孙国栋，皆荫指挥。季金同族侄辈季光汤万历四十一年（1613 年）武进士，官都司佥事。授镇江圌山备倭署指挥佥事，被诬解任。当时发生毛文龙部兵变事件，登、莱地区的都督商议决定安抚，季与孙应龙等奉令往，因叛军迫降不屈而被害。后有季光满天启七年（1627 年）丁卯科武举人；季元植崇祯庚午科（1630 年）武举人。季朝煜优给指挥舍人；季时衡百户等。清顺治初，季廷梁授广东普宁令。战乱时，廷梁身冒矢石竭力抵抗，长子季炎战死，城陷被俘不屈。朝廷军队收复普宁，将其从狱中救出，他栖宿山寨规划战后经济恢复。后"调山西兴县，改大同，并有政声"。归家时宦橐萧然，"惟一妾及破书数簏而已"。廷梁的先世在松门，也以武功显。

　　季金先世居第已经不明。顺治年间的迁海令将松门居民全部遣散，路桥石曲、黄岩桥头王多处有季氏后裔。康熙二十二年迁海令撤销，季氏不忘先祖，率先回到松门，复建了季家里三透九明堂。至今季氏遗迹还留在季忠浩老人的脑海：武官家台门的青石"擂鼓门"，城西门口石牌坊雕刻两龙抢珠的石柱，有"圣旨"字样的横楣等。季氏世代习武不辍，忠浩老人少时就练过顶石锤。目前，季氏世系难辨，1925 年季氏族谱连同三透九明堂一起焚于大火。季金的墓地估计在松南虎溪，石板结构墓碑较高，如有旧碑确认，即可告慰季金的英灵，韩国友人也必将来华祭奠。

明代万历水军将领——季金的行迹考察

朴现圭

内容摘要

本人为考察壬辰倭乱时期，明水军将领季金全貌工作，调查了韩半岛和中国大陆各地保留的季金遗址、朝鲜文士和季金酬唱的诗文，并集中分析。

季金出身于松门军人世家，于明隆庆二年武科及第，朝鲜丁酉再乱时，作为统领浙直水兵游击将军来到韩半岛，立功升都督佥事，在浙江作为抗日爱国将领而驰名。在松门虎坑凤冠岩上留有季金的墓和牌坊石柱，《石曲季氏重修宗谱》留有季金遗像。

韩半岛留有记载季金的碑石及遗址。保宁鳌川是忠清水营所在地，季金曾驻此地，1598年立《季公清德碑》。全罗道古今岛是统制营所在地，季金、李舜臣共同驻防此地。1598年（宣祖三十一年）9月，季金与陈璘一起建关王庙，后改忠武祠。1599年明万世德率文武将吏立《釜山平倭碑铭》，亦记季金之名。

朝鲜文士与季金推心置腹、酬唱诗歌。白振南是古今岛李舜臣营幕的文士，白所见的季金，在战场上勇猛作战，平时体恤爱民，且像一位才华卓越的诗人，是位儒将。文士尹光启说，是季金消灭了在千里汪洋上弥漫的妖气，使百姓再迎太平的喜悦。

朝鲜宣祖称颂季金"露梁之战，先登力击，贼之败遁，皆大人之功也。"

壬辰倭乱是涉及东北亚三国的战争，明代万历二十年（1592）日本丰臣秀吉发动战争，侵略朝鲜，明朝派兵赴援，战争扩大到东北亚。朝、明联军历经艰难驱逐日军，水军作用尤为突出。季金被初次派遣入朝，往古今岛和李舜臣水军会合。1598 年 11 月露梁海战，联合水军击沉日船，大歼敌军。至今，韩中学界对季金的功劳不大了解。2007 年顺天乡大学李舜臣研究所翻译了位于保宁鳌川的《季公清德碑》。2009 年保宁诗文化研究会访问季金的故乡——温岭松门，转交了清德碑拓本。温岭文化界查寻季金墓地并广为宣传。

笔者研究韩中友好交流，十余年前即关注季金，前往忠南（忠清南道）鳌川、全南古今岛等地查寻其遗迹，收集古文献刊载的相关资料，并往松门踏勘。为广泛宣传季金，本人就调查结果着手论述，考查季金的行迹和遗址、留在韩半岛的遗址和碑石、朝鲜人士和季金酬唱的诗文。季金诸多军事行迹，将另行论述。

季金行迹和松门遗址

季金祖居江苏宿迁。其祖季忠承袭其祖季彬羽林卫指挥使之职，调至松门任武官，时当明代正德年间。自季忠起至季金，五代均为武将。父亲季堂是明代著名将领戚继光的部下，曾任海门卫南部海域的水军统领。

季金于明隆庆二年（1568）登武科进士第，列第三名。历任海盐备倭、广东潮州参将等，因抓住大盗立功而晋升总统，后为照顾年迈的父母而还乡。再任临清参将，晋升镇江副总兵。万历二十五年（1597），季金作为钦差统领浙直水兵游击将军被派遣到韩半岛，立下赫赫战功，晋升都督佥事。万历二十七年战乱结束，因奔父丧而返国。

清道光二十六年《石曲季氏重修宗谱》，收录《镇江府总兵金公遗像》，季金着公服、拥皋比，右握玉带，左手持书，宛似关羽夜读《春秋》。次子季光浙按荫职例，应授予指挥，因兵部武选郎中与季金有私怨，而被任命为低二级的指挥佥事。万历三十八年（1610），季光浙凭自身努力，考取武进士。

清顺治年间，为防备沿海民众接济郑成功反清，朝廷实施海禁，近海二十里居民迁到内陆，季氏裔孙迁徙到温岭大溪田洋季村、黄岩桥头王、路桥石曲等地。康熙二十二年（1683）解禁，部分季氏后裔又回到松门东门，建了三透九明堂，1925年遭火灾而毁，台门尚留青石擂鼓门石等遗物。卫城西门题额"圣旨"的牌坊倒塌无存。

季金的墓在松门虎坑凤冠岩东南，墓坐西北朝东南，长约11米，宽6.2米，周长25米左右。墓前留有顶刻莲花纹的4个石柱。2010年，季氏裔孙新立碑石，中刻"明抗倭名将季金之墓"，左右联为"任公保宁河清海晏，咨尔太平山高水远"。山下有原墓道石坊的一截柱石，宽约44厘米，长超2米。柱面镌刻"任公保宁河（以下残缺）"。据传，牌坊于1958年大跃进运动时被破坏。"保宁"即鳌川所在地保宁。山下松门镇中学文化墙，宣传"抗倭援朝名将—季金"。《太平县志》称季金擅长作诗，现仅余《友人招游委羽洞作》（《委羽山志》卷6）。"携壶探古洞，云锁偶逢开。白鹤翀霄去，青猨摘果来。牵风瑶草带，暎日玉花台。尘俗何时远，空嗟岁月催。"

委羽山位于黄岩南，为道教洞天圣地，因刘奉林乘鹤仙去，鹤羽飘落而名。云雾缭绕的委羽山突现仙人洞穴，仙鹤冲霄云天，青猿悠闲地摘食水果，瑶草随微风飘拂，阳光下的玉花台如仙境无与伦比。诗人想摆脱世俗却没能如愿，岁月如梭，他感叹着何时方能建功立业。不久季金赴朝参战，终于实现了愿望。

韩半岛所在季金碑和遗址

1.忠南保宁鳌川《季公清德碑》，又名《保宁游击将军清德碑》

位于鳌川初等学校本馆后的山坡上，学校前为原忠清水营的练兵场。鳌川港是位于浅水湾内窄而深的浦口处的天然港口，百济时称回伊浦，统一新罗年代是对唐贸易港口，今为忠南渔业的中心港口。1510年（中宗15年）水军节度使李长生在忠清水营城建练兵场。《季公清德碑》碑体为大理石，螭首为半圆形，刻有云纹。碑身高104厘米，宽43厘米，厚14.3厘米。

碑面题"钦差统领浙直水兵游击将军季公清德碑"。宣祖三十一年（1598）四月，由户曹郎兼承文院校理安大进撰碑文，判官朴思齐书。2000年9月，被指定为忠南道有形文化财产第159号。

碑文阐述季金驻军鳌川的事迹。宣祖三十年（1597）十月，季金率水军入韩。十一月到鳌川港，下锚前突遇海风，季金见一位朝鲜船夫落水，就脱下衣服让他穿上。季金驻鳌川，重视治安，严肃军纪，下令不得骚扰居民。十二月，季金率军士往南原时罗山支援陆军。次年一月回鳌川，四月去古今岛与李舜臣并军驻屯。季金体恤百姓，离鳌川时，保宁百姓自发为季金立碑，希望其队伍成为明军的榜样，安大进撰碑文预期季金立功。

2. 古今岛的关王庙

全南莞岛东面的古今岛，丁酉再乱时成了水军的要塞。宣祖三十一年（1598）二月，李舜臣把指挥营从高下岛（现木浦忠武洞）迁到古今岛，与日军驻地顺天倭桥相距不远。古今岛有岛海的战略优点，其地形适于作为水军大本营，百姓们耕作的屯田宽广，古今岛东连小岛即庙堂岛，上有忠武祠——原即关王庙。庙堂岛后因围海而与古今岛本岛相连。

关王庙由明水军陈璘、季金所建。宣祖三十二年（1599）正月，副将李天常撰《古今岛关王庙创建事实》叙述建庙由来。宣祖三十二年（1598）六月，陈璘在天津桥梦见关羽，传授军机；秋天水军到达古今岛，关羽再次托梦。于是陈璘出数百金，与季金一起在涌金山（现勇剑山）下建庙。九月竣工，陈璘、季金亲往致祭。庙匾题"威扬万里"，旁刻"万历戊戌（1598）晚秋和浙直水营官兵一起修建"。15尺长的木板题有陈璘、季金的姓名、职位。

关羽为庙宇主神，陪神有三官大帝、妈祖，还有千里眼、海渚神、南瞻部洲神等。关羽是三国时蜀国大将，关羽忠诚、勇敢，被朝鲜百姓奉为驱灾、护庙的神，被武士们崇仰为祈求胜战的武神。三官大帝是道教掌管人间祸福的多能神，是民众崇拜天、地、水的信仰；妈祖则是海洋保护神。中国大陆供奉关羽、三官大帝、妈祖的庙堂广为分布，在松门湾即可找到，还有将妈祖和三官大帝一起供奉的。

1666 年（显宗七年），陈璘神像供奉在关王庙的东庑，1683 年（肃宗九年）李舜臣供奉在西庑。1792 年（正祖十六年），正祖御笔赐予"诞报庙"匾。第二年供奉邓子龙，正祖亲祭李舜臣、陈璘、邓子龙三将领。致祭陈璘文有"蚕马季张，赤羽其帜，堂堂我旅，万有三千，蹴之闲山，飘若垂天"。"蚕马季张"即陈璘属将陈蚕、马文焕、季金、张良相，水军举着用红羽装饰的旗帜，一万三千名威武的战士扬帆出征闲山，取得大捷。

1940 年，神像被撤。第二年，本殿摆放佛像。1953 年，忠武契改为忠武祠，供奉李舜臣，追加供奉李英南。1963 年 1 月 21 日被指定为国家史迹 114 号。

3.《釜山平倭碑铭》，又名《万世德纪功碑》《釜山子城碑铭》

1599 年（宣祖三十二年），由兵部职方司郎中贾维钥建，参将陈蚕立。明大中丞万世德立碑记载明军所立战功。碑阴刻麾下 59 位将领姓名，季金亦在。

季金与朝鲜文士的交往

季金与朝鲜士人广泛交流。季金比陈璘早几个月前往古今岛，和朝鲜水军统制使李舜臣会合，在海战中同生共死。李舜臣于《乱中日记》记载季金所送礼物，戊戌年（1598）四月二十六日条："季游击所贶，四月廿六日。青云绢一端，蓝云绢一端，绫袜一双，云履一双，香棋一副，香牌一副，浙茗二勒，香椿二勒，四青茶瓯拾介，生鸡四只。"海事博物馆藏 1598 年 7 月李舜臣简札，称其"季爷"："昨日游击曰：白进士为送人致情，多谢多谢，乃知朝鲜儒林信厚郑重也。不胜佳誉，钦叹不已，为国家亦有光焉。……陈都督明日间当到阵，孤哀与季爷偕往康津，月望间往见都督威风如何？"这一称呼出自尊敬对方的惯例，与对其他明将（如陈璘、皮承德）的称呼用都督、游击加职位明显不同，李舜臣对季金有亲近感。《乱中日记》记载季金战斗负伤事，九月二十二日条："朝进兵出入，而游击中丸左臂，不至重伤。"

朝鲜朝廷咨文写到季金惊叹龟船的奇异："督戎（李舜臣）艀而深入，协天将而前驱，立盾避丸，陈璘叹其制变，涂甲冒火，季金服其出奇。"

（《李忠武公全书.策宣武元勋教书》）龟船甲板上镶铁甲、铁钉，船首喷火十分壮观，引得季金的惊叹！后在井邑建李舜臣祠堂，季金赞叹其节气："盖舜臣苦诚大节，伟勋壮烈，既应宣庙之洪褒，亦受神皇之峻擢，不惟功冠海东，实是泽被天下，则都督陈璘、参将戚季金之称服。"（黄胤锡《颐斋遗藁.请忠武公臣李舜臣井邑遗爱祠赐额疏》）季金与李舜臣同临战役，感触良深。

唐诗人白光勋的儿子白振南，继承家风擅作诗文，书法绝妙。明使臣朱之蕃到朝鲜，接待使柳根荐举白振南从事白衣，名气远播。1597 年战乱波及湖南，白往李舜臣幕下。

1598 年，季金率水军往济州岛，遇见游击皮承德购马，二人进行交流。季金抵达古今岛，他请李舜臣约见白振南，季金待以文士之礼，两人酬唱诗文。白振南《松湖集》录有与季金唱酬的七首诗。其一《又次老爷赠韵》。

> 将军神箭定溟澜，不用区区弄一九。
> 誓扫目中残虏尽，志同天下泰山安。
> 长江会与东风便，壮士谁歌易水寒。
> 却笑当年临岘首，沉碑要使后人看。

诗作于九月二十二日，季金于顺天倭桥战斗中负伤，仍激励部下战斗。诗人感叹季金发誓清除敌人的决心，其壮志豪情堪比荆轲刺秦王的悲壮之情。晋杜预坚守荆州，和部下登岘首山，刻碑沉下池塘，预想山川变化水池为陆，碑文依然出现。诗人称颂季金的功绩无需像杜预一样人为记录，朝鲜人民会记住季金的。露梁大捷后，季金率船队回国。船舶填满海港，帆上旗帜高高飘扬，士兵们高唱着战歌而去，白振南作诗《同季爷而行，旌旗拂空，舳舻蔽海，及到鸣沙，吴戈楚练，笼山络壑》。白振南遥望连接天际的船路、登莱港口，向往波海相连的季金故乡，离别之情就像醉酒，春风吹来只感受到凉意。《追别季爷于右营次其韵》："一别应知后会难，临岐叵耐赠幽兰，波连闽浙方西注，天接登莱正北看，此日楼船辞异域，几时歌鼓入长安，离心故欲成沈醉，何事春风峭料寒。"

白振南辞别赋诗并作跋，记载季金的行迹：

都护季爷，奉天子命，将越甲三千余人，东抵小国。时贼势方炽，人民远窜，及公至，严令军士，抚循人民，人民喜附，公舟师而居之不旬月，以至数千家。与贼战于曳桥，公身先士卒，被疮犹裹疮力战，士卒奋勇，无不一当百，贼大败逐北，公功实居多焉。自公屯兵海上，南尝棹小船请谒，公儒将也，而雅善文，一见如平生欢，自是朝暮相与会集，每酒阑赋诗，以叙豪怀。公今凯还，恐晤会之难期，潸然出涙，惜别之情，聊叙二诗。都护，名金，台州人。

季金率浙直水军三千三百人来朝鲜，时值丁酉再乱，日军在三南一带猖獗，仅湖南一地先后侵占南原、全州，并在顺天倭桥建城，作长期战争准备。当时，部分明军也像占领军一样，夺走食物、财物，戏弄妇女，一些居民实在无法忍受军士的肆虐而逃亡，而朝廷也没有办法。季金则下了严格军令，使村民得以安宁，不到一个月，附近聚集数千人。白振南撰文赞颂季金，《季公清德碑》也描述了类似的场景。季金对保宁百姓是有恩惠的，世代相传数百年，保宁民众依然前往松门卫寻访季金的遗迹及后裔。白振南还记载了季金的功绩。到古今岛后，季金编入陈璘水军，勇猛战斗立下赫赫战功。九月二十二日，在倭桥前大海的战斗中，不顾枪伤，激励军士以一当百，取得成功。

季金的功绩得到国王的赞誉。露梁海战大捷，朝鲜取得最终胜利，宣祖感激季金，赐予酒礼真心称赞季金。《宣祖实录》三十二年（1599）四月二十二日条："上幸季游击金馆，行酒礼。上曰：人人于露梁之战，先登力击，贼之败遁，皆大人之功也。"

在白振南心目中，季金是个典型的儒将，喜写文章，他们见了一次就成了莫逆之交，有空见面就酬唱诗文，可惜季金诗文没能流传。季金酒量很好，也很会照顾人，酒量不太好的白振南醉了，他就泡茶，为他解酒气《即席又次老爷。老爷以余稍饮，例以礼字金斟劝之，每不胜杯酌，欲退，则以茶汤劝之下气，曰：此乃？问之所嗜云，盛陈百戏以示余》（《松湖集》卷2）。

海南的尹光启于 1589 年（宣祖二十二年）增广文科及第。丁酉乱时，在全罗道与季金见面酬唱。《橘屋拙稿》收录与季金和韵诗文。卷上《次天将韵季金》：

> 虏船曾截岭湖澜，当日军书报蜡九。
> 乍觇干戈来浙路，会闻歌舞入长安。
> 既无暴雨能终夕，须有阳春替苦寒。
> 千里坐销妖祲气，太平从此喜重看。

丁酉再乱，日战船横行岭、湖南大海，诗人忧心忡忡。当时歼灭日军的敕令到达，季金率浙江水军随之前来，不久，载歌载舞凯旋。诗描绘凯旋的意境，自此暴风雨宁歇，苦寒消失，春回大地；千里弥漫的妖气消除，百姓喜迎太平，过上安定的生活。

尹光启还代舅表兄弟郑瀞作三十韵诗，记载他们作为湖南的客人，目睹季金达成伟业。季金来时，湖南防线战火熊熊。"浙路初飞楫，湖防已寝烽，……雄威凭讲猎，微意为除凶，……壮节曾镌石，肤勋庶冶鐘。"季金像狩猎者一般，用精妙的战术击退日军，诗人赞颂季金的赫赫功绩将刻于金石以永记（《上天将季老爷三十韵代郑瀞》）。

最后，作者提示写作本文的意义：壬辰倭乱清楚地展示了韩中两国在遭遇非法外来武力侵略时，为了和平，坚强作战的历史和未来，站在未来同伴者的立场上，需要相互协作的理由。明水将季金作为朝明联合水军的一员参战，为了他国的和平英勇战斗，并体恤他国百姓，展现了真正的儒将之风。

【关键词】 壬辰倭乱，季金，李舜臣，朝明联合水军，松门，鳌川，古今岛

访韩小记

7月23日盛夏大暑，我随温岭松门季氏访问团一行十七人赴韩，季氏是明抗倭将领季金的后裔。万历二十五年季金率浙直水军三千人赴朝鲜半岛参战，与朝鲜民族英雄李舜臣协力在露梁海战全歼日军。不久前，国家主席习近平访问韩国，在首尔大学演讲时，回顾了历史上中韩友谊，讲述了两国将领在露梁海战中结下的战友情。二十天后，经韩国顺天乡大学朴现圭教授的热心牵线，在季康、季正方等组织下，松门季氏实现了访韩的夙愿。

永远的李舜臣

牙山，李舜臣陵园。入园两旁松林繁茂，绿树覆盖了进园的道路，整个陵园环境肃穆，进百余米，抬头始见龟背状的丘陵铺满嫩绿绒绒的草坪，李将军的墓地就在正前方的高坡上，被虬枝苍劲的数百年古树所拱卫。入园道路至此左右分叉，环绕延伸至墓前——这是将军宁静的休憩之所。二十四日上午，访问团在朴教授的陪同下，首先来此拜谒季金将军的好友李舜臣将军。

朴现圭告诉我们，在露梁海战牺牲的李舜臣年五十四（1598），首葬战场附近，次年（1599），其子李荟等二次迁葬，久已在此。历代所立的多处碑文载明了墓地主人的身份。神道碑阐述了将军的一生。神道碑上头镌篆书"尚忠旌武"，题头的官职表明，他是沿海三省的水军司令——"正宪大夫全罗左道水军节度使兼三道统制使"，"道"类似中国的"省"，翻译成英文也称 province，盖指大行政区。

　　神道碑亭围护着碑文，朝廷赐予最尊崇的谥号——"忠武"，如同诸葛亮、关羽。李舜臣字汝偕，世为德水人，"幼偶傥且有大志，及长，射艺绝伦"。壬辰倭乱初，曾引兵赴玉浦，与庆尚、全罗右水军将贼酋三层楼船诱至闲山岛，破七十余艘，逐北至安骨浦，烧破四十余艘，军声大振。国王李昖听得大捷，大喜，专为李舜臣创置三道水军统制使，庆尚节度使元均也受节制。元均耻于受制，多次通过言官散布流言蜚语，称李舜臣逗留不前与日军勾结，国王昏庸，竟将李舜臣下狱，后贬为士兵。元均如意接替李舜臣的军职。数月，朝鲜三道水军尽溃于闲山一战，元均败死，李昖担忧"近海城邑谁复屏蔽？"朝野一致呼吁，李昖意识到必须召回"边上军情恃为长城之固"的李舜臣，以挽救败局。新任命制书是十分尴尬的，李昖不说中了日军的离间计而致水军惨败，制文称："顷者褫卿之职，俾从戴罪之律者，亦出于人谋不臧，而遂有败衄之辱也，尚何言哉，尚何言哉！"他把先前错误处分李舜臣一事，仅以大臣谋划不善——"人谋不臧"一言带过，"尚何言哉"是表明他没有脸面再说此事。

　　1597 年 9 月，重任三道水军统制使的李舜臣临危受命，利用鸣梁海峡独特海域，十月二十六日以十二艘板屋船击敌 330 余艘，取得鸣梁大捷，创造了世界海战史的奇迹。

　　沿神道碑一侧小径蜿蜒前行，绕过松林，到达李将军的墓前。大墓规制庄重，仿佛杭州岳飞之墓，墓壁圆形石砌，墓顶半球为绿草覆盖，墓后被茂密的松林所拱卫。墓前两侧是石翁仲、旧碑刻及祭台等，一眼望去，到处翠绿。宽阔的大草坪前呈现出明显三岔口道路，宛似一倒 Y，将绿色世界分隔成前中、左、右三个层次鲜明的区域——将军之墓即深藏于山林之中。松门季氏后裔纷纷拜谒于墓前，他们知道，是李将军与季金将军一起并肩战斗，取得露梁海战大捷，奠定朝鲜数百年的和平与安宁。李舜臣是朝鲜的民族英雄，日本水军数十次屡败于李将军，而日本军人始终对将军怀敬畏之意。

　　墓前的一块碑文引起了我的好奇，此碑系李舜臣的后裔——统御使李凤祥托人所撰，由于原碑文短而粗，所以李凤祥请大匡辅国崇禄大夫行判中枢府事李颐命重撰碑文。李颐命是国王的重臣，是管中枢府事的。李颐命赞誉李舜臣在闲山、鸣梁大捷的功绩，他感慨中原明朝廷的覆灭，感叹皇朝文献将不载李舜臣的功绩。朝鲜民族对明朝的援助铭记在心，立碑的日期竟署万历壬辰后一百二十九年庚子，避开清朝的年号，实则康熙五十九年（1720）。

东国之礼仪

　　汉城时间上午近十一时，旅游车抵李舜臣纪念馆。韩国东亚电视台、报社的记者已等候门前，一件令人意想不到的事情，令初到东国——韩国的我们心感忐忑。大暑是农历节气中最热的天气，我们多穿着短袖衬衣等休闲服，而李将军的后裔——一列老者，身着一色的藏青蓝西装礼服，内衣白衬衫，颈扣浅蓝色的领结，西装革履并立门前，彬彬有礼迎接着来自中国浙江松门的友人——季金将军的后裔，礼节之隆重可知！我不禁想起济州岛朝鲜人漂流到台州的事情。清乾隆年间，二十名朝鲜人遇台风漂流至临海，被安置在巾山天宁寺，颠沛流离中，依然遵循四维（礼义廉耻）、五常（仁义礼智信），用餐先让尊长，台州地方官吏赠送了衣物，他们不贸然使用，必待答谢官家后方才穿着。见此，天台名士齐周华写《高丽风俗记》，盛赞朝鲜是礼仪之邦。中韩文化同源，历来讲文明礼仪，宋代朱熹的学说在台州、金华广为传播。在韩国，朱子学一家独尊，"海东朱子"李滉（退溪）的弟子柳成龙任领议（相国）。

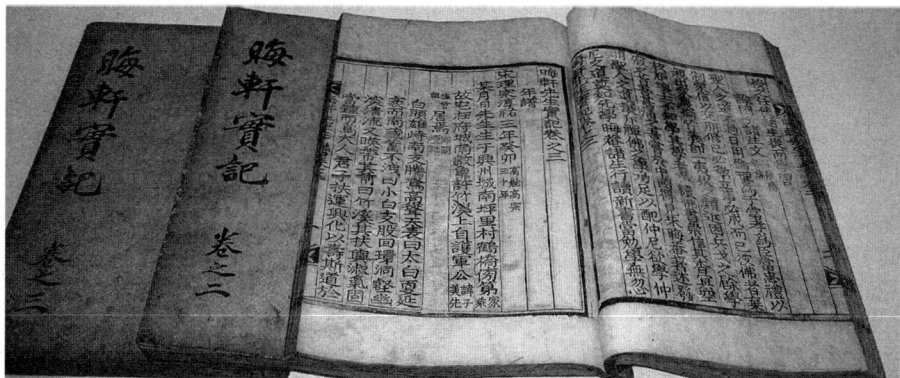

朝鲜的儒学文献

一番热情的鞠躬、作揖，朴教授为双方热情地介绍，站在一旁的我也随人不断点头。朴教授转身望见，立即将我介绍给李种天——李氏宗族的族长，一位戴帽的老者，老者立即紧握我的手，肯定在说欢迎一类的话，话虽不懂，其热情不容置疑。递上的名片衔头是：德水李氏忠武公派宗会会长、温阳乡校典校。事后，我问朴教授："你是怎么介绍我的？"朴说他介绍我是温岭地方志办公室的专家。我说，怪不得，但我不是专家。当晚，东亚电视台播放专题节目，主题是"战友后代"400年后的初次见面。解说词开宗明义讲述习近平主席在首尔大学演讲一事，称季金是在邓子龙之前被派遣至朝鲜的将军，在露梁海战400年后，李舜臣将军和明朝季金将军双方后代头一次见面。东亚电视A频道：季康／季金子孙。

随即，我们被引入展览厅，入口处展示了按一比六比例复制的龟船模型——这是李将军独创的克敌制胜的军船，以硬木外包铁板，炮火不伤，铁板装密集铁钉，让敌无法攀登，船两侧密布铁铳射孔，龙口炮眼可焚烧硫磺，喷烟隐蔽，曾令季金将军啧啧叹奇。展厅内各类朝廷文书、历史资料、图片、兵器实物、书籍、地图林林总总，令人目不暇接。明朝神宗皇帝颁发给将军的进士状、节度使任命书、佩剑等实物也展示在大厅。声光电装置如电影而有动感，再现四百余年前露梁海域的夜战场景。枪炮轰鸣与呐喊声仿佛将人又带到1598年的那个夜晚，"月挂西山，山影倒海，半边微明，我船无数，从阴影中来，将近贼船，前锋放火炮，呐喊直驶向贼，诸船皆应之。贼知我来，一时鸟铳齐发，声震海中，飞丸落于水中者如雨"（柳成龙《惩毖录》）。当晚电视原封不动引用这一声像。（季康画外音：看完李舜臣将军和季金将军并肩作战的情景使我感慨万分。）

李舜臣纪念堂。一列谦谦老者，一色藏青色礼服、白衬衣，颈扣浅蓝色领带，肃立于纪念堂廊下，老者将季康——季氏访问团的组织者拥至中间，让其从供桌的香盂内取出三撮香，撒入香炉焚烧，赞礼声起，大家一起向李舜臣神位拜谒，人们依稀看到唐代的中国礼仪已在东国深入人心。此后，季氏向李氏纪念堂赠送了礼品——季金吟咏委羽山的条幅。条屏一展，朴现圭逐句解读了诗文。朴教授与季康、李种天共举季金事迹的图画、诗文，介绍了季金援朝的事迹。

纪念堂即是李氏祠堂，故居就在附近，是人们熟知的朝鲜民居，没有床榻，席地而卧，盘腿而坐。故居外的广场上几棵苍翠的银杏植于明代，树围足以让数人围抱，树龄有五六百年了，传说李舜臣就在此骑射习武。李舜臣是万历四年（1576）的进士，壬辰倭乱起，柳成龙慧眼识珠提拔李舜臣任水军节度使。季金是隆庆二年（1568）进士，比李舜臣早两届——8年。万历二十六年（1598）露梁海战，李舜臣五十四岁，季金近六旬，邓子龙则年逾七十。李舜臣尊称季金为季爷，除了两人脾性相近，恐怕年龄也是主要因素。

鳌港寻踪季金

到达忠清南道保宁市鳌川面是下午三点多。韩国在道以下设市（县）、面（洞）、里等，如同国内的市县、镇乡街道和村居。鳌川面对川镇。

旅游车停在鳌川港近海山坡面上——古忠清南道水军营地上方，山下即鳌川初等学校——原水营练兵场。鳌川港是位于浦口处的天然港口，百济时称回伊浦，统一新罗年代是刘唐贸易港口，今为忠南渔业的中心港口——保宁的知名风景点。史载，1510 年水军节

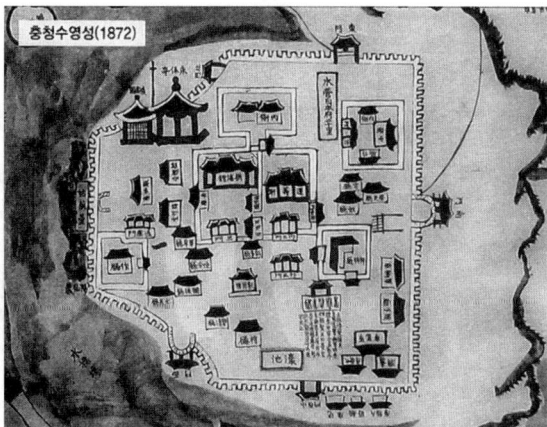

鳌川水师营地示意图

度使李长生建忠清水营城，水军营三面围山，一面临海。眼前的浅水海湾，内窄而深，环港多山，只有右侧海面延伸出外洋，海面已经筑坝，只留少许通船闸口。站在残存的古城墙上眺望海面，我依稀看到浙直水军的上百艘苍船正缓缓向鳌川驶来……1597 年上半年，季金奉命率浙直水军入朝——明水军首次参战。七月朝鲜水军覆没，浙直水军入旅顺港，随即入朝。九月

李舜臣重新任三道水军统制使，十月获鸣梁大捷。十一月，浙直水军驻军鳌川。节度使的衙门即在高坡上。季氏后人进入搭架修建的节度使衙门大厅，不禁肃然生敬，这就是其祖季金曾居住、指挥水军的地方！不见衙门外貌，从内部也可窥见其气势，栋梁柱均由巨木构架，连椽木也系全木。厅堂虽未经精雕细琢，梁木均经彩绘，显得古朴典雅庄重。大厅一侧是军营主官卧室。距衙门不远处是控海楼——原水军营的台门，由山迁移至此。

东亚新闻记者许慎石报道：季金将军在自己驻扎地，给予朝鲜百姓很大的帮助，所以很罕见的，在忠清南道－保宁市建了他的"清德碑"。我们绕至山下，从鳌川面初等学校校门进入，寻访"清德碑"。

校园空旷，操场上正进行激烈的足球赛，几个头剪齐耳短发女生，不时高声呼喊争抢，个个汗流满面，朴教授解释说，今天学校刚刚放暑假，这里原本是水军营的操练场所。学校大楼两层，建在山坡下，大家都脱鞋穿过大楼，清德碑赫然显现眼前——仅距十余米，就竖立在楼后坡面上。正面题"钦差统领浙直水兵游击将军季公清德碑"，旁立忠南道有形文化财第159号标识牌。

水师营城墙

季金治军继名将戚继光章法，军纪严肃而不扰民。碑文记载，1597 年 11 月船泊鳌川，因突然起风，船工落水冻湿，季金解衣披上船工之身，部卒受其感化，见褴褛之人就制衣相赠。军纪严肃，男女相近而不敢侵犯风诱。十二月往援南原，留下丁、朱两千总，都能领会将军爱民之意，从不扰民，向百姓借用运输的牛马，都逐一记载毛色、齿龄，不用时即归还。浙直水军与其他明军明显不同，百姓"远近悦服，翕然无异辞"，称季金"既仁而化，令以廉简，威与德并济，得三千同德之士，其与田家之五百，孰为之多少？"田家之五百是指汉初田横五百壮士，历史有名的义士，而在保宁百姓的心目中，季金的三千士卒才是真正的义士。他们预见仁义将军必将胜利，"行见枭秀吉于樯竿，落帆前浦"。行见——行将见到也！时在 1598 年 4 月，秀吉并未死，百姓心中盼望着季金的战船船桅悬挂着敌酋首节——胜利归来，重新驻扎鳌川。百姓的愿望没有落空，十一月露梁海战中，尽管邓子龙、李舜臣牺牲了，副将陈蚕、季金率军全歼日军。

季金移营古今岛时，日军在三南猖獗，侵占南原、全州，在顺天倭桥建城。而部分明军也像占领军一样，夺百姓财物，戏弄妇女，一些居民因而逃亡。遇到仁义的季金将军，此时却要调离，保宁百姓感念不已，遂在大路旁立碑，希冀浙直水军成为其他军队的榜样，并期望季金神灵

水师营全貌示意

能保佑渔民出海安全，季金成了妈祖一样的神灵。季金的仁义渊源于戚家军，其父季堂为戚继光属下，统领海门卫南部海域水军，浙直水师就继承了戚继光的传统。

至今，水军营有恤政厅——抚恤百姓施粥的地方。

古今岛——中朝联军营地

原拟访问古今岛的计划，因故而未成行。1598 年 4 月，季金率浙直水军离鳌川，去古今岛与李舜臣会合，明水军与朝鲜水军首次合并。

　　壬辰倭乱初，明军经略宋应昌就提出调浙直水军入朝，并建议建八十艘苍船，苍船体型比福船小，水战威力大，苍船出于松门苍山。1598年正月，经略邢玠以乏水兵无功，益募江南水兵。二月陈璘、邓子龙大批水军到朝鲜，而季金入朝已半年。"清德碑"载，浙直水军为独立编制，季金名为将军，实为其帅。二月，李舜臣移营古今岛，四月，季金入古今岛与李舜臣合营。七月，水军主帅陈璘在康津召开军事会议，部署与陆军联合作战事宜，十五日季金、李舜臣与会。陈璘受关羽梦托，与季金商议，以浙直水军名义在古今岛近旁小岛——今庙堂岛建关羽庙月建成。

　　季金、李舜臣合营近八个月，两人配合默契，合作愉快。李舜臣亲笔记载季金馈赠的鞋袜、手绢及茶叶等土特产，还记载季金负伤等事，季金对李舜臣派遣协助浙直水军的绅士"不胜佳誉，钦叹不已"。季金善吟咏，朝鲜文士乐与将军酬唱诗歌。季金与李舜臣的幕僚白振南一起饮酒赋诗，推心置腹，白振南不胜杯酌，季金劝其饮茶以解酒劲，继又畅饮吟咏。白振南心目中的季金是位儒将——战场上勇猛作战，平时体恤爱民，且像一位才华卓越的诗人。白振南《松湖集》录多篇唱酬诗文。9月22日，季金于顺天倭桥战斗负伤，白振南作《又次老爷赠韵》，称朝鲜人民会记住季金的功绩。

　　1598年11月，露梁大捷——壬辰倭乱结束。陈璘、邓子龙、李舜臣、季金等将领浴血奋战，而后方经略万世德自六月受命，一直不敢往前线。海战大捷后，万世德日夜兼程赶赴前方，奏捷、立碑，忙得不亦乐乎。而朝鲜的士民、兵士心中自有一杆秤，文士尹光启说，是季金消灭了在千里汪洋上弥漫的妖气，使百姓再迎太平的喜悦。1599年4月，季金率船队回国，朝鲜士民依依不舍。分别宴会上白振南赋《追别季爷于右营次其韵》："一别应知后会难，临岐叵耐赠幽兰，波连闽浙方西注，天接登莱正北看，此日楼船辞异域，几时歌鼓入长安，离心故欲成沈醉，何事春风峭料寒。"在舳舻蔽海、旌旗拂空的海港，临别，白振南赋《同季爷而行》以饯行。

忠武祠

忠武祠外景

　　国王更清楚谁是英雄，他专门赴季金府邸，赐予酒礼。《宣祖实录》载："上幸季游击金馆，行酒礼。上曰：大人于露梁之战，先登力击，贼之败遁，皆大人之功也。"

　　（据朴现圭教授的文章，国王于 1599 年八月依然访问季金官邸，神宗实录则记载朝鲜国王要求明军水师继续留驻的记载，据此，季金实际归国应当在万历二十八年即 1600 年。）

李舜臣论及季金信件的解读

　　2012 年 5 月，中韩联合召开研讨会，公布对朝鲜民族英雄李舜臣的信件的研究成果。5 月 9 日，书志学者金永福公开亲笔信，评价说："这是解放后发现的李舜臣将军的亲笔书信中保存状态最完好、内容最有价值的一封。"李将军遗留的十余封信件大部分是残片，或写给亲人们的信件，此信有《乱中日记》所没有的记录，成为了解朝鲜半岛于万历壬辰倭乱战争情况的宝贵资料。

　　为了解此信内容，必须阐明发生在朝鲜半岛的战乱情况。

一、壬辰倭乱的背景

　　1. 壬辰倭乱的发生，前期战争概况

　　万历二十年壬辰（1592），日本丰臣秀吉寇朝鲜。其将行长、清正等率舟师数百艘，逼釜山镇，五月潜渡临津。朝鲜承平久，怯不谙战，皆望风溃。国王李昖仓促弃王京，奔平壤。复走义州。

　　七月，明游击将军史儒师至平壤，战死。副总兵祖承训统兵三千余，仅以身免。

　　明朝廷以宋应昌为经略。十二月，以李如松为东征提督。

　　二十一年（1593）正月，明军师捷平壤。二十七日李如松领轻骑趋碧蹄馆，驰至大石桥，遇日军伏击，马蹶伤额，几毙。明军精锐丧失，师退驻开城。

明师议与日军讲和。四月，倭弃汉城（王京）。此后三年，持续议和。

2. 万历二十五年丁酉（1597），议和失败，战争再起，史称丁酉再乱

一月，日军施离间计，朝鲜国王免除李舜臣的海军职位。七月，朝鲜水军遇伏，几乎全军覆没。九月，李舜臣复任原职，十月二十六日取得鸣梁大捷。

同年七月，季金领浙直水兵三千先遣军到旅顺，随后入韩。十一月驻军鳌川。

3. 万历二十六年的季金与李舜臣。

二十六年（1598，宣祖三十一年）正月，经略邢玠以前役乏水兵无功，益募江南水兵。

邢玠分兵三协为水陆四路，路置大将。中路李如梅，东路麻贵，西路刘綎，水路陈璘，各守信地，相机行剿。

一月，季金回鳌川，四月离开。鳌川百姓自发立碑，称其为明军榜样。

二月，李舜臣水军指挥营从高下岛（木浦忠武洞）迁古今岛，与顺天倭桥不远。

四月，季金去古今岛，与李舜臣会，建联合舰队。李舜臣撰《乱中日记》记录季金所送礼品，为手绢、鞋袜、茶叶一类土特产。

七月，李舜臣信件。海事博物馆存李舜臣 1598 年 7 月简札，李舜臣称季金为"季爷"，与其他明将（如陈璘、皮承德）称呼都督、游击加职位不同，对季金有亲近感。而大队明军水军尚未到。信件即记载此时前后发生的事情。

九月二十二日，倭桥前战斗，季金负伤。《乱中日记》9 月 22 日条载："朝进兵出入，而游击中丸左臂，不至重伤。"

朝廷给事中徐观澜奏，此年，明军四路进军丧败。

4. 露梁海战大捷——壬辰倭乱结束

二十六年十一月，陈璘组织露梁海战，围剿日军西路的小西行长，日水军进入中国与朝鲜的联合水军埋伏圈，李舜臣、邓子龙战

死，习近平在首尔大学谈及中朝两国于露梁海战的协力作战。陈蚕、季金最终全歼日水军。陈璘、季金均赞誉李舜臣，"督戎（李舜臣）胹而深入，协天将而前驱，立盾避丸，叹其制变。"井邑建李舜臣祠堂，季金赞其节气："盖舜臣苦诚大节，伟勋壮烈，……泽被天下。"

季金将军在露梁海战的功绩，得到国王的赞誉。宣祖感激季金，赐予酒礼并真心称赞。《宣祖实录》三十二年（1599）4月22日条："上幸季游击金馆，行酒礼。上曰：'大人于露梁之战，先登力击，贼之败遁，皆大人之功也'。"1599年季金凯旋。

二、对李舜臣将军信件的解读

信写于1598年7月8日，此前季金领浙直水军先遣队于四月到古今岛，已与李舜臣合作3个月。季金是明军先遣队，此前与李舜臣合作密切，两人互相信任。季金当面向李舜臣称誉朝鲜绅士，李舜臣感到很有面子，认为国家也有光彩。陈璘来信告知自己于初九到康津，让李舜臣、季金于七月十五（月望）到康津商量军事。所以，李舜臣将此事传达有关人员。

首次公开此信。李尚勋教授指出，与陈璘会合前，季金的水军先遣队先抵达，李舜臣忙于接待，此信讲述："忙于安顿明朝将领住宿之所，同时由于闹肚子身体不舒服，苦恼不堪。"为接待明朝将领，朝廷派遣官吏，动员有势力的儒学人士。

细读此信，并无安排明先遣队住宿事。李舜臣信称，他准备与季金往康津，迎候陈璘。李舜臣此信写于七月初八，陈璘将于初九到康津，十五日李舜臣、季金将赴康津与主将陈璘会面。季金于四月即到古今岛，早就住卜。后续明大队水军驻扎地未定，安排住宿事无从谈起。

误读的原由，出于信中的"床"字。其实，"今承情翰，如复对床"是寒暄语，说的是：接到你的来信，似与你促膝谈心。汉字的草写，"复"酷似"收"，對（对）貌似"筹"。"收筹床"——于是成为了安排住宿事。此信解读之误，恐怕由此。

古人写信的开头是不会直接叙述到具体事情的，照例先是寒暄，客套几句，李舜臣将军也不例外。信件的开首，李舜臣先是说天气酷暑，自己很想念朋友，现在接到你的来信，就像朋友重新聚首促膝谈心，自己很感动。

"床"即坐榻，对床，意与朋友对面谈心。

李舜臣信件：

> 老炎倍酷，方懸思想，今承情翰，如复对床，感涙可言！
>
> 孤哀近患暑，奔走唐将处，兼得水痢为寂寂。昨日，游击曰："白进士为送人致情，多谢，多谢！乃知朝鲜儒林信厚郑重也。"不胜佳誉，钦叹不已，为国家亦有光焉！贼事虽曰纷纭，尊可勿动，千万幸甚。陈都督明日内当到阵，孤哀与季爷偕往康津，月望内枉见都督威风，如何？
>
> 惠及各色，皆非此处之物，谢谢、感感，余不尽，伏惟尊照。谨奉答状上。
>
> 戊戌七月初八日 孤哀子李舜臣状上

李舜臣患病，为国事依然四处奔跑，其心可嘉。唐将即明朝将领，游击即游击将军，是季金的头衔。李舜臣称呼季金为季爷，表明了两人的亲密关系。季金对李舜臣赞扬了白进士支援明军的事情。季金十分赏识白进士。陈都督即陈璘。孤哀，是李将军刚刚丧父。月望是七月十五，距发信日是第八日。信中没有提及收信人，据分析，可能写给总监司韩孝纯。从此信的内容分析，季金与李舜臣参加陈璘在康津召开的军事会议，主要是部署九月西线陆军刘綖部攻击小西行长的战事，此战，李舜臣与季金的水军是配合刘綖作战。九月二十二日，季金作战负伤。

壬辰倭乱时期明水将季金的军事行迹考察

朴现圭

【内容摘要】

　　本论文把壬辰倭乱时期以在朝鲜战斗为目的，首次被派遣的明朝水军将领季金曾活动过的军事行迹按时间进行划分，进行重点分析。

　　季金是浙江温岭松门人。1597 年（宣祖三十年）二月或之前得到敕命，要他率领水军出征朝鲜。十月，率领三千三百名浙直水军到达韩半岛。十一月带军船抵达忠清水营所在的鳌川。十二月，为了支援陆军，率领一部分军士转移到了南原时罗山。1598 年（宣祖三十一年）一月，再次回到了鳌川。四月，南下古今岛和李舜臣汇合。七月，随着明朝水军的本阵抵达古今岛，组成正式的朝明联合水军，参与各种海战。在接着开展的金塘岛海战中，季金虽然参战了，但没有取得任何战果。八月的兴阳战斗，取得了斩获敌军的战功，九月倭桥战斗中，在中弹受伤后仍英勇作战，立了斩获敌军的战功。十一月出战露梁海战，取得了斩获众多敌军的战功，后来得到了宣祖最早登船进行英勇作战的称颂。1599 年（宣祖三十二年）四月回到本国。概括壬辰倭乱时期季金所展现的军事行迹，他是一位战功非凡，极其英勇的水军将领。

一、序论

壬辰倭乱是 16 世纪末朝鲜和明朝合力击退日军侵略的东亚国际战争。明朝向朝鲜派遣的士兵虽是陆军为主，但以使战况再次恶化的丁酉再乱为起点，另外编成了大规模的水军正式投入战斗。那时，作为战役要员最先投入韩半岛，最早和李舜臣合作的明朝水军将领是季金。自那时起的几个月后，明朝确立了四路立进的作战方案，水军都督陈璘和隶属将领们前后脚儿依次来到韩半岛，和朝鲜水军合力，正式组建了朝明联合水军。2009 年保宁市文化研究会前往季金的故乡浙江温岭，提供了《钦差统领浙直水兵游击将军季公清德碑》（以下称《季公清德碑》）的拓本赠送给他们。在这一契机下，以温岭地区为中心，壬辰倭乱时期季金的活动情况被广为流传，与此同时，也受到了当地舆论界宣传季金曾是万历抗日爱国将领这一事实的很大影响。但是归根结底，直至现在有关季金的针对性研究还是算非常稀少的。在韩国内，有介绍保宁鳌川《季公清德碑》的文章；[1] 在中国内，有介绍季金坟墓与后裔的文章。[2]

笔者为了从多种角度考察壬辰倭乱的整体情况，十分关注明朝水军的活跃情况。之前曾考察过在露梁海战中和李舜臣一起战死的明朝水将邓子龙，[3] 之后开始关注和李舜臣一起战斗过的又一名明朝水将季金，找寻了分散在国内外的季金遗址及文献中单独记载的季金记录。这次，着手对之前收集的季金资料进行整理分析。本论稿将站在初次阐述壬辰倭乱时期季金的军事行迹的立场，把活动事实分时间进行列举，由于篇幅的关系，有关位于国内外的季金遗迹，朝鲜人士们的季金首唱诗文的分析将另外进行论述。

二、季金迹入境以前的行迹

在正式进行论述前，有必要从季金作为水军的一员前往朝鲜的背景开始了解。明朝在决定向朝鲜派兵后，往韩半岛派遣了大规模的陆军，和朝鲜军联合进行战斗。那时，明朝水军的作用除了把保管在山东、辽东的粮谷运到韩半岛外，并没有直接参与战斗。当时，李舜臣率领的朝鲜水军屡战屡胜，在确保南海的制海权方面并不需要从明朝派遣战斗要员水军。

1597 年（宣祖三十年）1 月，让战势再次加剧的丁酉再乱爆发。日本在和明朝议和决裂后，派大规模的军士渡海来到了釜山。对此，朝鲜朝廷决定采取之前就已讨论过的海路切断战略，下令让李舜臣进攻釜山海域。海路切断战略出自利用在海上取得完胜的朝鲜水军堵住日军侵略路线源头的积极攻击方案。丁酉再乱前夕，朝廷大臣们为了攻击日军的海上出入口釜山海域，曾讨论过占领要冲地巨济岛的方案。[4]

而李舜臣说只有水军进攻的战术在运作上不合适，并没有出兵。即攻击釜山海域的海路很艰险，敌军在许多地方设了伏兵等待。率领很多船舶前往的话，敌军很快就可以发现；相反如果少的话，反而会遭到袭击。[5] 2 月朝鲜朝廷罢免了李舜臣，并把他关进了监狱，任命元均为三道水军统制使。4 月李舜臣得到了权慄麾下白衣从军的命令，获释。

七月，元均率领朝鲜水军前往釜山海域。在那儿虽遭遇了日本舰队，但日本舰队一直运用回避战斗的战术，由于天气的恶化而回师。在往漆川梁移动的途中，遭遇埋伏在那儿日本水路军队的袭击，几乎全军都被杀害了。因此，南海的制海权被日本水军夺走。

得知元均舰全被杀消息的朝鲜朝廷十分震惊，再次任命李舜臣为三道水军统制使，令他做好防御对策。明朝军部也为了防备日本水军沿着韩半岛西海沿岸北上或马上侵攻中国大陆，而立即作了大幅强化水军的防备对策。

九月，日本水军组成大规模的舰队，渡过南海岸朝西海岸进攻。对此，李舜臣在鸣梁海峡发挥了超人的斗志力和卓越的战术，仅用 13 艘的战船迎战 133 艘日本战船，取得了击沉 31 艘故船的鸣梁大捷。因此，日本水军进攻西海岸的计划破灭，李舜臣获得了再次整顿水军战列的时间。

另一方面，明朝军部对于日军的再侵十分担忧，为了强化海上战斗力量，派遣了可以参与小规模战斗的水军。浙江金华出身的游击徐成率领明朝水军前往江华岛，途中因疾病而回国。那时明朝军部立即派了替代徐成任务的季金前往韩半岛。[6]

1597 年（宣祖三十年）初，朝鲜朝廷提前得知了季金出兵的消息。根据 3 月 25 日曾去过北京的奏闻使郑期远上呈的奏折，可知 2 月 27 日在连山遇见了游击叶鳝，叶鳝借广宁巡抚李化龙转达了派遣明朝军士的消息。率领了三千辽东兵的杨元，统帅四千浙兵的吴惟忠先后出发，约定和率领二百艘船舶，三十名军士每艘的参将季金于四月初在平壤汇合。他们都得到了圣旨。[7]

那年2月或那之前，季金收到了前往派兵朝鲜的敕命，着手准备出兵。季金的派兵消息紧接着传到了在辽东的各将领处。广宁（现辽宁北镇）是总括辽东防御的军事要冲地。在这儿，朝鲜出身的李成梁曾当过辽东总兵，他的儿子李如松、李如梅在壬辰倭乱时来到韩半岛立下了很多战功。连山（现辽宁葫芦岛东北）是隶属广宁的军士驻屯地。

五月李德馨在平壤和差官宁国胤一起会见了总兵吴惟忠，把明朝将领派兵意向的相关商谈内容回禀了朝廷。都督麻贵在5月24日渡过鸭绿江，军门邢玠5月13日从密云出发，接着前往韩半岛。只是季金率领的水兵要在六月以后才渡海。[8] 被派往朝鲜的明朝军士中，陆军的速度较快，水军相比陆军晚了很多。统帅浙兵的总兵吴惟忠的陆军早已经抵达韩半岛，而相反和吴惟忠一起被派遣的季金还因造船、海上气候、航海距离等因素，比当初的计划要晚到韩半岛。

季金率领浙直水军来到韩半岛的时间是在要比当初叶鳝及宁国胤预想晚不少的十月。根据申钦的《象村集》记录，季金在十月经由海路来到了古今岛。[9] 但是这句有稍作修正的必要。申钦所谓的十月不是季金到达古今岛的时点，而是指进入韩半岛海域的时点。

季金统帅来到韩半岛的船舶是哪一地区的呢？一部分是从浙江海域前来的船舶，还有一部分是在登州、莱州新造的船舶。2月24日，奏闻使郑期远在山海关遇见了明朝主事杨时显。杨时显告知了杨元，吴惟忠已被派遣的事实，同时在登州、莱州的水兵正在造船舶，会接着前往的消息。[10] 杨元，吴惟忠是这次和季金一道被派往朝鲜的将领。

唐宋时代，开通了横贯黄海的航路，更具体些说的话，山东半岛连接韩半岛中部地区的横跨航路，从浙江前大海出发直接进入韩半岛南部地区的使团航路。但是壬辰倭乱时，季金率领的明朝水军船舶利用把陆地和岛屿放在可视距离内的沿海航海法来到韩半岛。从而推测季金率领的船舶从浙江海域出发,沿着大陆的沿海岸北上至山东北端海域,在登州和莱州集合,并在那儿得到了新造船舶的补给。在对船队进行重新改编后,依次渡过庙岛列岛、辽东南端、韩半岛的北部海域,下至江华岛为止。

季金所率领的水军数为多少呢?根据首次接触季金派兵的奏闻使郑期远从明朝叶鬵处得到的消息所言,季金率领了两百艘船舶,每艘30名军士。单纯从这计算的话,共6000名,但这有可能是被夸张的消息。在《季公清德碑》上记载说季金率领的浙直水兵为三千名。[11] 这里的三千名单纯指的是数字。在申钦的《象村集》上写到季金率领了主事三千二百名。[12] 申炅的《再造藩邦志》上相关记录有两处,一处是季金率领了舟师三千三百名,另一处是率领了三千名前来。[13] 在杨镐上奏朝鲜朝廷的咨文上写到季金率领浙兵三千三百名,驻屯在全罗道地区。[14] 虽为后代的记录,在《海东绎史》中记载到总督邢玠因明朝水兵只有三千三百名而觉得军力弱,很难依靠,让水兵游击季金来统率。[15] 和季金交友的白振南说季金率领越地军士三千余名来到了东部朝鲜。[16] 综上所述,按照文献的记录虽有些出入,记录为共三千名—三千三百名,但其中三千三百名的可能性最大。

季金所属的水军是哪里出身呢?根据李恒福向明朝胡应元传达的话所言,浙江水兵由副总兵陈蚕统率前来,福建水兵是参将季金统率前来的。[17] 这话有误。在申钦的《象村集》,申钦的《再造藩邦志》上都记载着陈蚕率领的是步兵,季金率领的兵士是水兵。在《季公清德碑》上写到季金率领浙直水兵前来,[18] 并且在碑铭上刻着的季金职位"钦差统领浙直水兵游击将军都指挥佥事"中也说季金是掌管浙直水兵的将领。这里的浙直指的是明代浙江和南直隶,为现在浙江和江苏地区。因此,可以推测季金所率水兵的出身主要是浙江,南直隶人士,其中和季金相同的浙江出身的较多。

跟随季金的副将有哪几位呢?从记载在《季公清德碑》上的副将名单来看有都督旗牌官周焕、张邦达,把总陈子秀、戴起龙,前营千总丁文麟,把总杨永、龚璀,左营千总朱守谦,中军官王启予,右营千总江鳞跃,把总许龙、施胜,后营千总吴惟林,把总侯应连、陈国敬等。《乱中日记》1598年(宣祖三十一年)4月26日条上记载着李舜臣从季金和他的部下处得到的礼品。这里记载的名单是季金，千总江鳞跃，千总朱守谦，千总丁文麟，把总陈子秀、陆卿，许把总（许龙）等。除陆卿外，其他几位在《季公清德碑》上都有记录。在现存文献中，出身地区得以确认的副将是周焕（浦江），张邦达（开化），陈子秀（山阴），王启予（桐乡）等，他们都是浙江出身。

三、季金入境后的功绩

1597 年（宣祖三十年）11 月 4 日，宣祖前往别殿接见了参政陈愚闻和游击季金。[19] 季金率领的船舶停泊在江华岛，好像只有季金和随行人员来到了都城汉阳（今首尔）。并且那天经理杨镐向宣祖询问了季金日后的行程。水军长官季金和李舜臣见面，对水军战略进行了探讨。李舜臣前往的是海南等地，陆路被敌军截断，马上前往有困难，就派遣了官员请求让李舜臣顺着水路，在途中见面。[20]

但杨镐的请求没能实现。几天后的 11 月 7 日，杨镐通过接伴使向李舜臣询问了军士动态，过了一个月也没能得到李舜臣的回答，而吐露出不满之意。[21] 从当时李舜臣 11 月的行迹来看，他们呆在海南一带，查点补充军事设施和人员，收集有关日本水军海上侵略的情报，构思作战方案，过得十分繁忙。并和明朝差官见面，把握了季金水军的动态。11 月 17 日见了杨镐的下属差官，收到招谕文和免死帖。29 日游击马呈文的差官王才前来，转达了明朝水军，即季金水军下来的消息。[22]

当时军门邢玠认为明朝水兵只有三千三百名，势单力薄，很难依靠，让游击季金来统率他们，和朝鲜接伴官员李仁一起前往，让他们和水军节度使李舜臣阵营合力。[23] 明朝军部从年初就实施的水军强化政策的一环，派遣了季金水军，但只有三千三百名，迎战大规模的日本水军，单独展开海上作战，军事力量十分弱。

那时，朝鲜的水军实力也一时处于减弱很多的状态。在过去的七月，元均率领的大规模船队在漆川梁海战中被日本水军彻底摧毁，留在三南海岸的战船和水军数极大不足。在九月的鸣梁海战中，李舜臣发挥了超人般的斗志力和卓越的战略，用13艘迎战133艘的日本水军，虽取得了击沉数十艘的大捷，但日后和大规模日本水军开战的话，军力弱，急需增强，因此与季金合力的。邢玠说李舜臣麾下水兵数只不过两千名，翌年四月宣祖向明都督麻贵答复李舜臣麾下水兵数也是两千名。[24]

得到邢玠的命令后的季金，立刻率领所属的船舶和水军，为了和李舜臣阵营合力，沿着海岸南下。那时，没有直接朝着李舜臣驻屯的全罗道前往，而是去了忠清水营所在的鳌川。忠清水营是三道水军统制使李舜臣管辖的地区。1598年（宣祖三十一年）4月立的《季公清德碑》上对季金水军进入鳌川港的场面有详细的描述。去年仲冬，波涛汹涌万里路上，顺着上天送的风一路而来，在海面下锚前，突然台风四起，很多船舶都沉没了。[25]

去年仲冬，指1597年（宣祖三十年）十一月。冬季来自大陆北部的高气压活跃，气压的倾斜急速上升，台风四起。这时，气压差非常大，移动迅速，所在区域刮起疾风，在海上的话，还会伴随着巨浪。季金率领的船队在鳌川港下锚前，突然疾风四起，发生了许多船舶沉没、水军掉入海中的事故。鳌川港的水深有20余米，较深，推测港口位于延伸到陆地内的狭长浦口处，并且这事故发生的地点是在离船舶停泊的港口不远处，所以人员伤亡不大。

12月23日，季金把部分军士留在鳌川港，为了得到陆军支援，率领其他的军士前往南原，驻屯在时罗山。[26]《季公清德碑》上记载说他留下丁文麟，朱守谦两千总，顺着陆路前往南边，[27] 这指的就是南原之行。数日前，明朝游击司懋官、宋大斌、董正谊等人分别率领数千军士，从首尔出发，来到南原，在伊彦、时罗山等地布阵。时罗山是朝鲜时代隶属南原的行政区域。1897年（光武一年）和邻近的大谷坊，城南坊合并，成了现在南原大山面的中心区。

在比这要早几个月的八月发生了南原战役。朝鲜李福南、明朝杨元等人率领的四千名军士守卫着南原，迎战日本小西行长，宇喜多秀家等人率领五万余名的大军，展开了激烈的对抗，最终由于寡不敌众，城被占领。接着日军攻克了全州，朝着首尔北上。在九月稷山战斗中，日军因遭遇朝明联合军而大败后南下，顺着从庆尚道蔚山至顺天倭桥的沿海岸，建了8座倭城，准备持久战。侵略了全罗道的小西行长南下顺天倭桥，建了倭城。

1598 年（宣祖三十一年）1 月 21 日，游击司懋官和董正谊继续驻屯在南原，季金为了完成水军的原本任务，率领所属军士再次回到了鳌川港。[28] 2 月 3 日邢玠向各将领分了军士，分配了战争进行的区域，但让季金回军营，等另外的方案。[29] 那时，明朝军部确立了具体的四路立进战略。向自己国家请求派遣大规模水军，并让已到达韩半岛的季金水军等待后续措施。那时起到四月，季金水军一直呆在鳌川港。

1597 年（宣祖三十年）末起，明朝军部为了击退日军，构思了新的战略。最早提议的是经理杨镐。由于韩半岛的地形险峻，很难把全部军士召集在一个地方，所以战略是各将领按区域划分，分别负责。就算是在那时候，还是打算把水军分别分给各三路军进行安排。后来，修改为把水路军独立编制的四路立进战略。明朝军部把水路军单独编制的原因主要有两个。一个是韩半岛战略实施的效率性。编成大规模水军的话，在切断分散布阵在许多地区的日军通过海上的军事移动和军事物资补给发挥很大的作用。1597 年（宣祖三十年）十二月蔚山战斗就是一个很好的实例。明朝军部认为若有大规模水军支援的话，就可以切断从釜山上来的日本支援部队。

另一个是守卫中国本土的事先防备措施。在明初中期有过倭寇们渡海入侵中国大陆、遭受了很大损失的经历。丁酉再乱以后，日本水军的势力范围扩大到了南海岸的全部，就产生了有可能紧接着就渡过西海，直接侵攻中国大陆的担忧。1597 年（宣祖三十年）十二月天津巡抚万世德上呈的奏折中强调了中国北方海岸的防卫和向朝鲜派遣水军的正当性。需要抽调了一万名水兵和六千名马、步兵，5 名参将和游击，分别安排在旅顺、登州、莱州等地。并提出在朝鲜的海上没有一名我们的水军。日军平时害怕的是和我们水军的海战，雄踞西部的小西行长能在西部近海处扎军营是由于没有我们的水军。[30]

1598 年（宣祖三十一年）1 月经略邢玠也构思了与这类似的策略。日军雄踞朝鲜南海，连接了八九百里，准备了船舶。日本水军有可能进入中国内地进行侵略，需要做好万全的准备。对此，到达旅顺的总兵周于德率领水军，防备日军的侵攻。[31] 山东总兵李成勳率领水军守卫长山岛，防御登州、莱州。保定军士暂时转移到天津，强固内地，声援旅顺和登州、莱州。强固内地的防御策略就是壮大朝鲜的声势。[32]

四路立进战略分成路上的三路军和海上的水路军，让他们分别负责各自的区域。东路由麻贵，中路由李如梅，西路由刘綎，水路由陈璘来负责。后来，中路李如梅因哥哥李如松的战死而转去做辽东总兵，他的位子由董一元来担任。接着，陈璘为水将的大规模水军本部队依次进入韩半岛。陈璘下属有陈璘亲军（水兵五千名），参将王元周（水兵两千名），把总李天常（水兵两千七百名），游击沉懋（水兵三千一百名），游击福日昇（水兵一千五百名），游击梁天胤（水兵三千名），游击许国威（步兵一千名），以及最先来到韩半岛的季金（水兵三千三百名）。[33]

1598 年（宣祖三十一年）2 月 17 日，李舜臣把水军统制营由高下岛（现木浦忠武洞）搬到了古今岛。此处有可以控制湖南的左、右海域的地理优势，并且离湖南小西行长驻屯的顺天倭桥城只有 4 公里多，便于展开军事作战。此外，还居住着很多人，有可以开垦的广阔土地，易于军粮的确保。

四月，季金率领水军和船舶离开鳌川港，前往古今岛。《季公清德碑》立于 1598 年（宣祖三十一年）4 月（孟夏）。在《乱中日记》4 月 26 日条上有写到季金和其部下送的礼品目录。其中，列举季金送的礼物就有青云绢（绸缎）1 捆，蓝云绢 1 捆，绫袜（布袜）1 双，云履（鞋子）1 双，香棋（围棋）1 副，香牌 1 副，浙茗（茶）2 斤，香椿 2 斤，四青茶瓯（茶器）10 个，活鸡 4 只等。[34] 浙茗是季金的出身地浙江产的茶。

季金水军在古今岛驻屯的早期，军粮的条件并不怎么好。6 月 24 日，备边司呈报了李舜臣驻屯的古今岛军粮不足的情况。李舜臣收了很多难民进行开垦才能自给自足。日后很多明朝军士前去的话就会产生很大的不足。游击季金已经和李舜臣一起布阵。[35] 下一个月，陈璘将率领的明朝水军本部队前来古今岛，就古今岛本身很难确保军粮，不足部分还是需要从外地调配。

另外，因为夏天天气炎热，染上天花的季金所属的副将和兵士很多。从接伴官处得到报告的李廷龟寄揭，表示慰问，并命一名医生带药前去军营诊疗。[36] 来到古今岛的季金的水军们水土不服，即初次在外地难以适应自然环境和生活习惯的变化。再加上酷暑炎热，发病的士兵很多，更加重了他们的困难。

7月9日左右，季金和李舜臣一起为了迎接明朝都督陈璘从古今岛出发前往康津。最近，在媒体上公开了1598年（宣祖三十一年）7月8日李舜臣向某人（推测为韩孝纯）寄的简札。[37] 在这简札上写到都督陈璘明日将到达阵中，打算和季爷（季金）一起前往康津。望月之际光临一次，一览都督的威风怎样的内容。[38] 古今岛作为当时的行政地，隶属康津县。李舜臣和季金为了迎接陈璘，事先前往了康津。另一方面，7月17日朝鲜朝廷为了帮助季金的活动，任命了接伴官司赠寺主簿文大忠和通事韩彦协、柳振、闵信等。[39]

7月16日，陈璘到达古今岛。那时起，朝明联合水军正式成立，参与大大小小的海上战斗。7月18日金塘岛（现莞岛郡金塘面）海上有日军一百余艘入侵，朝鲜水军展开伏击战，摧毁了日本战船，取敌人首级71颗。但是明朝水军看到了战斗的场面还是躲避到了远海，没有立战功。陈璘因没战功而严厉批评了部下。李舜臣为求和明军关系的和谐，在陈璘的要求下，分了40颗首级给他，并上呈了谎报的奏折。那时，季金也派家丁求首级，李舜臣送了五具给他。[40] 季金求首级是出于本意，还是因陈璘的震怒很严重而迫不得已的行为，需要进一步探讨。

刚抵达古今岛的明朝水军本阵两天后第一次参与海战，处于逃避战斗，退到远海持观望的态度。与此同时，明朝水军没能发挥自身战斗能力是因为什么呢？第一，对抗日本水军整体经验不足。这次是和日本水军正面交锋的第一个战役，没能很好地把握对方所具备的战斗力和战斗方式。第二，不熟悉南海岸一带的水路。南海岸是多岛海区域，水路找寻困难，海流也十分复杂。

此外，不能忽略明朝船舶自身所带有的船体构造。做成尖底船的明朝船舶吃水深，适合远洋航海，旋回半径大，敏捷度和安全性就弱了。相反，做成平底船的朝鲜板屋船航海速度慢，但有可以原地回转、行动自如的优点。特别是在水深浅，滩涂多的南海沿海县地区，明朝尖底船底部尖，触底，在滩涂搁浅的概率高；相反，底部平坦的朝鲜平底船在战斗中相对有利。例如在倭桥城前大海上，季金船舶在退潮时遭遇了搁浅滩涂的事故。

　　7 月 19 日，在折尔岛（现高兴巨金岛）海战中，朝明联合水军取得了击溃 8 艘日本战船，活捉 69 名敌军的战果。从那时起，明朝水军战斗意志高涨，积极参战。同时，迎战日本水军的战斗适应能力也提高了。在 8 月中旬发生的兴阳战斗中，季金水军的作用显著。根据季金的接伴官文大忠上呈的奏折，季金水军和朝鲜水军合力，在兴阳境内和日本船舶周旋，开展战斗，活捉了 11 名敌军，斩获 17 颗首级。[41]

　　9 月 20 日，明朝刘綖的西路军和朝鲜权慄的军士合力，进攻小西行长驻屯的顺天倭桥，倭桥城战斗开始。起先，西路军逼近城廓附近，遭遇小西行长顽强抵抗，没能继续进攻。在那之后到 11 月 19 日露梁海战爆发为止，双方阵营进行了多次的战斗，相互支离破碎的攻防，陷入了长期对峙的局面。但后来因刘綖从小西行长处收了贿赂，以及紧接着的错误行动，我军的军事力量和士气大大受挫，没能取得明朝军部当初所期待的战果。

　　由明朝陈璘的水路军和朝鲜李舜臣的水军组成的联合水军和西路军的刘綖则不同，决战意志高涨。9 月 20 日，朝明联合水军由海陆进攻倭桥城的入口獐岛，缴获了三百余石军粮，牛马等，营救出了被俘朝鲜人三百余名。[42] 这次战斗的胜捷在截断小西行长的海上退路方面取得了战术性的效果，并为之后在露梁海战能取得大捷奠定了基础。那时，季金按照陈璘的命令，作为前锋。[43]

　　之后的几天内，朝明联合水军一直进攻到了倭桥城下，虽然挂了攻势的旗帜，但因与西路军刘綖的不和谐，最终作战失败，反而遭遇敌军的反击，我军受到损失。倭桥入口处的大海具有水深浅，滩涂多，且潮水的潮差大的特点。没凑准这里涨潮的船舶常会遭遇搁浅滩涂的船难事故。9 月 22 日战斗中，退潮开始，不懂涨落潮的明朝船舶接连搁浅。看到这一情形的小西行长抓住了反攻的机会，派驻屯在城内的士兵，朝着搁浅的明朝船舶展开了猛烈的攻击。

　　那天，季金船舶也搁浅在滩涂上，无法动弹。敌军们朝着季金船舶发射了密如雨的炮弹,季金的士兵们从船内发炮进行顽强抵抗。在这过程中,季金的 11 名士兵中了敌人的炮弹而死亡。那时季金也手臂中枪,幸亏伤势不是很严重,他包扎了伤处后,督励士兵们战斗。此外,有 20 余名敌军淌水攻入船舶,季金英勇的对抗他们,取得了斩获 10 余颗首级的战果。[44] 李德馨在记录这一天战斗情况的驰启上对季金的受伤和明朝水军的损失程度,以及刘綎是怎样的观望态度都有很好的记载。[45] 这之后到爆发露梁海战的 11 月中旬为止,水路军进攻了倭桥城及其周边地区,但主要因为西路军的不配合而没能取得特别的成果。

　　水路军和西路军出现不和谐的原因有一个方面,其中双方阵营水将之间的军令权上那看不见的对立是一个很大的问题。刘綎认为自己比其他将领有优势,带着这种自负心眼中无人,甚至曾要求朝鲜太子前来自己的阵营。[46] 陈璘又是很固执,品性粗暴,其他人都很惧怕他。领议政柳成龙目睹了陈璘的凶恶的丑态,还曾留下了李舜臣的军事将来会失败的话。[47]

　　事先得到朝廷密旨的李舜臣为了维持和谐的关系,盛情接待前来古今岛的陈璘,让他满意,并把敌人的首级分给他等。但在水军联合初期,陈璘对于出征没有表现出积极性,李舜臣几次向朝廷上呈奏折,吐露苦恼。一次向朝廷建议让明朝军部把陈璘编入陆军,让季金来指挥明朝水军。[48] 李舜臣把明朝水军让季金负责的一个原因是季金的人品好,统率力强,并且在壬辰战役中可以看出他具备不屈精神。后来,陈璘得知了李舜臣坚定的忠节和奋战精神,一改之前的消极态度,和朝鲜水军一起全力抗战。

　　不久后,朝明联合水军取得了最后的海战之永垂青史的露梁大捷。被孤立在顺天倭桥的小西行长为了确保回国的退路,和在南海的日军取得联系,接着由岛津义弘、宗义智、立花统虎、寺泽正成等六万余名日本水军和五百余艘战船组成的大型舰队前来支援。事先得到日本舰队前来支援情报的李舜臣和陈璘分别埋伏在露梁海峡的左右侧。11 月 19 日双方的舰队相遇,展开了决一死战的激烈战斗。在这次战斗中,朝明联合水军取得了击沉两百余艘日本战船,击破一百五十余艘，截获一百余艘的大捷，但同时也遭受了朝鲜李舜臣、李英男等 10 余名，明朝邓子龙、陶明宰等将领战死的大损失。露梁海战中，季金立了赫赫战功。记述了明军的全部行迹的申钦说到季金在露梁海战中斩获了很多敌军。[49] 后来，朝鲜宣祖巡幸季金的宿所，赐予酒礼，称颂季金在露梁大捷中最早登船杀敌，敌军溃败而逃全部是他的功劳。[50]

以露梁大捷为终点，日军撤离韩半岛，持续了 7 年的壬辰倭乱事实上算是结束了。但那之后的一段时间，朝明联合军还是继续进行了作战，防止日军再次侵略韩半岛，及讨伐藏在南海岸的日本残兵败将。十二月西路军刘綎把五千名士兵留在顺天倭桥，率领本阵转移到了釜山龙头山。水路军陈璘把本营从古今岛迁到了南海，副将许国威等分别在海上要道巨济岛，闲山岛等地布阵。那时，季金和朝鲜水军一起参与搜查岭南海边，讨伐残兵败将。不久后，战后收尾和扫荡残兵败将的作业结束，陈璘从南海重新退军至古今岛，并让许国威把阵营转移到南海驻屯。[51]

1599 年（宣祖三十二年），日军没有再侵韩半岛的异常动向，明朝军部留了一部分军士在韩半岛，率领本阵撤回中国大陆。当时在水路军本打算让季金和李天常留在韩半岛，但由于遭遇父母去世，没能举行葬礼，季金请求回国，得到万世德的准许，和明军本阵一起回了国。[52]

那年 4 月 15 日，邢玠率领众将领和军士在弘济院接受了朝鲜君臣们的饯别，离开了汉阳。记录在《世传书画帖·天朝将士饯别图》上的回国明朝将领名单中有季金的名字。[53] 但是，季金因率领船舶前行水路的特征而和邢玠一行分开，稍晚一些才踏上归程。4 月 22 日，宣祖从汉阳巡幸季金的住所，赐了了酒礼。第二天，季金回礼。[54] 可以看出季金是在那以后个久后的一个日子踏上了归国之路。

但是这里有一个问题。在《宣祖实录》上，除了上述 4 月 22 日，23 日外，还有在 8 月 29 日，30 日，宣祖也去了季金的宿所，赐予了酒礼，季金回了礼一样的记录。[55] 笔者觉得这里的八月记录是不是把之前的 4 月记录重新记载，或指的是在八月撤离的季金部下们。季金在为了操办父母丧事而回国的情况下，再滞留 4 个月之久，不合道理。并且申钦也说季金于 1599 年（宣祖三十二年）四月回国。[56]

季金麾下的将卒们分批撤离。根据几个月后到达朝鲜的万世德的咨文，可知 1599 年（宣祖三十二年）8 月撤离的明军兵力包括了 120 余名季金的士兵。[57] 季金带到韩半岛的军士共三千三百名。这其中就算是除去在战斗中阵亡的部分士兵，8 月撤离的士兵数为 120 余名还是非常少。可以看出 4 月，在季金回国时，相当数量的士兵同行了，但一部分士兵滞留后来在 8 月回国。此外，季金士兵中还有患病落下的。1600 年（宣祖三十三年）1 月，得知这一事实的宣祖命令接待督监前去给他们提供粮食和馔物，帮助他们恢复。[58]

四、结论

丁酉再乱爆发后，明朝水军正式在朝鲜参战。明朝水军和李舜臣率领的朝鲜水军合力，接连击溃日本水军，立了赫赫战功。季金是浙江温岭松门人。被派遣当时的职位是钦差统领浙直水兵游击将军都指挥佥事。在 1597 年（宣祖三十年）二月或之前得到敕命，派兵前往朝鲜。他实际抵达韩半岛的时间是在比当初预想的要晚数月的十月。按照记录所述，季金率领前来的水军数，虽稍有些差异，但推测为三千三百名，主要是由浙直（现浙江和江苏一带）出身组成。他的部下有周焕，张邦达，陈子秀，戴起龙，丁文麟，杨永，龚璀，朱守谦，王启予，江鳞跃，许龙，施胜，吴惟林，侯应连，陈国敬等。

十一月季金在汉阳谒见宣祖，接着得到明朝军部的命令，统率船队前往忠清水营所在地的鳌川。在到达鳌川港之前，遭遇突如其来的飓风，发生了很多船舶沉没和人员入水的事故。12 月，得到明朝军部的命令，为了支援陆军，率领一部分军士，转移到南原时罗山驻屯。1598 年（宣祖三十一年）1 月四路立进作战术确立时，再次回到了鳌川。4 月南下李舜臣驻屯的古今岛，和朝鲜水军合力。7 月 9 日左右，为了迎接明朝都督陈璘和李舜臣一起前往康津。7 月 16 日，陈璘率领的水军本阵来到古今岛时组成了正式的朝明联合水军。在 18 日的金塘岛海战中，作为联合水军的一员参与战斗，朝鲜水军击毁了敌船，取了 71 颗首级，但刚到不久的明朝水军不知是因不熟悉和日本水军的战斗，退缩到远海，持观望态势。陈璘很为震怒。李舜臣在陈璘和季金的请求下，分了一部分首级给了他们。

接着，明朝水军重新整顿战列，积极参战，很好地发挥了自己的战斗能力。在 7 月 19 日的折尔岛海战中，朝明联合水军取得了击溃日本水军的战果。在八月中旬的兴阳战斗中，季金取得了活捉 11 名敌人，斩获 17 名的战果。9 月 20 日，朝明联合水军取得了夺取顺天倭桥城前大海的獐岛的大捷，从而截断了小西行长的海上退路，为后来在露梁海战中取得大捷奠定了基础。9 月 22 日，季金进攻倭桥城，由于没有算准涨潮期，船舶在滩涂搁浅，而遭遇了敌军的逆袭。那时，季金受了枪伤，对伤处进行捆扎后，勇猛作战，取得了斩获 10 余颗敌人首级的战果。

11 月 19 日，朝明联合水军在露梁海战中取得了击沉两艘战船，破坏150 余艘，截获 100 余艘的大捷，但也遭遇了李舜臣，邓子龙等将领战死的损失。那时，季金带头作战，在战斗中斩获了很多敌人。后来，宣祖赐予季金酒礼时，称颂在露梁海战中，季金最先登上敌船进行打杀，敌军溃败是季金的功劳。

露梁海战之后，季金绕着南海一带的水路，开始扫荡无能逃跑的残兵败将的作战。1599 年（宣祖三十二年）4 月 15 日，明朝大军撤回本国，季金在比这晚几天后率领水军通过海路回国。明朝军部原计划把季金驻屯在韩半岛，但季金因遭遇父母之丧没能为他们举行葬礼，请求回国。

最后，对季金在壬辰倭乱时期在韩半岛活动的军士行迹进行一下总评：季金在明朝水军的本阵投入韩半岛之前，作为战斗兵力实际上是最早被派遣的水军将领，和李舜臣率领的朝鲜水军合力击退了日军，取得了很多战果。战斗途中，季金受了枪伤也在对伤口捆扎后继续作战，充分体现了作为一名将领的英勇。

【主题词】

季金，李舜臣，朝明联合水军，日本水军，壬辰倭乱，丁酉再乱，松门

抗倭援朝的名将——季金

参考文献

李舜臣著，《李忠武公全书》，民族文化推进会，首尔，1990

李舜臣著，卢丞奭译，《乱中日记》，民音社，首尔，2010

柳成龙著，《惩毖录》（《壬辰倭乱史料丛书》，册1~2），国立晋州博物馆，晋州，2002

申炅著，《再造藩邦志》（《壬辰倭乱史料丛书》，册9），国立晋州博物馆，晋州，2002

赵庆男著，《乱中杂录》（《壬辰倭乱史料丛书》，册7~8），国立晋州博物馆，晋州，2002

申钦著，《（国译）象村集》，民族文化推进会，首尔，1994

李廷龟著，《月沙先生集》（《韩国文集丛刊》，册70），民族文化推进会，首尔，1990

李德馨著，《汉阴先生文稿》（《韩国文集丛刊》，册65），民族文化推进会，首尔，1990

黄景源著，《江汉集》（《韩国文集丛刊》，册224~225），民族文化推进会，首尔，1999

纂辑厅编，《事大文轨》（壬辰倭乱史料丛书：对明外交），亚细亚文化社，首尔，2003

黄英周著，《游击将军季公清德碑》（韩文），《大保文化》，2号，大保文化研究所，1992

卢丞奭著，《钦差统领浙直水兵游击将军季公清德碑》（韩文），《李舜臣研究论丛》，9集，顺天乡大学校 李舜臣研究所，2007

朴现圭著，《明将邓子龙的活跃和死亡》（韩文），《韩中人文研究》，22集，韩中人文学会，2007

朴现圭，《明代万历水军将领——季金的行迹考察》，《台州文化学刊》，2014年第3 4期合刊，台州市文化广播出版局，台州，2014，页117~120。

[1] 黄英周,《游击将军季公清德碑》(韩文),《大保文化》, 2 号, 大保文化研究所, 1992, 页 6~19。卢丞奭,《钦差统领浙直水兵游击将军 季公의 清德碑》(韩文),《李舜臣研究论丛》, 9 辑, 顺天乡大学校李舜臣研究所, 2007。12, 页 313~321。

[2] 王英础,《万历抗倭名将……季金》,《温岭日报》, 2009 年 4 月 3 日。朴现圭,《明代万历水军将领——季金的行迹考察》,《台州文化学刊》, 2014 年第 3、4 期合刊, 台州市文化广播出版局, 台州, 2014, 页 117~120。

[3] 朴现圭,《明将邓子龙的表现及他的死亡》(韩文),《韩中人文学研究》, 22 集, 韩中人文学会, 2007。12, 页 237~257。

[4] 《宣祖实录》二十九年 4 月 9 日, 6 月 26 日条。

[5] 申炅《再造藩邦志》第 4 :"朝廷以尉藉诸军名, 而实令舜臣擒清贼也。(黄)慎驰见舜臣, 密谕朝廷之意。舜臣曰:"海道艰险, 贼必多设伏兵以待。多率舡, 贼无不知, 小其船, 则反为所袭矣。遂不行。"

[6] 申钦《象村集》卷 39《天朝诏使将臣先后去来姓名》中《杨万两经理以下诸官一时往来各衙门》:"徐成, 号少川, 浙江金华卫人。游击将军, 领水兵到江华, 病还, 季金代之。"

[7] 《宣祖实录》三十年 3 月 25 日条:"二十七日, 臣于连山途中, 逢游击叶鳝, 则言:因广宁巡抚李化龙闻, 杨元领辽东兵三千先发, 吴惟忠领浙兵四千继发, 参将季金领舟师二百只, 每船载军三十, 四月初, 约会丁朝鲜平壤地, 皆已奉圣旨云云。"

[8] 李德馨《汉阴先生文稿》卷 9《到平壤, 与宁差官, 吴总兵问答状》:"臣于昨日午时, 到平壤闻, 吴总兵一行已到顺安, 而麻都督军兵, 又于二十四日间渡江, 前来杨御史方在辽东留驻云矣。适会御史差官宁国胤承御史分付, 要起所住旁室于平壤城中, ……问御史起居, 则答称邢军门本月十三日间, 自密云起身, 将与御史相会于辽东, ……今麻都督军兵随后即来, 想今过江已数日, 而季金所领水兵, 六月望后可渡海。"

[9] 申钦《象村集》卷 39《天朝诏使将臣先后去来姓名》中《杨万两

经理以下诸官一时往来各衙门》："季金，……以钦差统领浙直水兵游击将军署都指挥佥事，领舟师三千二百，丁酉十月，由海路到古今岛，露梁之捷，斩获颇多。"

[10] 《宣祖实录》三十年3月25日条："奏闻使郑期远书状。……二十四日到山海关，见主事杨时显，则言：原任副总兵杨元，率辽东兵马三千，为先发行，吴惟忠领南兵三千八百出来，大兵亦陆续调发，登、莱水兵，时方造船，当随后出来云云。"

[11] 《季公清德碑》："统帅浙直水兵，三千艄士，一皆当百。"

[12] 申钦《象村集》卷39《天朝诏使将臣先后去来姓名》："季金，……以钦差统领浙直水兵游击将军署都指挥佥事，领舟师三千二百。"

[13] 申炅《再造藩邦志》第4："钦差统领浙直水兵游击将军都指挥佥事季金，领舟师三千三百。"同书第5："游击将军季金领水兵三千。"

[14] 《宣祖实录》三十年3月29日条："游击李金，领浙兵三千三百驻全罗道地方。"李金是季金的误记。

[15] 韩致奫《海东绎史》卷63《本朝备御考·驭倭始末》："今水兵止三千三百名，孤弱难倚，总督不得已今水兵游击季金统率。"

[16] 《松湖集》卷2《追别季爷于右营次其韵》跋："都护季爷，奉天子命，将越甲三千余人，东抵小国。"

[17] 《宣祖实录》三十年4月13日条："又云：浙江水兵，乃有副总兵陈蚕去领前来，福建水兵，乃有参将季金带来。"

[18] 《季公清德碑》："中隆庆戊辰科武进士，历浙江、广东、山东参将，统帅浙直水兵，三千艄士，一皆当百。"

[19] 《宣祖实录》三十年11月4日条："仍幸陈参政［愚闻］、季游击［金］所馆，行接见礼。"

[20] 《宣祖实录》三十年11月4日条："杨经理分付曰：水

兵将季金，欲面见李舜臣，相议行兵之事，而闻李舜臣向海南等处，陆路被贼拦截，未易上来云。急遣的当官员，使李舜臣，从水路，迎于中路面论云。"

[21] 《宣祖实录》三十年11月7日条："经理接伴使启曰：经理谓臣曰：日字已近，朝鲜事事迟惧，教我甚麽处置？李舜臣处，使问驻兵处所及行兵之事，而经月无回音。"

[22] 《乱中日记》丁酉年11月17日条："杨经理差官，持招谕文免死帖来。"11月29日条："麻游击差官王才，以水路天兵下来云。"

[23] 《海东绎史》卷63《本朝备御考·驭倭始末》："今水兵止三千三百名，孤弱难倚，总督不得已今水兵游击季金统率，仍同朝鲜官李仁前去，与水军节度使李舜臣合营，舜臣水兵亦二千人。"

[24] 《宣祖实录》三十一年4月3日条："（麻贵）且曰：李舜臣所领水兵，敢问多少？上曰：厥数二千余人矣。"

[25] 《季公清德碑》："鲸涛万里，天风送便，乃以上年仲冬，湖面未下碇，海飓猝起，多船渰没。"

[26] 赵庆男《乱中杂录》书3《丁酉》12月23日条："天将浙江游击季金，领舟师数千，到泊湖西下陆，因到南原，阵于时罗山。"

[27] 《季公清德碑》："将军从旱路在南，留丁、朱两千总，以视余卒。"

[28] 《乱中杂录》书3《戊戌》1月21日条："司董两游击自全州还南原，留兵屯田，季金自南原还忠清乘船。"

[29] 《宣祖实录》三十一年2月3日条："军门派分兵马，使之速赴信地。……游击董正谊、柴登科、秦得贵，原部兵马，分住全州，……游击季金，原部官兵，回营，另听调遣。"

[30] 《海东绎史》卷63《本朝备御考·驭倭始末》："十二月初，天津巡抚万世德议，水兵一万，并马、步兵六千，设立参游五员，分布旅顺、登、莱，应援犄角，而朝鲜海口，我中国无一兵，况倭素怯者，水兵水战，而行长西据逼近水营，亦虑我水兵之截其后也。"

[31] 水军总兵周于德管辖的区域不只是辽东海域还包括江华岛以北海域。参照《宣祖实录》三十一年4月3日条。（在实录上把周于

右铭记为周右德）

[32] 《明实录》万历二十六年（1598）正月乙未日条：“经略
　　备倭兵部尚书邢玠题称：倭奴窃据朝鲜之南海，东西联
　　络八九百里，随营所在，舣舟以待。臣等发兵进剿，力
　　图剪灭。但倭性即狡，用兵最工，倘见吾大势逼临，力
　　不能支，而以舟师抄入内地以攻吾所必救，则未雨之防，
　　不可不备。今总兵周于德即至旅顺，合将前后调集水兵
　　即令统领，如倭贼果入内地，则相机防剿，如仍居朝鲜，
　　则听臣调用为水路夹攻之举，量拨水兵一枝，留守旅顺。
　　山东总兵李成勋亦宜统率舟师出汛于长山岛以守登、莱
　　之门户，备旅顺之应援，而并壮朝鲜之声势。保定总兵
　　暂领所部移驻天津，以固内地且为旅顺、登、莱声援。
　　分布防守，庶保万全。章下兵部。”

[33] 《宣祖实录》三十一年3月29日条：“水兵，总兵阵
　　［陈］璘本营，领广东兵五千；游击季金，领浙兵三千
　　三百驻全罗道地方。未到游击张良相，领广东兵三千，
　　游击沉茂，领浙兵三千一百，游击福日昇，领狼山兵一
　　千五百，把总梁天胤，领江北兵三千。”《象村集》卷
　　38《天朝先后出兵来援志》：“提督陈璘主水路，游击将
　　军许国威，参将王元周，把总李天祥，游击将军季金，
　　游击将军张良相，游击将军沉茂，游击将军福日昇，把
　　总梁天胤等咸统于璘。”

[34] 《乱中日记》戊戌年4月26日条：“季游击所赆，四月
　　廿六日。青云绢一端，蓝云绢一端，绫袜一双，云履一
　　双，香棋一副，香牌一副，浙茗二勒，香椿二勒，四青
　　茶瓯拾介，生鸡四只。”

[35] 《宣祖实录》三十一年6月24日（丁丑）条：“备边司
　　启曰：李舜臣于荡败之后，收拾流离避乱之人，以为军
　　兵，驻在荒绝之地，物力仅仅自给。今天朝将官，数多
　　下去，与之合阵［阵］，……而今则即与季游击同处，

此事亦难为之。"

[36] 李廷龟《月沙先生集》卷24《揭季游击金》："南荒瘴热，缅惟起处神相，区区瞻慕，不敢少弛。即因边吏之报，始谙营下将士遘厉甚多。此必跋涉殊方，历岁经时，有此感伤而然，何莫非小邦之故也。不胜惊虑，无以为情。谨遣陪臣，专探动定，兼差医官一人，齎药听候于牙旌之下，惟冀顺序加珍，统惟盛谅。"

[37] 《壬辰倭乱时写的李舜臣亲笔信，内容》,《中央日报》2012年5月10日。

[38] 李舜臣简札（1598年7月8日；个人收藏）："陈都督明日间当到阵，孤哀与季爷偕往康津，月望间往见都督威风如何？"

[39] 《事大文轨》卷28《朝鲜国王咨监军王士琦》（万历二十六年七月十八日）："游击季金伺候陪臣司瞻寺主簿文大忠，跟随通事韩彦协，柳振，闵信。"

[40] 《宣祖实录》三十一年8月13日条："统制使李舜臣驰启曰：顷日海中之战，我军铳炮齐发，撞破贼船，贼尸满海，仓卒之际，不得尽为钩斩，只斩七十余级。天兵望见贼船，避入远洋，一无所获。及见我军斩获之数，陈都督立于船舷，顿足叱退其管下，恐吓臣等，无所不至，臣等不得已送分四十余级。季游击亦送家丁求级，臣送五级，皆作帖谢之矣。"同书三十一年10月4日条："备边司启曰：李舜臣折尔岛之战，得斩七十一级，而陈都督夺四十级，季游击夺五级。都督迫令舜臣，以只斩二十六级，成状启，舜臣依所言以二十六级，假成状启以送，且别为状启，以实状驰启。及王按察南下闻之，移咨我国，问其首级事，至立令送其状启。今若送实状，则必陷都督于大罪，当以假状送之。敢禀。"

[41] 《宣祖实录》三十一年8月20日条："季游击接伴官文大忠驰启曰：游击军兵及我国舟师合势，兴阳境倭船，相逢接战，生擒十一名，斩获十七颗云。"

[42] 陈景文《剡湖集》卷下《曳桥进兵日录》："二十日辰时合攻，……午时，陈都督率统制使，乘潮列陈，天兵望见，舟师盛至，莫不

踊跃，士气益倍。陈都督袭獐岛，取敌军粮三百余石，并牛马，刷还囚掳人三百余口。分兵又搜剔三日浦贼窠，列战舰于獐岛前洋，皆揭白旗。"

[43] 黄景源《江汉集》卷26《平倭慰谕勅》："（9月）行长船见于南海，璘令季金，为前锋。"

[44]《再造藩邦志》第五："（戊戌年9月）二十二日，舟师乘潮而上，鼓噪而进，贼悉兵出城，观游击季金所骑船阁于浅溆，岸上之贼，放丸如雨，天兵从船上亦放大铅子。行长挥兵督进，贼二十余，直涉浅溆，拦止其船，季金鼓其军抗战，斩十余级。贼少却，遂刺船而去。"
《乱中日记》戊戌年9月22日条："朝进兵出入，而游击中丸左臂，不至重伤，唐人十一名中丸而死。知世万户，玉浦万户中丸。"这里中弹的游击指的是季金。只是这里说受伤的部位是左臂，而在李德馨的驰启上说是右臂。

[45]《宣祖实录》三十一年10月1日条："右议政李德馨驰启曰：舟师进逼曳桥，倭贼出战，季游击金，右臂中丸，不至重伤，天兵中丸致死，不知其数。刘提督方造云梯车子，时未完造矣。"

[46]《宣祖实录》三十一年7月5日条："备边司启曰：刘提督处，大臣同往事，处置极难。既不许世子，又不副大臣同往之请，必生嗔怒，政院之启是矣。"

[47] 柳成龙《惩毖录》卷2："即而天朝水兵都督陈璘出来，南下古今岛，与舜臣合兵。璘性暴猛，与人多忤，人多畏之，上饯送于青坡野。余见璘军人，殴辱守令无忌，以绳系察访李尚规颈曳之，流血满面，令译官劝解不得。余谓同坐宰臣曰：可惜李舜臣军又将败矣。与璘同在军中，掣肘矛盾，必侵夺将权，纵暴军士，逆之则增怒，顺之则无厌，军何由不败。众曰然，相与嗟叹而已。"

[48]《宣祖实录》三十一年9月8日条："前后见统制使状启，

则陈都督所为，如果不许，极为寒心。自此舟师之事去矣，而水
路遮截，夹击之计左矣。本司宜善图之，令接伴使，或微露其迹
于军门，此若为难，则或善为措辞曰：水兵有季游击，小邦愿回
陈都督于陆地，以当一隅，则天兵之势益壮矣云云，如何？然事
必不谐，此外恐无可去其害之策。议启，言于备边司。"

[49] 《象村集》卷38《天朝先后出兵来援志》："十九日夜，贼船见
于南海，李舜臣告都督，都督与季金前行，诸将继之。舜臣先
导，出屯前洋。"同书卷39《天朝诏使将臣先后去来姓名》："季
金，……丁酉十月，由海路到古今岛，露梁之捷，斩获颇多。"

[50] 《宣祖实录》三十二年4月22日条："上幸季游击金馆，行酒礼。
上曰：大人于露梁之战，先登刀〔力〕击。贼之败遁，皆大人之
功也。"

[51] 《宣祖朝故事本末》《明兵撤还》："戊戌十二月，刘綎留五千兵于
倭桥，领诸将还龙头山。陈璘使季金等合我舟师，搜讨岭海，并
无贼踪，令许国威等分阵巨济、闲山等岛。璘自南海退军古今岛，
国威退南海。"

[52] 《宣祖实录》三十二年闰4月6日条："（李天常）目今东事已了，
俺欲速回，而在古今岛时，军民皆愿留，故今始上来矣。因出珍
岛郡守宣义问呈状一道，示之曰：俺未尝有一毫扰害之事矣。水
兵善后之将，俺与季游击当留，而季游击以父母之丧，未及成葬，
故恳乞于万爷，已准撤回。"

[53] 参考《世传书画帖》中《天朝将士饯别图》。

[54] 《宣祖实录》三十二年4月22日条："上幸季游击金馆，行酒礼。
上曰：大人于露梁之战，先登刀〔力〕击。贼之败遁，皆大人之
功也。"；同书三十二年4月23日条："季游击金回礼。"

[55] 《宣祖实录》三十二年8月29日条："巳时上幸季游击〔金〕所
馆处，行酒礼。"；同书三十二年8月30日条："丙午巳时，季游
击诣时御所，行回礼而出。"

[56] 《象村集》卷39《天朝诏使将臣先后去来姓名》："季金，……己
亥四月回去。"

[57] 《宣祖实录》三十二年 10 月 17 日条："钦差经理朝鲜
　　军务都察院右佥都御史万移咨曰：……在八月之应撤
　　者，……游击季金兵一百二十余员名。"

[58] 《宣祖实录》三十三年 1 月 6 日条："此必是季游击军丁，
　　而得病落后，口粮罄竭，号诉于驾前，情事矜恻。令接
　　待都监，访问所寓下处，限差病回还间，题给粮料及馔
　　物，使之救活何如？传曰：允。不轻为之。"

探访"露梁海战"中的温岭将军季金功德碑

孙连忠

2014年7月4日，国家主席习近平在韩国国立首尔大学发表题为《共创中韩合作未来、回襄亚海振兴繁荣》的演讲，提及中国援朝抗倭的历史。习近平主席说：历史上，每当面对危难时，中韩两国人民都相濡以沫患难相助。400多年前，朝鲜半岛爆发壬辰倭乱，两国军民同仇敌忾、并肩作战。明朝邓子龙将军和朝鲜王朝李舜臣将军在露梁海战中双双殉职，明军统帅陈璘今天还有后人生活在韩国。

文中提及的壬辰倭乱发生在16世纪晚期，日本对朝鲜发动了侵略战争，中国明朝派出一批将领援朝抗倭。露梁海战发生于16世纪末，是朝鲜在壬辰卫国战争中最后的一场海战，在朝鲜半岛被称为"露梁大捷"。据资料记载，1598年，中朝联合水师在露梁海面以800艘战舰包围500艘日本战舰，几乎全歼，日军死亡万计。明军由陈璘统帅，副将邓子龙、陈蚕、游击马义焕、季金等皆由其统属。中朝两国水师在统一指挥下，密切协同，英勇奋战，是露梁海战胜利的决定性因素。朝鲜水师统帅李舜臣身先士卒，中国老将邓子龙奋不顾身，都在激战中英勇牺牲。

参加当年"露梁海战"的季金将军是古松门卫人，即今温岭市松门镇人。听到习总书记在韩国演讲时提起"露梁海战"，又使我想起家乡的明朝抗倭英雄季金，想起去年在韩国专程探访季金功德碑的情景。

我从2013年9月受温岭市人民政府的选派，以第六任国际协作官的身份来到韩国大田广域市西区政府，任期半年，加强了两市工作协作和联络。

在大田工作期间，我领略了韩国秋天的"红枫景"，亲见了温岭已很少见的5场冬雪。那富有诗情画意的异国风情确实令人留恋，而藏在我心中的，一直想去一个滨海城市，那就是韩国西海岸的一个小城市——保宁。

因为在此番出国前，曾听说有一位明朝的古松门卫人在韩国抗倭，韩国人十分敬仰，至今还在保宁市保存其纪念碑，并专门有研究人员到我市松门镇寻找抗倭将军陵墓。

松门是我工作过的地方，且离家乡石塘东兴村很近，也算同乡人。因此，我出国前就详细了解了一下这段历史。季金出身于古松门卫武将世家，从祖辈到松门卫任指挥，有五代任武职。季金为明隆庆二年戊辰（1568年）武科进士，列第三名，是太平历史上武进士考试名次最高的。

1592年4月，丰臣季吉统一日本四岛，妄图征服朝鲜、中国，率20万大军渡过朝鲜海峡，于釜山、庆州登陆。三个月内，朝鲜京都汉城、开城、平壤相继沦陷。国王李昖逃到鸭绿江边的义州，遣使向明朝廷告急。1592年8月，明神宗朱翊钧命辽东副总兵祖承训赴朝，终因轻敌冒进，远袭平壤，寡不敌众而败。1597年，季金以钦差统领浙直水兵游击将军的名衔，被朝廷派遣至朝鲜战场，和邓子龙、陈蚕将军一起归属陈璘部队，协助李舜臣将军作战，在露梁海战危急时伏击日军大获全胜，被忠清南道一带群众奉为英雄，其抗倭事迹一直流传至今。

我一到韩国就开始询问季金将军的事迹，韩国人对民族英雄李舜臣是家喻户晓的，提起曾协助李舜臣将军抗倭的温岭明将季金，他们也敬佩不已，区长朴焕用也能头头是道地讲述这段历史。来过温岭担任过国际协作官的几位公务员如赵月焕、郑观泳、柳永熙、金眩叔等均知道季金抗倭历史，并走访季金故里，刚从温岭回来的国际协作官张周燮，曾陪同一位韩国的大学教授到过松门镇虎山季金墓参拜。

2014年1月7日，虽然是艳阳高照，但迎着寒风还会有刺骨之冷。由西区将赴温岭担任第六任国际协作官的李钟明先生亲自为我驾车，我的翻译朴熙荣女士陪同我来到保宁市。保宁市是韩国忠清南道西部的一个城市，位于西海岸（即面临黄海），与我国上海青浦区结为友好城市。面积636.5平方公里，人口近11万人，以海滩和泥浆闻名。我们来到保守市鳌川小学的时候，因学校已放寒假，校园内一片宁静，仅有2名老师在值班，得知我从中国来要参拜季金功德碑（清德碑），学校老师非常高兴，说我是来到季金功德碑的第一个中国人，并带我们到功德碑前。功德碑位于学校教学楼后侧，背靠一个小山坡，左边50米处校园内还保留一段古城墙。我向季金功德碑献上鲜花，表达家乡人民对其抗倭业绩的缅怀之情。作为第一个来参拜季金功德碑的家乡人，充满崇敬之心，却早已不觉天气的寒冷了。

提起季金将军，学校老师十分钦佩，说保宁市人民都很了解季金抗倭的历史。明水军提督陈璘率广东水师，副将邓子龙、陈蚕，浙直水师游击将军季金等，合计13000士兵，配合李舜臣封锁庆尚、全罗、忠清三道的出海口，季金部队驻忠清南道。在露梁海战役时，因前锋邓子龙部队被日舰包围后船只起火，邓子龙牺牲，李舜臣因增援邓子龙也不幸中流弹牺牲。在这危急关头，副将陈蚕与游击将军季金率援军赶到，将日舰包围，烧毁倭寇战船取得胜利。

功德碑被学校完好无损地保存着，碑文正面为："钦差统领浙直水兵游击将军季公清德碑"，碑文反面内容较详，主要记录季金将军奉钦命率三千水兵援朝、驻忠清南道、治军严明、英雄作战的抗倭事迹。除此之外，学校附近还保存着韩国本地多位将军和烈士的纪念碑。学校常利用纪念碑对学生进行爱国主义、民族主义及中韩友谊教育。

我们从保宁市回来后多次向韩国朋友宣传季金抗倭事迹，使其也名扬大田地区，推进了两市乃至两国的友谊发展。特别是李钟明先生逢人必绘声绘色地讲季金抗倭事迹，西区总务课白哲一先生听后非常高兴地紧紧握着我的手说："原来中国和韩国在古代就已经是朋友！"

2014年1月8日，刚从中国回来的顺天乡大学朴教授一下飞机在等行李的过程中就打我电话说他已回韩国，1月10日还专程来到我的办公室走访，并约我去参观李舜臣的故居。1月19日，朴教授专程开车2个小时接我和李钟明先生参观李舜臣故居、显忠祠，并参拜李舜臣墓。李舜臣是朝鲜

孙连忠探访功德碑

海军将领、抗倭民族英雄。祖籍京畿开丰，生于汉城。李舜臣将军和中国水军将领陈璘、邓子龙、季金等并肩作战，多次击败倭寇，屡立奇功。1598 年 12 月，他与明朝水军重创敌寇，在激战中不幸中弹身亡。两年后，朝廷为表彰他的功绩，封他为一级宣武功臣。1643 年即他死后的 45 年，赠谥"忠武"。从此，朝鲜半岛人民为了纪念他，称他为"忠武公"。供奉着李舜臣将军灵位的显忠祠建于 1706 年，位于芳山脚下，群山环抱，祠内松柏成荫。显忠祠占地 50 多万平方米，除了"本殿"之外，还有"古宅""家庙"以及李氏家族使用过的水井等古式建筑。有关李舜臣将军的历史资料和当年他与倭寇海战使用过的武器等实物，明朝万历皇帝赐与他的都督印、令牌和斩刀等 8 件赐品的复制件，则被精心地保存在"遗物馆"里。每逢 4 月 28 日，即李舜臣诞生的日子，显忠祠都要举行祭祀活动。

从我任职的大田市西区到牙山市需车程 2 个小时，朴教授为我开车接送，那天应该开了八个小时的路程，感谢朴教授对我的热情相助。朴现圭教授是韩国顺天乡大学李舜臣研究会成员，也是韩国的中国文化学会会长，他非常喜欢中国文化，告诉我韩国是世界上最接近中国文化的一个国家，所谓"中韩文化一家亲"。朴教授说在 400 多年前的那场抗倭战争，李舜臣将军用兵神奇，取得各种战役的胜利，是韩国的民族英雄，但确实离不开明朝将领的大力援助，更有温岭明将季金的汗马功劳！他正在着手收集整理资料，写一篇关于季金抗倭的文章，为温岭提供一段更清晰的季金抗倭历史。朴教授还告诉我说，季金将军在朝鲜抗倭时，由于水兵信仰妈祖，造了一批天后宫，遗憾的是没有保留下来。由于朴教授以前来松门参拜季金墓时没有时间来海边参观天后宫，我邀请他有空可来参观箬山天后宫。

　　站在保宁市的海边遥望着一望无际的大海，港湾内停泊着几艘渔船，韩国朋友告诉我说海的对岸就是中国了，是啊！"春江潮水连海平，海上明月共潮生"，原来，季金抗倭之地其实和家乡松门海港是一水相连的。夕阳西下，望着远处在海面上飞翔的海鸥，思绪万千，似乎听见当年露梁海战的枪弹声，不禁为家乡人有这么一段精彩的历史而骄傲！同时看着映照在海平线上的那一抹彩霞，孤身一人在国外生活一段时间的我，免不了想念起家乡了！